灵感·天津

Tianjin en perspective(s)
Inspiring Tianjin

［法］高大伟 ／等著

天津出版传媒集团

天津人民出版社

图书在版编目（ＣＩＰ）数据

灵感·天津 / (法) 高大伟等著. -- 天津 : 天津人民出版社, 2020.11
ISBN 978-7-201-16533-2

Ⅰ.①灵… Ⅱ.①高… Ⅲ.①天津－地方史－通俗读物 Ⅳ.①K292.1-49

中国版本图书馆 CIP 数据核字(2020)第 196634 号

灵感·天津
LINGGAN TIANJIN

出　　版	天津人民出版社
出 版 人	刘　庆
地　　址	天津市和平区西康路35号康岳大厦
邮政编码	300051
邮购电话	（022）23332469
电子信箱	reader@tjrmcbs.com

责任编辑	郑　玥　王　玎
特约编辑	郭雨莹
封面设计	郭亚非

印　　刷	天津海顺印业包装有限公司
经　　销	新华书店
开　　本	880毫米×1230毫米 1/32
印　　张	16.5
插　　页	5
字　　数	200千字
版次印次	2020年11月第1版 2020年11月第1次
定　　价	88.00元

灵感·天津

扫一扫，看天津

前　言

　　《灵感·天津》是一次真正的合作之旅，将一群深爱天津的人汇集在一起，也愿意与全世界的人分享对于这座城市的热爱。

　　本书的作者都有着不同的文化背景，呈现了来自 14 个国家的视角。这种多样性让我们得以用丰富的维度，来审视这座中国北方城市底蕴深厚的历史、充满活力的现在和前景广阔的未来。

　　刘春（中国）、曼迪·斯塔若克（英国）、孙中奇（中国）、乐小悦（意大利）和亨利·维耶尔姆（法国），介绍了天津对于理解

19 和 20 世纪中国现代化进程的重要性。

瑞德·赛斯（加拿大）、伊万（法国）、韩懋宇（尼日利亚）、何迈可（美国）、安娜（俄罗斯）、罗莉丹（罗马尼亚）、江南（美国）、申光龙（韩国）、欧阳大卫（匈牙利）和杰森·斯丁森（澳大利亚），解释了是什么造就了天津现今如此强大的吸引力。

《灵感·天津》也讲述了天津这座居于东北亚核心地位的大都市在未来的发展。世界智能大会在天津举办绝非巧合：菲利普·卡尔德里斯（荷兰）、马茨·马格努松（瑞典）、弗雷德里克·杜·普莱西斯（英国）、让·菲利普·雷诺（法国）和孙轩（中国）的文章，都刻画了天津作为京津冀协同发展的一部分，在智慧城市上的建设进程。2022 年，北京冬奥会即将举行，整个世界也会借此契机充分衡量天津的重要性。

《灵感·天津》也得益于两位杰出欧洲人士的支持：一位是意大利前总理罗马诺·普罗迪，他与天津有着独特的关系，一直是一位慷慨而睿智的向导。另一位欣然接受加入这段旅程的欧洲人士是法国宪法委员会主席、法国前总理洛朗·法比尤斯。自 2009 年以来，他多次到访海河沿岸，对天津十分熟悉。

我们由衷希望这项工作能为天津带来更高的国际知名度，让人们继续深入探究"灵感城市"的真正含义。

尽管我们倾尽所能，读者仍有可能在本书中发现不妥之处，我将对此承担全责。

高大伟

目 录

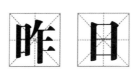

高大伟

1970 年出生于巴黎，汉学家、中欧论坛创始人。著有《中华复兴管窥》（2018）。他于 2006 年首次到访天津，现任南开大学客座教授。

黄河白河博物馆：通往诗意世界的阶梯

在幅员辽阔的天津，在河北省与渤海湾相拥环抱之处，有一个充满生命力的地方，历史、科学、文化对话、精神追求在这里汇聚。

过去一百年来，这个地方的建设和演变，至今仍是人们津津乐道的话题。1914 年，法国天主教耶稣会神甫、博物学家桑志华（1876—1952）来到天津，创建了一座自然历史博物馆，也就是黄河白河博物馆。另一位法国重要人物，外交官、作家保罗·克洛代尔（1868—1955），于 1909 年离开了这座中国北方港口城市，他的文学作品在 20 世纪留下了深刻印记。

桑志华并不是第一位为中国人文科学发展做出过重要贡献的耶稣会士。在他之前，传教士韩伯禄（1836—1902）曾在上海徐家汇区珍藏并展览了他所采集的标本，虽规模不大，却足以满足人们对于系统地认识自然的渴求。

从某种程度上说，耶稣会士们扮演过传播科学知识的角色，正如他们杰出的前辈利玛窦（1552—1610）那样，后者在制图学和数学领域的成就加深了欧洲和中国之间的联系。

桑志华和同事们的考古工作覆盖了黄河和白河（即海河）流域，而海河又是天津不可分割的一部分，黄河白河博物馆这个耐人寻味的名字便由此而来。这座由桑志华亲手创建的博物馆现名北疆博物院，"北疆"意为"中国北方疆域"。它坐落在天津外国语大学（前身为天津工商学院）的校园内，奠定了天津自然博物馆的馆藏基础。

1938 年，在远东工作生活了 25 年后，桑志华回到了即将因二战而分崩离析的欧洲。他再也没有机会回到中国，回到中国的北方。不管是在桑志华之前还是之后，很少有人像他那样游历这个国家。

1928 年，北疆博物院陈列室第一次正式对外开放。博物院独特的建筑风格、细致入微的标本展览和保存、高品质和多样化的藏品，使它成为那个年代博物馆中的翘楚。

20 余万件植物、动物、岩石和化石标本的珍贵藏品，点亮了远古的地质、生物和人类世界。通过这座博物馆，人们得以更好地了解地球的演变过程，了解动植物和人类世界是如何演化的。

除了上述直观的藏品，这座博物院也见证了多维视角的交汇融合，每个视角都值得人们去探索和感悟。

首先，这座建在原天津法租界（1860—1945）的博物院也承载着清末及民国时期不幸沦为殖民主义受害者的一段悲痛历史。它引发了人们对于爱德华·萨义德（1935—2003）笔下"东方主义"不同论题的思考。

然而桑志华无意将他所有的研究成果都带回欧洲，用他自己的话说："在中国的土地上发掘的文物就必须留在中国的土地上。"在他心中，世界的中心不仅有巴黎，还有他多年来不懈探索和考察的中国北部。1935 年，他出版了著作《二十二年查探记》（*Vingt deux années d'exploration dans le Nord de la Chine, en Mandchourie, en Mongolie et au Bas Tibet*），这无疑是他践行承诺的有力证明，同时也为所有对中国感兴趣的人贡献了一部珍贵的历史记录。

其次，说到黄河白河博物馆的其他思想视角，不得不提及另一位了不起的人物——德日进（1881—1955），他也是一位耶稣会士，同时也是古生物学家、神学家和哲学家。

1923 年，德日进受法国国家自然历史博物馆派遣来到天津。扎实且高质量的研究工作和一战的经历，使时年 42 岁的德日进成为一位非凡之人。向玛瑟兰·蒲勒（1861—1942）提出这一派遣请求的正是桑志华，前者如今仍然是尼安德特人研究领域的代表人物。

1921 年，奥地利考古学家师丹斯基（1894—1988）在周口店遗址发现了第一块北京猿人的化石。法国科学家也希望在人类演化过程的探索中获得一席之地。在黄河白河博物馆的工作结束后，德日进又在北京猿人遗址开展了大量工作。

追念桑志华、黄河白河博物馆和德日进，就是要凸显中国与西方现代性之间的对话是多么丰富。不难想象，德日进与中国现代地质学奠基人翁文灏（1889—1971）、中国古脊椎动物学之父杨钟健（1897—1979）、地球科学开拓者丁文江（1887—1936）之间有过多么深刻而亲切的交流。

参观者们还必须把这座博物馆想象成一个思想实验室，因为在这里，人们尝试将基督教及《圣经》创世论与查尔斯·罗伯特·达尔文（1809—1882）在1859年《物种起源》中提出的进化论相结合统一。

不难理解，为什么德日进会在中国感到"如鱼得水"。致力于科学与宗教融通共存的他，面临着来自罗马教会和统治阶层的巨大压力，他被禁止出版作品。甚至在他逝世后，他的作品仍遭受到为审判异教徒而建立的罗马宗教法庭的谴责。而在中国，德日进不仅得以自由地开展哲学研究，同时身处于这个地域广阔的古老文明国度，他的思想体系也变得日益清晰明朗。

"我很感激中国，它已经成为我的第二个祖国……中国拓宽了我的思想，使它具有全球广度。"克劳德·利维耶尔在《与德日进在中国》（1968）一书中引用了德日进的这番话。

久而久之，梵蒂冈教廷逐渐认识到了这位极具独创性的思想家的价值。德日进曾在《人类现象》（1956）一书中写道："人不能完全将自身置于人类之外，不能将人类置于生命之外，亦不能将生命置于宇宙之外。"此书丰富的内涵至今仍待深入探究。

在经历了一个多世纪的沧桑巨变，包括一场战争和一次革命之后，黄河白河博物馆竟仍能保存得如此完好，实在令人惊叹。

不妨将这座博物馆的幸存解读为一种希望的象征，这种希望也贯穿于德日进的整个人生当中。虽目睹过一战的腥风血雨，又经历了二战的疯狂摧残，但德日进仍然坚信，从宇宙、生命和人类的角度去看，不论发生什么，这都将是一条通往进步和发展的道路。

在《人类现象》一书中，德日进让我们看到了运动之美，"人非世界的静态中心"，而是如他一直所相信的那样，"是进化的轴与曲线"。这样理解显然更美。

对于那些知道如何拥抱和破译其中万千气象的人而言，黄河白河博物馆会引领他们走进那个蕴藏无限奥秘的诗意世界。

刘春

1960 年出生于天津，中文专业学士，出版专业高级职称。多年来，一直从事地方志、党史、文史资料的研究，先后参与编写多部地方志著作。

天津的历史与文化

天津市，简称"津"，是中华人民共和国的直辖市、国家中心城市、环渤海地区经济中心、首批沿海开放城市，是全国先进制造研发基地、北方国际航运核心区、金融创新运营示范区、改革开放先行区、夏季达沃斯论坛常驻举办城市。

天津市位于北纬 38°34′～40°15′，东经 116°43′～118°04′之间，处于国际时区的东八区。土地总面积 11966.45 平方千米，疆域周长 1291.149 千米，其中海岸线长 153.669 千米，陆界长 1137.48 千米。天津地处太平洋西岸，华北平原东北部，海河流域下游，东临渤海，北依燕山，西北部与首都北京毗邻，北南西三面与河北接壤，位于华北平原海河五大支流汇流处，素有"九河下梢""河海要冲"之称。海河在城中蜿蜒而过，是天津的母亲河。气候属典型的暖温带半湿润大陆性季风气候。

天津市自然资源丰富。已发现矿产资源 35 个矿种，金属矿产主要有锰硼石、锰、金、钨、钼、铜等 20 多种，非金属矿产主要有水泥石灰岩、重晶石、叠层石等，都具有较高开采价值。附近海域石油天然气资源丰富，盐田面积 338 平方千米，是中国最大的海盐产区之一。地热资源储量丰富，具有埋藏浅、水质好的特点，是中国迄今最大的中低温地热田。渔业资源种类丰富。

天津意为"天子经过的渡口"，别名津沽、津门等，三岔河口是天津最早的发祥地。唐代，天津开始成为南方粮食北运的水陆码头。金代设"直沽寨"，元朝设"海津镇"，是军事重镇和漕粮转运中心。明建文二年（1400 年），朱棣率兵经直沽渡河南下夺取政权，1403 年改元永乐。天津作为军事重地，于永乐二年农历十一月（1404 年 12 月）正式设卫筑城，是中国古代唯一有确切建城时间记录的城市。从明朝永乐二年（1404 年）正式建卫到 2020年，天津建城已有 616 周年。1860 年天津被辟为通商口岸后，西方列强纷纷在天津设立租界，天津成为中国北方开放的前沿和近代中国洋务运动的基地，军事工业以及铁路、电报、电话、邮政、采矿、近代教育、司法等方面建设，均开全国之先河，天津成为当时中国第二大工商业城市和北方最大的金融商贸中心。1949 年新中国成立后，天津作为直辖市，经济建设和社会事业全面发展，进一步巩固了中国重要综合性工业基地和商贸中心地位。1978 年改革开放以来，天津沿海港口城市优势不断增强，对外交流日益广泛，各项事业蓬勃发展。

天津历史文化底蕴深厚，有众多珍贵的文物、历史风貌建筑和历史文化街区。1986 年，天津市被国务院批准为第二批国家历史文化名城，中心城区拥有 14 个历史文化街区。2008 年，西青区杨柳青镇被国务院批准为第四批中国历史文化名镇。2010 年，蓟州区西井峪村被国务院批准为第五批中国历史文化名村。大运河天津段和蓟州古长城是世界文化遗产的重要组成部分。全市拥有各级不可移动文物 1894 处，各级非物质文化遗产 283 项，还拥有各类保护性历史建筑 1034 座。

天津市旅游资源丰富。A 级旅游景区有天津古文化街旅游区（津门故里）、天津盘山风景名胜区、天津天塔湖风景区、天津东疆湾景区、天津水上公园、意大利风情旅游区、天津光合谷旅游度假区、萨马兰奇纪念馆景区、天津周恩来邓颖超纪念馆景区、天津大沽口炮台遗址景区、天津五大道文化旅游区等。

"津门十景"包括中环彩练、蓟北雄关、海门古塞、沽水流霞、津门故里、独乐晨光、龙潭浮翠、三盘暮雨、双城醉月、天塔旋云。

天津美食主要有狗不理包子、桂发祥十八街麻花、耳朵眼炸糕、杨村糕干、煎饼馃子、炸素卷圈、茶汤等。特产主要有泥人张彩塑、天津剪纸、风筝魏、杨柳青年画、天津木雕、天津地毯等。天津市花为月季。

天津是诸多曲艺发源、兴盛的地方。天津时调、天津快板、京东大鼓、京韵大鼓等曲艺形式在天津形成；京剧、河北梆子、相声、评剧、评书、单弦、梅花大鼓、西河大鼓等在天津兴盛和发展。话剧是中西文化在天津碰撞交融最为突出的代表。1906年，李叔同创办"春柳社"并首演《茶花女》，开中国话剧之先河。李叔同还是向中国传播西方音乐的先驱者。

天津素有万国建筑博览会之称，既有雕梁画栋、典雅朴实的古建筑，又有众多新颖别致的西洋建筑。从清末到民国年间，在天津寓居过的名人有末代皇帝溥仪、大总统袁世凯、军阀张勋、北洋政府总理顾维钧、大总统冯国璋、皖系军阀首领段祺瑞、北洋大学创始人盛宣怀、美国总统胡佛等。新时期，天津建造了天塔、津湾广场、天津博物馆等很多风格迥异的建筑，有解放桥、金钢桥等各式各样的桥梁100多座。

天津现辖16个区，共有126个镇、3个乡、120个街道办事处、3556个村委会和1657个居委会。市辖区包括滨海新区、和平区、河东区、河西区、南开区、河北区、红桥区、东丽区、西青区、津南区、北辰区、武清区、宝坻区、静海区、宁河区、蓟州区。

截至2018年末，天津市常住人口有1559.60万人，其中有53个少数民族，共33.13万人，占全市总人口的2.12%。排名前十位的少数民族分别是回族、满族、蒙古族、朝鲜族、土家族、壮族、苗族、维吾尔族、彝族、藏族。有1个民族乡、53个民族村。

2019年，天津市地区生产总值增长4.5%以上，一般公共预算收入增长14.4%，固定资产投资增长12%以上，新增就业首次突破50万人，城镇调查失业率低于5.5%，居民人均可支配收入增长7%。京津冀协同发展扎实推进，高质量发展步伐坚实，营商环境持续优化，改革开放不断深化，如天津软件和信息技术服务业不断繁荣兴旺——天津力争通过实施软件"名城、名园、名企、名品、名展"五名工程，促进行业高质量发展；全国数据管理能力成熟度（简称 DCMM）评估工作会公布全国首批 9 个 DCMM 试点地区，天津位列其中；天津信息技术应用创新产业（人才）联盟成立；信息安全产业集群在 2020 年工信部先进制造业产业集群竞赛中初选胜出，进一步巩固了天津信创产业在全国的领先地位……

五大道是天津市的一片固定区域，其中包含五条比较有名的街道，所以叫五大道。五大道拥有 20 世纪二三十年代建成的英、法、意、德、西班牙不同国家建筑风格的花园式房屋 2000 多所，占地面积 60 多万平方米，总面积 100 多万平方米。其中，风貌建筑和名人故居有 300 余处，被公认为是天津市独具特色的万国建筑博览会。这些建筑展现给民众的不仅仅是外在的美观，更重要的是它背后的故事。每一幢古老的建筑都散发着 20 世纪街道上弥漫的人间烟火，记载着民国时期人们的日常生活。杨柳青镇历史悠久，文化底蕴深厚。著名的杨柳青木版年画被推崇为中国木版年画之首。天津的剪纸、风筝、砖雕、石刻和民间花会也是中国民间艺术的瑰宝。

天津盘山风景名胜区位于天津北部的蓟州区，距离天津市中心 110 千米，为国家 5A 级景区。因盘山雄踞北京之东，故有"京东第一山"之誉。民国初年，盘山同泰山、西湖、故宫等并列为中国十五大名胜之一。清朝乾隆皇帝第一次巡游盘山时拍案称奇，情不自禁吟出："早知有盘山，何必下江南！"命人在盘山东部兴建规模浩大的行宫"静寄山庄",乾隆皇帝先后 32 次到此。抗日战争时期,盘山地区是冀东革命根据地之一。虽然盘山许多佛寺毁于战火,但盘山晴岚叠翠的秀美风光依然令人钟情。

天津,这座中西合璧、古今兼容的城市,现如今生态环境显著改善,乡村振兴战略稳步实施,社会事业全面进步,民生保障不断增强,正踏在新的征程上,创造新的辉煌;天津这颗华北大地、海河之畔的渤海明珠,正在焕发青春,熠熠闪光。

曼迪·斯塔若克

曼迪·斯塔若克从 1979 年开始学习中文，她在中国的第一份工作是在重庆北碚的一所大学里当英语老师。1983 年完成全日制汉语言课程后在北京大学深造，并开始从事中英贸易方面的工作。1991 年起担任中英贸易协会副总裁，2003 年创办 PanCathay（磐华咨询有限公司），专注于天津事务。在此过程中，她对天津这座城市产生了浓厚的兴趣，代表泰达和 TPRE（第三点再保险有限公司）在英国工作直到 2015 年退休。

天津的英国味道

英国与天津的交往历史几乎比所有其他西方国家都要漫长。天津是一座城市，同时也是享有省级行政区地位的直辖市，长期以来一直被视作中国最具战略意义的城市之一。天津不仅是一座重要的港口城市，还是一种关键物资——盐的生产基地。如今，这座城市不仅有石油资源，还有蓬勃发展的制药业、银行业、航空航天产业和许多其他重要产业。

英国与天津的关系始于第二次鸦片战争。尽管是不光彩的一个开端，但后来双方的共生、繁荣发展，令人出乎意料。这或许是由于英国和其他西方国家带来的产业和思想，例如铁路、报纸、邮电和学校。

那么就让我们去以前的英租界走走吧：狭窄的街道上绿树成荫，蜿蜒曲折。维多利亚道（现解放北路）为老银行区，在那你可以看到许多精美的维多利亚式建筑。

维多利亚道（现解放北路）上一家租界时期的银行和现在的汇丰银行大楼

在这条路上，渣打银行曾建起了一栋壮观的大楼，如今被改用为邮局，太古洋行与怡和洋行也都曾在解放北路上兴建了办公楼。漫步在当时的维多利亚花园（今天的解放北园），仿佛随时就能看到一座露天音乐会。事实上，园中确实曾建有一座精美的中式凉亭，过去每逢星期日或节日，人们都喜欢到这里散步，总会有乐队在那里演出。花园旁边就是戈登堂的遗址，曾是天津英租界工部局所在地。旧时的英国俱乐部（现由天津市人大常委会使用），看起来和伦敦圣詹姆斯街区上的许多绅士俱乐部别无二致。利顺德大酒店就在维多利亚花园的对面，曾迎来送往许多名人高官（美国前总统胡佛就是其中之一），如今也不难找到维多利亚时期的风情。在酒店的地下室还建起了一座有趣的文物博物馆。

在周边许多的小街小巷里，能看到许多精美房屋的露台，仿佛身处 20 世纪 30 年代英国城郊的街道。如外墙牌匾所示，如今重新修缮的重庆道 55 号曾经是载振的故居——被称作"庆王府"，载振在这里一直生活到 1947 年去世。载振是清朝末代的亲王之一，也是末代皇帝溥仪的亲属。他曾在 1903 年到访英国，出席英王爱德华七世的加冕典礼。庆王府现今成了高档酒店餐厅，华美的室内装修被保留了下来。庆王府曾被用作市政府的外事办公室，其间也一直得到了精心的维护。

穿过马路朝着一个方向走，就能找到著名奥运冠军李爱锐（Eric Liddell）的故居。李爱锐出身于苏格兰传教士家庭，自己也从事着传教士的职业，他在 1924 年奥运会上赢得了男子四百米的金牌。从故居往前走不远，就会来到他曾经训练的运动场。这里现如今已经成为一个集休闲、健身、购物为一体的市民广场。我们大家都知道的电影《烈火战车》，就是以李爱锐的生活为原型改编的。

李爱锐在中国度过了人生的大部分时间。不幸地是，在抗日战争中，他被日军关押在潍县集中营并在那里逝世，他的遗体被埋葬在了那里，坟墓和纪念碑被保留至今。

曾经生活在天津租界地区的西方上层人士十分看重某些娱乐活动，其中包括赛马。名字一直沿用至今的马场道从市中心一直延伸到城市的西南边。从友谊路上的水晶宫饭店的顶楼俯瞰，还能够看到赛道的轮廓。如今，赛马场成为国宾馆内的花园和湖泊，而仍然屹立其中的是古老的英国乡谊俱乐部。

就历史和文化而言，天津是一座令人惊喜的城市。欧洲人对这座城市本身有着似曾相识的感觉，因为天津在 1860 年成为一个通商口岸，并先后有 9 个国家在此开设租界。其中，英国的租界面积最大，部分原因是美国人把他们的租界交给了英国人。在租界内，许多原来的建筑时至今日依然保存完好。

安立甘教堂看起来仿佛是从一座英国小村庄里直接搬来的。目前，这座教堂尚未对外开放，但已经完成了大规模修缮。我第一次到访天津时，教堂还被用作电子工厂藏在墙后，活力尽失。然而现在它已经从遗忘中被激活了，正如租界区内许多其他建筑物一样。它虽不如法租界的西开教堂富丽堂皇，却在英租界中给人带来仿佛回家般的放松与亲切。

著名天津作家航鹰女士，在历任规划师建造摩天大楼的城市扩张计划中，为保留租界原迹做出了令人敬佩的贡献。她用一座建在河北路（原威灵顿路）上的近代天津与世界博物馆向 20 世纪初天津独有的城市氛围致敬。博物馆开在这条街上的一栋老房子里，收藏有图书、照片以及其他租界时期的藏品，是了解现存老建筑的知识源泉。

这座城市还留有一些饶有趣味的中国历史遗迹。出市中心不远就会有精彩的发现：杨柳青石家大院是 19 世纪一位富官的宅邸。它以传统的庭院风格建造，书房、餐室、卧室和私家花园置于其间，像拼图一样错综复杂。里面甚至还建有自家的学校和戏楼。天津还有一条古文化街，就像北京的琉璃厂一样，是按照原本的城市风格复建的。在天津市中心能找到传统的庙宇和上乘的古董市场，这些都值得一看，特别是如果一大早就到那里的话。

安立甘教堂外景

　　在 1984 年出版的回忆录中，布莱恩·鲍尔将"天津"一词的英文释意为"天堂之津"。布莱恩 1918 年在天津出生，直到 1936 年为了上学而离开。因为二战的缘故，直到很久之后他才重返天津。2005 年，我曾去他在伦敦的居所拜访他，他对自己在天津的童年生活记忆犹新，但却只在 1973 年、1991 年回来过两次。他一直想要再回来看看，重拾儿时的记忆。2005 年，我们一同再访天津，度过了一段特别的时光。他看到他家在咪哆士道（现泰安道）的老房子时十分激动，还领我去看附近街道上他以前常去的地方。他在自传中从童年生活的生动记忆入手，描写了旧时天津的英租界，感人至深。

2006 年左右，我开始注意到这座城市发生了巨大变化。大量的施工建设和交通往来，预示着 2008 年北京奥运会给这座城市带来巨大变化。因为坐拥两座先进的足球场，天津将承办奥运会重要的足球比赛；也正因此，城市必须升级交通来满足国际旅客的需求。此前，从北京到天津大约需要两个半小时，当京津城际高铁开通后，整个旅程只需要 30 分钟。仅此一点彻底改变了这座城市，也意味着从北京到天津的一日游完全可行。在此期间，租界地区许多地方得以保留和修缮。

自天津重新向海外投资开放以来，诸多英国公司已在天津设立了重要的业务部门。联合利华、标准人寿、英国壳牌石油、汇丰银行和渣打银行都在此投资。惠灵顿学校也在天津开设分校，在一栋与英国本土建筑极其相似的大楼中提供英式教育。

天津城市中心的面积不算大,因而成为游览和漫步的好地方，乘坐马车或骑共享单车都可以。这里有太多东西值得看一看、试一试，与在中国任何其他地方的体验都全然不同。

孙中奇　吉林白城人，在津生活6年，南开大学历史学院硕士研究生在读，曾在台湾淡江大学交流学习，主要研究方向为明清东亚交流史，曾获第十一届"全国史学新秀奖"。先后参加第一届山东大学中外关系史研究生论坛、第六届华大研究生史学论坛、暨南大学"丝路文明与中外交通"史学研究生新锐论坛等学术会议。在《史学月刊》《海交史研究》《清史论丛》等学术杂志发表论文多篇。

域外之人眼中的老天津

　　东方广阔而肥沃的平原上，孕育出了伟大的中华文明，在海洋与陆地之间，北方大港——天津尤为值得注意。天津由京杭大运河哺育长大，是明清两代中国粮道的咽喉，在西学东渐之后，因其镇守帝京海上大门，顺理成章地成为首都的海上门户。正是因这样的历史背景，使得天津既有传统古城的韵味，又有西方城市的活力。

　　近代以来，有许多传教士、学者、外交官、军人来到天津，他们用细腻的笔触，为我们留下了百年之前关于天津的美好记忆。俄国著名汉学家阿列克谢耶夫 1907 年随同法国汉学家沙畹在华北进行了一场学术考察，天津给他留下了很深刻的印象。作为一个民俗学家，阿列克谢耶夫走进了杨柳青，那里有他最为感兴趣的年画。他在日记里写道："这里的年画题材非常丰富。说实在的，我不知道世界上哪一个民族能像中国人民一样，用如此朴实无华的图画充分地表现自己……年画的形态、清晰明快的画面、三千年传统的延续、绚丽的色彩及其奇妙的构思让我惊讶不已。"杨柳青年画今天依旧是天津的一张名片，是天津人热爱生活、追求幸福的一种体现，我想，这也是世界各国人民的愿望。阿列克谢耶夫还看到了天津人好客的一面："无论何时何地，看门人总是那么彬彬有礼和好客，他给我们端上了茶，无论如何也不愿收钱。"正所谓"有朋自远方来，不亦乐乎？"，天津人的优良特质在百年之前俄国人的笔下是那么地生动。

中国的天津与世界的天津在同一时空里相互交错，来自日本的历史学家内藤湖南 1899 年曾来到天津，他笔下的天津则是另外一副模样："李鸿章以直隶总督兼北洋通商大臣，在把制府从保定移到这里以后的二十多年，致力于吸收西方的新文化，因此这里有很多学校和工厂。"李鸿章被欧洲人称为中国的俾斯麦，而天津便是中国的汉堡。天津机器局为当时北方最大的车床、锅炉、枪炮制造工厂，轮船招商局、开平矿务局、华洋书信馆、天津电报总局等民用企业也在天津蓬勃发展。中国最早的现代大学——北洋大学也在天津。随后，内藤湖南还与严复、王修植、陈锦涛等人见面，他们都居住在天津。他评价严复："英文很好，已经翻译了赫胥黎的著作，以《天演论》的书名出版。他眉宇间透着一股英气，在这个政变以后人们噤若寒蝉的时期，言谈往往纵横无碍，不怕忌讳，当是这里第一流的人物。"正如内藤湖南所说，天津作为中西文化交汇之处，直到今天依然是中国与世界各国联系较为紧密、较熟悉西方规则，在思想上也是较为开放与多元的城市。

正因如此，在天津居留的外国人非常之多。布莱恩·鲍尔是一位出生在天津的英国人，从1918年到1936年，他在天津度过了生命中最初的18年。他晚年的回忆录《租界生活——一个英国人在天津的童年：1918—1936》记录了天津租界的日常。他生活在维多利亚公园（今解放北园）附近，既有中国朋友，又有外国朋友陪伴着他长大。在英租界里的菜市场最能体现各国人民和谐相处的氛围："数百名中国人待在里面，他们有说有笑。摊贩们吆喝着他们的货物，空气中弥漫着各种气味——甘蓝上沾的新鲜泥土味，大茴香、大蒜、大豆……菜市场的一边是粮仓高高的后墙，耍杂技的、说书的、变魔术的和变戏法的都聚在墙根表演。"其中，天津传统手艺捏泥人儿最让他入迷。类似这样富有生活气息的描写在书中不胜枚举。他常常与母亲出现在紫竹林教堂，或是和佣人的孩子在冬天一起跑过结冰的海河去俄租界玩，或是与法国的朋友们一起在法租界的学校里上学。离开天津后，在天津的时光令他日夜思念，1973年、1991年、2005年，他又到过天津三次，天津的立体交通、天津港、外资企业、天塔令他啧啧称奇。租界时期的遗迹已经成为天津的文化资源，"中国的年轻一代有着自己的价值观和梦想，他们从中国人的视角去看待外面的世界，正满怀信心地走向未来"。

　　三位外国人笔下的天津各具特色，既是古老帝国的一部分，又是现代港口城市和工业中心。百年过去，斗转星移，但这几个特色依然没变，屹立在中国北方海陆交界处的天津，今天，站上新起点——环境宜人、民生安稳、人民的日子有奔头。相信天津这艘"海河号"航船必将乘风破浪，行稳致远，在全球化的时代书写自己更加绚丽多彩的历史。

乐小悦 | 曾就读于意大利博洛尼亚大学，于 2013 年获得对外意大利语言与文化专业硕士学位。之后凭借孔子学院奖学金支持就读于南开大学，并于 2015 年获得汉语国际教育硕士研究生学位。自 2015 年始，她在南开大学国际交流处工作，负责翻译，组织文化活动，以及与意大利及欧洲大学的校际项目等。2017 年起，担任南开大学意大利语系外籍教师。为表彰在天津市经济社会发展中做出突出贡献的外籍人才，天津市人民政府授予其 2020 年度天津市海河友谊奖提名奖。

天津：两个国家，同心相连

意大利与中国深厚的历史渊源，可以追溯到威尼斯商人马可·波罗（Marco Polo）、传教士利玛窦（Matteo Ricci），以及马国贤（Matteo Ripa），而这只是最知名的一些例子。当我们谈论两国间的商务和文化交流时，总是不能绕开丝绸之路。那条延绵不绝的走廊，始于古老的"永远安宁之城"长安，终于传奇的"永恒之城"罗马。在我们谈到中意友谊时，也不能不谈到丝绸、香料和许多其他商品，正是这些商品成就了丝绸之路的传奇，并使之誉满全球。

丝绸是连接中意友谊的主线。如果我们拉近视线，那么统一后的意大利与中国之间的官方联系始于 1866 年。当年，护卫舰舰长阿尔明雍（Vittorio F. Arminjon）奉命出使中国和日本。此行的首要目的是壮大意大利商业企业的实力，其中重中之重就是丝绸产业，丝绸之路的名字正是源自丝绸产业。

在国际贸易关系中，天津一直是中国北方经济重镇，原因有三：首先，天津发挥着商贸和军事港口的战略功能，这个功能一直沿用至今。其次，天津毗邻首都，尤其在英国人于 1897 年开通了通往北京的第一条铁路之后。最后，要归功于穿过城市中心的北段京杭大运河，这条运河建于隋朝，甚至数次被马可·波罗提及——马可·波罗曾到过天津，还称其为"天堂般的城市"。京杭大运河在历史上一直都是世界上最长的全程可航行的人工运河，在天津港到全国各地，尤其是距海 160 千米之遥的首都北京的商品运输上发挥了重要作用，所以天津在以"航海家之国"而闻名的意大利国人眼中享有格外重要的地位。

在 20 世纪早期，天津知名度甚高，我们可以在许多意大利军人、商人和旅行家的文字里找到对天津的描绘和赞美。几年前，出于个人兴趣，我决定更深入地挖掘那些曾在天津居住过的意大利人的故事。我发现了本韦努蒂（Giuseppe Messerotti Benvenuti）中尉的书信，他是一位受命来北京开意大利医院的军医，和我一样在摩德纳省出生。那么这位百年前曾到访过天津的中尉是如何看待天津——这个我居住了许多年的城市呢？其实，在来华之初，中尉对中国这个国家，以及这个国家的人民和历史文化几乎一无所知，但是在天津和北京度过了一年之后，他毫无疑问地更深入地发现了中国的美丽和宏伟。他曾在多个场合多次反复地说，意大利人可以向中国人学习的地方有很多。

几个世纪以来，究竟有多少意大利人感受到了中尉所描述的对天津的尊重与爱？答案是不计其数。而且这种深远的影响绝对不是巧合：一直以来，天津都居于中意友谊的中心地位。这一友谊的原因可以在天津的前意大利租界找到。

天津的意租界始建于 1902 年，曾被当地人称为"贵族租界"，在 1912—1920 年期间，意大利驻津领事费雷第（Vincenzo Fileti）及其继任者为此作出了巨大的努力。意租界以其庄严有致的别墅和青翠秀美的花园闻名，成为许多中国知识分子和名人最喜爱的居住地。许多建筑显示了 20 世纪上半叶典型的意大利建筑风格。感谢中国政府的帮助，如今我们还能欣赏到这些精妙绝伦的建筑。

前意租界现在被重新命名为"意大利风情区"，中国政府和意大利 Sirena 组织 2004 年开始了重建工作，恢复了往日的繁华。这一中意合作项目涉及对目前 80 座建筑物中约二十面外墙的翻新，从而为该地区的商业和旅游业提供了新的动力。时任意大利总统的卡洛·阿泽利奥·钱皮（Carlo Azeglio Ciampi）在 2004 年 12 月份对中国进行了访问，并参观了由北京意大利文化机构组织的"通往天津的路：中意关系的一千年"展览，为进一步推进两国友好关系起到了至关重要的作用。

有了这一新发动力和两国政府间的紧密合作，风格独特的意大利风情区在中外企业家中备受欢迎。著名导演朱塞佩·托纳多雷（Giuseppe Tornatore）选择在这里开设了一个电影俱乐部，并以他获得奥斯卡最佳外语片奖的作品《天堂电影院》命名。

如今，在这个美丽的街区散步，就仿佛身处意大利，身处托纳多雷电影的情境中。意大利风情区无疑是天津旅游业的一大地标，2020 年更是有着尤为突出的重要性。2020 年有两个标志中意关系的重要里程碑，这一年，"文化和旅游年"在 1 月 23 日拉开了帷幕，11 月下旬两国共庆意大利共和国和中华人民共和国建立外交关系 50 周年。

在新冠肺炎疫情肆虐的特殊年份，在漫长的隔离期中，每一个住在天津的意大利人都对意大利风情区魂牵梦萦。当防疫响应级别降低，我们终于可以来到意大利风情区，细细品味它的色彩、风格和味道，仿佛瞬间回到了我们心爱的故土。每每念及故乡，我就会像定居在天津的许多其他意大利人一样去往意大利风情区。这一城市地标深受所有游客和当地居民的喜爱，无论他们是中国人、意大利人，或是其他国家的人。品尝美味的比萨，享受在露天桌台上的一杯咖啡，或是静静欣赏美丽的建筑，这里都是一个最理想的地方。这一块小小的区域凝结着太多美丽，让人难以挑出其中之最，但有一个绝对不能错过的地方就是但丁广场（Piazza Dante）。为什么它如此特别呢？那是因为它的名字。"Piazza"这个词足以唤起每个意大利人心中的美好回忆，再加上对于但丁——伟大的意大利诗人的尊重，两者的结合是完美的。

意大利风情区完美承载了 1000 年以来的中意友谊。就像以融合东西方文化而闻名的意大利传教士郎世宁（Giuseppe

Castiglione）一样，天津意大利风情区结合了维多利亚风格的建筑设计与生机勃勃的中国文化，塑造了具有包容性、国际性和多元文化特征的完美城市典范。包容、多元的文化交流——这些是我们每天都试图向南开大学意大利语系学生传递的核心价值。南开大学意大利语系也是另一个紧紧连接天津与意大利的元素。我们深知自己身负重要使命，因为我们认为教育能让这个世界变得更好。当我们告诉我们的学生那些中意友谊的美好历史时，我们也鼓励他们要像天津在这一千年中所做的一样，成为两种文化交流的使者。

亨利·
维耶尔姆

Uniligne 公司主席及联合创始人，曾在巴黎六大学习，专修纯数及物理，作为分析师在公司金融、零售方面具有丰富的经验。

活动标架法——一位世界几何学家的人生旅程

陈省身 1911 年出生在浙江嘉兴，于 2014 年辞世。他无疑是 20 世纪最伟大的数学思想家之一，也是现代中国数学之父。专家们将他视作微分几何学的奠基人之一 ——这一重要领域根植于莱布尼茨和牛顿的微分学，以及后来高斯在曲线和平面方面的重要著作。微分几何在现代科学中发挥着举足轻重的作用。20 世纪数学家们的核心工作之一就是将微分几何的概念和结论扩展到起初与其无关的领域，例如数论。同时，它在物理学中也无处不在——通过广义相对论通论，成为无穷大的语言；通过粒子物理学标准模型，成为无穷小的语言。

微分几何背后的基本思想易于总结：从局部、直接的条件出发，得出通常不可计算的全局考量。使用简单的标尺对曲线的长度进行测量是微分几何中的一个典型问题，尽管最终标尺是数学家进行测量的唯一工具，但它提供了严格而令人满意的答案。以类似的方式，数学家会在似乎"不存在"或超出范围的情况下提供计算的可能性。如今，这种方法已广泛应用于几何学，并通过它遍及数学领域的大部分科学。令人高兴的是，通过使用这种推理，几何学本身作为一门科学可以从外部被描述。它由各地的数学家在各自的专业领域内研发，并由此演变为具有全球影响力的统一理论。

陈省身本人就是阐明上述现象的绝佳人选。如今，不再有哪一个全能数学家能够掌握全球范围内所有的数学发展。但是确有一些数学家，他们可能顿悟其他数学家在细分专业领域内阐述的概念。要实现这一目标，这样的数学家必须要有足够严谨的思维，以寻求与语言文化之间的关联；还必须要具备与其他数学家不同的视角和出发点。同样，当一个较为复杂的想法萌生，但其术语尚未确定或形成规范之前，这个人也要有能力和动力，将其阐释给相近或不同领域里经常使用其他术语工作的同事，从而使对方产生合作兴趣，形成一个统一的研究领域。与外行人士想象中的不同，数学天才的敏感性首先引导他直观地辨别，并引领他人欣赏到当时还没有被发现的数学之美。这样的天才有着直觉、技巧、开放的态度和理解、教导他人的耐心，陈省身就是一位这样的数学天才。

早年经历

陈省身在很小的时候就开始接触数学。9 岁之前，他一直在祖母家接受家庭教学，然后直接进入小学五年级。通过对三卷本《髀算》中所有题目的集中练习，他打下了扎实的算术知识基础。

陈省身的父亲曾在政府工作，并于 1922 年移居天津。年轻的陈省身也进入中学学习，同时自学数学，很快就达到了更高的水平。

在意料之外但又在情理之中，陈省身在 15 岁那年就通过了录取难度极高的南开大学入学考试。

国际几何学家的诞生

在南开大学学习期间，陈省身在姜立夫新创办的数学系完成了本科学业。

姜立夫对于南开大学延续至今的国际声誉和陈省身的职业发展方向，都起到了决定性的影响。他自己就是第一批在国外进行博士学习的中国数学家之一，在获得哈佛学位之后才回到中国。姜立夫把德国著名数学家布拉施克的著作介绍给了陈省身，后来陈省身又与布拉施克一同在德国汉堡学习工作。

姜立夫是一名几何学家，也是一位尽职尽责的教师，这完全满足了求知若渴的陈省身对学习的期待。师生二人相互理解，相互信任。1946 年，他们又有了不一样的关系：当时政府委任姜立夫筹建中央研究院数学所，姜立夫提名陈省身成为委员会成员。

完成本科学习后，陈省身去了清华大学。当时，清华大学是中国少数几所受益于国际交流计划的学校之一。这样的条件促成陈省身于 1934 年赴德国汉堡学习，两年后在布拉施克的指导下获得了博士学位。在此期间，陈省身遇到了另一位重要的德国数学家埃里希·卡勒尔，并与他进行了合作。卡勒尔是复微分几何（即复流形上的微分几何）的开创者之一。借此契机，陈省身第一次了解到埃利·嘉当的学术成果：嘉当的微分形式和活动标架法在今日普遍应用在所有数学学科中，但当时还不被世人所了解。此后，在现代数学史上最富有成果的合作之一得以开启。

1936 年，陈省身与嘉当见面。陈省身对他的想法的领悟程度之高，让嘉当惊讶不已。中国神童和法国大师之间立刻产生了一见如故之感。很快，他们形成了每两周见一次面的习惯，嘉当邀请陈省身到家中会谈，以求不受外界所扰。由此，陈省身被嘉当的思想与言论深深折服了。

教学生涯

陈省身通过这次合作成为嘉当的主要研究伙伴。也正因此，陈省身很快于 1937 年被清华大学任命为教授，开启了 6 年回国任教的生涯。

1937 年 11 月，国立北京大学、清华大学和私立南开大学在长沙组建成立了国立长沙临时大学。在日军轰炸长沙后，800 名学生和教职员工启程前往昆明。在那里，国立长沙临时大学改名为国立西南联合大学。尽管经历了这样的悲剧，但不久后西南联大就作为一所重要的科研机构获得了国际认可，人才辈出，例如培养出了像杨振宁这样的学生。（杨振宁是陈省身的学生，受益于陈省身的哲学思想和嘉当的外形式法，对物理学中的场论进行了革命性的创新。）

1943 年，在二战战况最烈之时，陈省身应美国数学家奥斯瓦尔德·维布伦的邀请，来到了著名的普林斯顿高等研究院。陈省身花了整整一周的时间乘坐军机到达美国。普林斯顿高等研究院至今仍是世界上最负盛名的科研机构。其独特之处在于它能保障这里的学者享有绝对自由的研究环境，尽可能提供最和平安宁的研究条件。20 世纪最杰出的科学家们都对这所研究院心怀敬意，他们的研究工作在这里通常会得到蓬勃发展。对于陈省身而言，他在这里做出了学术生涯两项最重要的、获誉最多的贡献：高斯-博内定理的证明和陈示性类——这是一种较为复杂的示性类的发明。

高斯-博内定理是微分几何和拓扑学的基本定理，将形状的几何曲率与其在拓扑方面的特征——该形状包含的最终孔数，进行了关联。拓扑学是数学的另一分支，与微分几何学是分不开的。但拓扑学专注于按照某些等价类型对空间进行分类，例如通过拉伸或压缩但不撕裂的方式对形状进行连续变形的能力，其中蕴含一种固有的总括性的观点。

不同数量孔的两个表面无法通过彼此变形得出：我们认为它们在拓扑意义上是不同的。因此，这些孔被视作拓扑不变量，称为属。概括地说：高斯-博内定理将二维曲面的曲率与其属相联系起来。

示性类是几何学和拓扑学中最重要的概念之一，也是与代数结构相关的不变量，而代数结构本身与向量丛相关。

向量丛的概念是在流形的每个点上，例如在二维曲面上，分配特定的代数对象，称为向量空间，我们可以在其中进行测量。

假设我们要测量地球每个点的温度。每次我们都需要一台能够在特定单位（华氏温度或摄氏温度）中进行测量的温度计，还需要有关这些温度计之间如何关联的信息。所有这些信息的收集可以被看作地球球体上某种类型的向量丛（即线束）。当然，还有更复杂的束可以测量比温度更复杂的对象。

换句话说，对这些信息进行分类就是尝试知晓两个向量丛，或测量系统是否彼此等效，这在本质上是一个非常困难的问题，但意义非凡：它可以帮助我们洞悉形状本身是由什么组成的，示性类就可以提供这样的信息。

在普林斯顿大学度过收获颇丰的两年后，陈省身于 1946 年归国，回到上海的中央研究院工作，姜立夫受命筹建数学所。就像在南开一样，数学所很快声名远扬。陈省身在任教期间，坚持亲自对最杰出的中国年轻数学家进行微分几何和拓扑学最新发展方面的培训。数学所之后发展成独立的研究学派，至今仍然活跃在学界。

1948 年，陈省身离开中央研究院再赴美国，在芝加哥教授数学课程，桃李满门，名扬四海。他的微分几何课程在国际上享有盛誉，受到世界各地学生的喜爱。

1960 年，或是苦于芝加哥的酷寒，或是被旧金山更宜人的气候吸引，陈省身来到了伯克利。他的到来促进了伯克利年轻的数学系蓬勃发展，很快便跻身于世界一流，和从前那些受他滋养的其他院校的数学系如出一辙。他创建了美国国家数学科学研究所，并担任第一任所长。美国国家数学科学研究所就如同伯克利的普林斯顿高等研究院，是现在世界上最重要的三个数学研究中心之一。

1985 年，陈省身提议创办的陈省身数学研究所在南开大学正式成立。陈省身由国家教委直接聘任，担任首任所长。

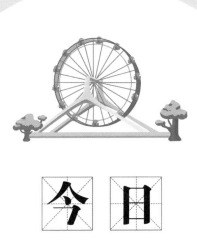

今日

瑞德·赛斯

出生于加拿大，祖籍在波西米亚地区的卡尔斯巴德，现任天津丽思卡尔顿酒店总经理，与家人一同在津生活。他曾先后管理开设于阿布扎比和开罗的丽思卡尔顿酒店，并在 Carlson Rezidor（卡尔森·瑞德）酒店集团有着十余年从业经历，足迹遍及上海、斯德哥尔摩、奥斯陆、阿姆斯特丹、麦纳麦等多个城市。

天津——架起沟通之桥

当你走进天津，你的心不禁会雀跃无比。在这座历史古城里，一切都是意料之外的惊喜。

海河，天津美丽的母亲河，蜿蜒穿过城市，创造出动人的沿岸景色，让人触景生情。当你穿过海河上任意一座戏剧化设计的桥梁，凝视河面时，许多其他桥梁就会飞速涌入眼帘。这就是我故事的起点，因为海河上的一座座桥梁是天津城市特色的最佳体现。

当你穿过保定桥前往和平区时，你会被一系列宏大的新古典主义红砖建筑吸引。这些建筑群周边坐落着其他文艺复兴风格、希腊风格、哥特风格和折中主义欧洲风格建筑。而目光远眺，你能捕捉到高耸的现代化摩天大楼。在这里，天津的新与旧相接，现代与古典相连。

在大沽北路左转，就来到了在这座城市中我最喜欢的建筑。不得不承认，这带有我的私心：这座美丽的标志性建筑就是丽思卡尔顿酒店，作为这里的总经理，我与有荣焉。我可以确定地说，酒店宏伟的新古典主义风格使之成为不只是天津、中国，也是全世界最美丽的酒店之一。这也展现了天津国际化都市的战略定位，天津正日益与世界接轨。

这座地标性酒店由天津城市规划设计研究院设计，其华丽的室内设计由奢侈品酒店设计师皮埃·伊夫·罗尚完成，体现了天津独特的历史传统及欧洲留痕。人们可以花一整天的时间探索这座巧夺天工的美丽建筑。为展示这里的精心设计和艺术品收藏，酒店也组织了"艺术游览"，来更好地发掘在这座建筑中展出的精妙艺术品。

古典的室内装饰与由斯塔克兰德设计的明快而现代的餐厅交相呼应，酒店里我最喜欢的一处地方是华丽而宁静的庭院。在这里，你可以静享市中心的一片安宁，或是与丽思卡尔顿的宾客谈笑聊天，同时将宏伟的新古典主义建筑、喷泉与当季成荫的树木尽收眼底。

丽思卡尔顿酒店在很多层面上都起到了桥梁的作用。它不仅在风格上连接了天津的历史与现在，更联结了不同的人们。酒店的大宴会厅是在天津举行婚礼的上乘选择。从这个角度而言，这座酒店是联结新婚夫妇和他们的家庭一同通向人生新旅程的桥梁。同样，酒店也为全世界的旅客提供了与天津商业往来的桥梁。

甚至酒店大厨也是"桥梁"的制造者。包子是一种填馅蒸制的发酵面食，在天津当地是一种很受欢迎的美食。丽思卡尔顿的大厨们对其进行了创新改造，用奢华的西式原料将这道家常美食变成了一道大餐。在传统的包子皮里填入昂贵食材，比如鸭肝与黑安格斯牛肉，或者澳大利亚扇贝与大虾，佐以浓郁的芝士酱。这种传统美食与独特食材的结合也是连接传统与创造力的桥梁。

维多利亚公园（现解放北园）地处丽思卡尔顿酒店对面，1887年6月21日首次开放。如今，这座公园已经是天津本地人的聚集地，本地居民汇集在这里一起唱歌、玩游戏或者打太极。这座公园连接了过去与现在，也将本地人联系起来，一同参与集体活动。在丽思卡尔顿酒店大堂的入口，维多利亚公园（现解放北园）很好地体现了天津这座城市里人与文化的紧密联系。

天津人民工作勤奋，也懂得享受生活。他们的骄傲既不浮夸卖弄，也不过分自谦，而是充满信心。天津人具有一种微妙的魅力，能够让你卸下防备。与天津人稍相处一段时间，你会发现自己已经被他们迷住了，他们都是汇通人心的专家。

要想描述天津人的特质，最好的方式莫过于通过这里流行的艺术形式。当地人的艺术魅力体现在脱口秀和相声中，这是一种从清代延续下来的传统艺术。相声演员对语言的熟练把控，让表演听起来就像是在说唱！天津本地人通常在茶馆听相声，一边小口喝茶一边嗑瓜子。我会不时邀请相声演员到丽思卡尔顿来演出，让我们的客人愉快地体验当地文化。曾经有一次，我们接待了一群香港游客。当他们在用晚餐时，相声艺术家进行了表演，他们完全沉浸在这种传统艺术中。很不幸，我不懂中文，所以没办法分享其中的故事，但我可以分享的是，在场的香港客人笑得眼泪都流出来了。

天津在工业上也起到了连通全球的作用。三家知名国际公司——空客、丰田和大众都在这里建有大型工厂。除此之外，天津还有许多其他的国际合作伙伴。与这些合作伙伴的深度、良好合作，使天津的新技术新业态风起云涌，传统行业快速转型，不断汇聚成蓬勃力量，助推天津经济更上一层楼。

因此，我坚信天津的未来是光明的，游客们可以在探索这座城市的过程中找到慰藉。天津市中心那些融合欧洲与现代风格的建筑，海河上那一座座美妙的桥梁，以及最重要的、迷人的天津人，都注定会让这座城市成为全世界备受欢迎的旅游胜地。未来，艺术工作室、精品商店、国际餐厅和本地餐馆将遍布天津，从世界各地慕名而来的游客将紧紧地把这座可爱的城市与世界永远联系在一起。

伊万

出生于巴黎，15 岁就进入著名的费朗迪厨艺学院学习法餐烹饪的基础知识。他于 21 岁来到中国，供职于北京馥颂和上海的雍福会等知名餐厅，后在广州开设了自己的餐厅 Chez Max。现任天津香格里拉大酒店行政总厨。他曾多次旅居天津，与这座城市有着十分紧密的联系。

天津美食

人们总说：食欲越吃越旺。

这句话放在天津更是一句至理名言。当你漫步在城市四通八达的街道上，各式餐馆鳞次栉比，为美食爱好者们提供了丰富的选择。

提到天津美食，脑海中和味蕾上涌现出的第一种食物绝对是大名鼎鼎的天津麻花。甜蜜、咸香、酥脆、口感绵实，传递出多种层次的滋味。这也是麻花最有趣的特点：当我们试图猜测它的口感和滋味时，一口咬下去总会有满满的惊喜。

在一日三餐中，天津最具有原创性的食物莫过于早点了。每个清晨，熙熙攘攘的人群聚集在街边小铺，不管前面排了多长的队，都要等着尝到那一口传统老味道。

在传统早点中，煎饼馃子是当之无愧的旗帜：在烤盘上铺一层薄薄的绿豆面糊，放上鸡蛋、葱花；再在做好的饼皮里裹上馃子或是馃箅；然后在饼上涂抹甜面酱、腐乳和辣子——一份煎饼馃子美妙地融合了软糯和爽脆、咸鲜和辛辣。

炸糕由糯米糊和甜甜的红豆馅制成，高温烹炸，趁热吃风味最佳。

锅巴菜的汤汁由八角、小茴香、丁香、豆蔻籽、芹菜梗、韭菜、大蒜用淀粉勾芡制成。杂面做的薄煎饼块浸泡在卤子里，再淋上芝麻酱、腐乳，最后放上香菜。

老豆腐的原材料是新鲜豆花，在吃的时候基本都要配上新鲜香菜、芝麻酱、腐乳、辣油、蒜末。

包子是另一个独具天津特色的美食标杆。面团蒸制的外皮包裹着满满的猪肉或蔬菜馅料，常常蘸醋享用。

素卷圈是一种油炸小食，由豆芽菜和胡萝卜制成馅，以腐乳、芝麻酱料调味，将馅料裹在面皮里，炸熟后食用。

茶汤是天津的传统小吃，主料有高粱米面、藕粉、芝麻、坚果碎和葡萄干。茶汤的制作离不开传统大铜壶：用滚烫的开水冲成稀糊状，加上红糖或白糖，即可食用。

熟梨糕是一种在木制模具中定型、高压烘焙的大米糕，表面抹有草莓、猕猴桃或者芒果等口味的果酱。

此外，还有一些美食专属于津味餐馆：

罾蹦鲤鱼口味酸甜,将鱼身裹满玉米面和白面,下锅油炸至酥脆;再淋上糖醋酱汁,给予这道名菜无限魅力。

锅塌里脊类似于西式煎蛋,炒鸡蛋里包裹着里脊肉片。这道菜汤汁浓郁,散发着鸡汁和酱油的香气。

八珍豆腐,菜如其名,主要食材共有八种,但说法不一,最常见的包括豆腐、干贝、鱿鱼、海参、鲜虾和鸡肉等。

老爆三,即爆炒三样食材——猪腰、猪肝和猪里脊,以酱油和米酒调味。

天津美食的另一个代表是冬菜。冬菜的制作耗时六个月:将白菜用大蒜腌制,然后使其发酵——这是一个需要耐心等待的过程。制好的冬菜常用于做汤或和鱼一起烹饪。

天津美食不光是一场味觉盛宴,更是人间烟火的体现。天津这座城市也是如此,时刻表达着一种相聚相守的愿景——无论晴雨,不计悲欢,都要好好和家人、朋友分享一餐饭食。

平静,安宁,即是幸福。

布鲁斯·康纳利

苏格兰摄影师、作家。他于 1987 年乘火车首次到访中国并深深被这片土地吸引。1992—1993 年间他旅居广州，此后他的足迹遍布中国各地，现居北京。作为资深媒体从业者，布鲁斯先后供职于北京外语广播和《中国日报》，撰写多篇有关中国的文章。他对天津有着深厚的感情，曾在天津香格里拉大酒店举办摄影展，并在津录制了英国广播公司《苏格兰人在中国》的节目。

天津：天堂之津，值得探索的城市

对于第一次来天津的人来说，天津的市容和韵味可能要挑战他们印象里中国城市的范式。从天津站出来，步行几分钟，就可以走到美丽宁静的海河岸边。继续前行，经过一座钢结构桥梁，就能到达以前的法租界。解放桥建于 1927 年，是该市的历史标志。这座古老的大桥及其周边的建筑与高楼耸立的津湾广场和高达 336.9 米的环球金融中心津塔写字楼相映成趣，共同构成了一道日益现代化的天际线。

您不妨也像我一样，在海河边歇息片刻，去感受一下这座城市、这段历史、这条河流，以及她与众不同的方方面面。数百年来，海河不仅仅是一条亮丽的风景线，更是这座城市繁荣发展的催化剂。天津坐落于一片冲积平原上，地势低平，大多数区域只高于海平面几米而已。若我们把时间倒推，今日天津所在的地方可能仍是大海；黄河的泥沙在此沉积，经过了成百上千年，才有了今日这片厚重而平坦的土地。

　　海河，一度是沟通渤海湾和京杭大运河的重要航道。早年间，这座城墙包围的城市逐步成为一个海运和漕运交汇的贸易中心。途经天津的京杭大运河开凿于 7 世纪，连接了京城与南方的杭州。人们用帆船将大量的粮食和其他食物经由这条人工运河从富饶的江南运到北方。运河从天津之眼摩天轮所在的地方北上，直达京郊通州。可以说，天津从那时起就已经逐步成为北京与华东，甚至全世界联系的纽带。顺便说一句，中国的一条早期铁路就建在北京和天津之间。

　　南运河和海河交汇之处绝对值得一看。许多天津本地人会在河面结冰的时候凿冰窟钓鱼，海鸥就在他们头顶盘旋飞舞。天津也是鸟类每年从寒冷的西伯利亚和蒙古地区到温暖的华东地区间往返迁徙的必经之地。众多鸟类会在天津附近的湖泊和湿地停留相当长的时间，它们每天都会沿海河飞进市区。

　　天津老城商贸发达。天津过去被称为直沽，1404 年永乐皇帝将其更名为天津。如果您到重新修建的鼓楼区和古文化街区走一走，还可以大致领略到老天津昔日的景象。虽然城墙已经不在了，但是城门的名字仍然被保留了下来，成为当今城市地名——北门、东门。鼓楼东街上还有一座老城博物馆。

天津的地理位置吸引了众多国际目光。清末，从 19 世纪中后期开始，在天津老城东面的沼泽和农地上建了几片租界。俄国和意大利租界位于海河北岸，英租界和法租界位于海河南岸，面积较大，解放桥连接两岸。近年来，意大利租界经过翻新整修，成为受游客欢迎的餐饮购物街区和休闲漫步之处。

天津被称为"万国建筑博览馆"，每一块租界都有别于传统的中国建筑设计范式，带有各国建筑特色。走在这些昔日的租界地，就好像从意大利走到了法国，再从法国走到了英国。

解放北路从解放桥一路向南，道路两旁坐落着许多同一时期的精品建筑。在亚洲发展业务的许多跨国企业曾把总部设立在这些宏伟古典的建筑中。今天，这些建筑多被作为国有银行、办事处或博物馆。解放北路曾被称为大法国路，堪称当时"亚洲第一条华尔街"。天津往日的商业繁荣为今日成为国际金融贸易中心打下了坚实的基础。

在旧租界区中，我们可以看到美丽的欧式教堂。整个区域的小街小巷都值得探索，那里遍布俱乐部、行政办事处和民居等风格各异的西式建筑，至今保存完好。

如果想感受 19 世纪晚期的租界风格，那么解放北路英租界上的利顺德大饭店是您必去之地。利顺德是中国最古老的酒店之一，它的历史正好也反映了天津的历史。位于地下楼层的博物馆不仅展现了饭店以及周边地区历史，而且还令人回忆起那些在历史上声名显赫的人物，他们都曾经穿过那道旋转门走进饭店狭窄的走廊。中国的末代皇帝溥仪在 1925 年到 1931 年寓居天津期间，就经常来利顺德大饭店跳舞。这里有木质装饰的走廊，有带四柱床的客房，有中国第一部电梯……置身其间，就像是身处英国乡间的小屋。

利顺德正对着解放北园，天津人经常来解放公园弹琴、唱歌、跳舞、锻炼身体。有一次，我在公园散步，有人问我从哪里来，我回答"苏格兰"，当地人立即热情地问候了我。因为历史上有一位叫作李爱锐（Eric Liddell）的苏格兰人曾是天津当地的英雄人物。他是 1924 年奥运会金牌选手，在 1981 年的电影《烈火战车》上映后名声大噪。他出生于天津，父母都是苏格兰人，从小住在五大道附近。置身五大道仿佛漫步于伦敦郊外。这里不仅有出色的咖啡馆和餐厅，还有赫赫有名的民园体育场。李爱锐就参与过这座体育场的原型设计，并且帮助了一支本地足球队的组建和发展。

五大道的西边是小白楼。租界时期的一家著名欧式面包店——起士林蛋糕店至今仍在这里营业，虽然不是在原来的建筑里了。这家店曾是住在天津的外国人一家的最爱，前面提到的李爱锐也是这家店的常客。面包店对面曾经是一座犹太教堂，如今已经成为文化遗产建筑。天津，真是一座值得探索的城市啊！

与上海不同，天津最精美的欧式建筑并不在海河两岸。两岸的泥滩是早期商贸和河运活动的所在地。由于这些商贸活动逐渐退场，河岸也被人们遗忘了。直到最近十几年，才被重新装点为滨河步道和花园，供当地人休闲娱乐。

天津曾是一座重工业城市，如今已转型成为有着众多现代化建筑，追求绿色发展的新城。大小公园星罗棋布，扮靓了城市的面孔，向游客们展示着天津人日常的生活与活动。偌大的水上公园里有着大小湖泊、植物园、动物园。靠近天津北站的宁园则有着中国传统园林风格。

天津城市布局紧凑却并不拥挤。天津行政区从渤海一直延伸到长城盘踞的北部山脉。有时候，为了欣赏老城之外的美景，我会坐地铁九号线或者高铁去滨海新区，这是一片有着诸多国际企业落户的高新技术开发区。这里汇集了众多国内的前卫建筑，比如刚建成不久的文化中心，人们热议的滨海图书馆就坐落在这里。此外，高达530米的周大福金融中心成了这里的新地标。

位于于家堡的滨海火车站于 2015 年投入使用，主体部分位于地下。这座车站极具未来感的贝壳形外观，在宁静美丽的花园式景观中，看起来不像是城市列车枢纽站，更像是一座音乐厅。

从滨海站沿着海河走一段路，我们能看到载着旅行团的船驶过亮丽的河滨城市天际线——这是 21 世纪中国的缩影。沿河向下游走，就是世界最大的集装箱码头之一；上游，则是历史上连接北京、天津与世界的塘沽。

搭乘15 分钟的高铁回到市中心，到了晚上，就是探索天津美食的好时候了。在众多有趣的餐厅、夜市上，你可以品尝到最地道的天津小吃。

我今天看到的天津，已经和我在 1996 年初次见到时的大不一样了。那时的我还只能从地面观察这座城市，但是如今，我已经可以从高耸入云的摩天楼上俯瞰它了。不管是从金融中心顶层俯视，还是在香格里拉酒店的天际俱乐部喝一杯咖啡，我的目光穿过历史悠久的租界区，投向日益现代化的天际线，总有一种心旷神怡之感。太壮观了！因为疫情的缘故，我得以有更多时间体味这座城市——严密的疫情防控举措和正在复苏的城市活力让我充分感受到天津这座城市的阳光雨露，未来可期。

天津，一座桥梁密布的城市，一座桨声灯影的城市，一座生机勃勃的城市，一座与海河密不可分的城市。海河是天津的灵魂，正如塞纳河是巴黎的灵魂，泰晤士河是伦敦的灵魂一样。天津值得人们不断探索。

洛朗·
法比尤斯

1946 年出生于巴黎，前法国总理，现任法国宪法委员会主席，为南开大学名誉博士。

在南开大学建校 100 周年纪念大会上的致辞

（2019 年 10 月 17 日）

今天，能与大家在此一同庆祝南开大学建校 100 周年，我感到非常荣幸与喜悦。

南开大学在建校一百年间始终矗立在中国教育现代化变革的前沿地带。教育对于每个人来说都是至关重要的，对整个国家更是如此。南开大学的历史与中国近代史息息相关。

今年早些时候，习近平主席参观了南开大学，这对于南开大学百年华诞来说意义重大，更加凸显了这一百年校庆的重要性。

我本人对南开大学也怀有深厚的情谊。我多次来到天津，并有机会在南开大学著名的周恩来政府管理学院作过几次演讲。我也十分荣幸被南开大学授予了名誉博士学位。

　　今天是南开大学百年校庆的大喜日子。我们在此为南开庆祝，同时也为一个文明的伟大复兴庆祝。我们深信，伴随着中华民族的伟大复兴，中法两国的文明和文化以及两国人民之间深厚的和平与友谊之花将不断盛放。

　　正如南开最著名的校友、中国伟大的外交家周恩来总理那样，南开大学对世界一直秉持着开放的态度。我要为此向南开的教师们表达我的敬意，也要向南开的莘莘学子表示感谢，你们刻苦努力，将自己的宝贵才华贡献给了这个社会。我想，开放性对于拥有全球视野以及跨文化交流都是至关重要的。法国与南开之间的纽带要特别感谢艺术大师范曾先生，我要在此向范曾先生为法中友谊所做的贡献表示敬意。

　　近年来，中法学生之间的交流发展态势良好。学生交流是每个学生都应该抓住的机会。出国旅行、和新的朋友交流、探索新的国家，都可以丰富一个人的人生阅历。南开大学与国际上许多大学和学术机构建立了交流与友好关系，表明了南开进一步向世界开放的美好愿望。

　　在我看来，这是"南开精神"的一个关键要素。

　　南开大学为学子们提供了丰富的学科教育，包括文学、历史、哲学、教育、艺术，还有法学、经济学、管理学、科学、工程学，等等，这也进一步表明南开大学作为教育和学术研究中心的地位。正如著名的古希腊哲学家苏格拉底所说："在求知的道路上，首先要承认自己并非全知全能。"金钱可能被窃取，强健的身体也会慢慢衰退，但一个人所汲取的知识将与之永生伴随。

今天比以往任何时候都更重要的是，我们要具有创造力和创新精神，并以高水平教育为目标。南开大学不仅在科学领域成果卓著，在人文领域也作出了十分卓越的成绩。所有学科，特别是人文学科，都是应对 21 世纪挑战的关键。社会存在的最大风险之一就是环境所带来的挑战，这不是一个存在于遥远未来的可能性，或是我们想象出来的虚构画面，这是一个真真切切的现实。环境问题是 21 世纪的主要挑战之一，全人类都应该怀有一个共同目标，即建立起一个具有可持续性并且具有修复能力的世界，来应对气候变化。世界各地的科学家们已经证实，我们生活在一个新时期，我们社会生活的方方面面都受到了威胁。尽管世界各国的传统、文化和法律各不相同，但为了应对 21 世纪的各种挑战，我们需要建立起一个强有力且具有丰富知识的联盟。

南开大学的校训对这一目标作出了很好的概括："允公允能，日新月异。"

我相信南开大学在 21 世纪将延续她在上一个百年的卓越。在下一个百年，即南开大学建校 200 周年之际，我希望南开大学继续为世界做出贡献，为社会培养未来的优秀公民和领袖，在教育领域为实现世界的和平与可持续性、人类的智慧与正义以及共同繁荣做出卓越贡献！

谢谢！

高大伟

> 1970 年出生于巴黎，汉学家、中欧论坛创始人。著有《中华复兴管窥》（2018）。他于 2006 年首次到访天津，现任南开大学客座教授。

忆天津

　　我和天津颇有渊源，这也是我担任《灵感·天津》一书主编并为之撰文的缘由，愿此书为这座独一无二的城市带来更多的关注。谨以此文与读者分享：天津这座中国北方城市，不仅是通往某个目的地的途经之处，它本身就是一个独具魅力与特色的目的地。

　　和许多在法国接受教育的年轻人一样，在 1996 年夏天我第一次来到中国前早就听说过天津这个名字。法国学生，尤其是那些热爱文学和诗歌的人，对保罗·克洛代尔（1868—1955）并不陌生。他们一定记得他与中国之间的紧密联系，也一定想象过他在1906年至1909年间作为法国外交官在天津度过的时光。

德日进（1881—1955）是另一位一生都与这座中国北方港口城市有着密切联系的法国著名人士。他曾为黄河白河博物馆的创始人桑志华（1876—1952）提供工作上的支持，为中国古生物学的发展做出了重大贡献。

然而我个人与天津的渊源还要从黑海之滨的保加利亚说起。2006年，我决定在索非亚举办中欧论坛，我认为这座城市与欧亚大陆关联性方面的议题密切相关。2002年，我创立了中欧论坛，旨在进一步增进欧洲与中国之间的相互了解。时至今日，中欧之间相互了解的进程仍方兴未艾！

在筹备2006年中欧论坛期间，我有幸见到了时任中国驻保加利亚大使的于振起先生。这段美好而难忘的相遇始于对苏东坡《念奴娇·赤壁怀古》的赏析。当时餐厅的墙上正好挂着这首词的书法作品，于大使非常友善，引我从头至尾同赏此词，从"大江东去浪淘尽"……直至"还酹江月"。

在摆满佳肴的中式晚宴上，当于大使得知我从未去过天津这座对他而言有着重要意义的城市时，倍感惊讶。他告诉我，一个学习中国历史文化的人，若不知晓南开大学及其学术传统，那将是一个失误。

我将于大使的话深深地记在心里，并且始终认同。天津的历史，与溥仪（1906—1967）、袁世凯（1859—1916）、张学良（1901—2001）、梁启超（1873—1929）密不可分，至今仍是展现20世纪中国大变革的最佳视窗之一。可以说，天津是近代中国先进思想的发源地之一。

2006 年 11 月，我第一次拜访南开大学。我了解到南开大学自 1919 年建校以来的丰富历史以及它与周恩来（1898—1976）之间的联系，也感受到南开大学充满活力的学校氛围。我还与当时的南开大学党委书记薛进文先生进行了一次非常愉快且富有成果的对话。

3 年后，在中华人民共和国成立 60 周年之际，我有幸与天津市政府合作，举办了一场有多位欧洲领导人出席的高级别会议，包括法国前总理洛朗·法比尤斯和德国前总理格哈德·施罗德。

从天津的建筑风格可见，欧洲与中国早在帝国主义和殖民主义时期就已在天津相遇。对中国而言这无疑是一段悲痛的历史。所幸，如今的中国已稳健地走在复兴的道路上，在世界事务中正回归中心地位。

在天津历史上的 9 个租界中，有 7 个为欧洲国家所设立：奥租界（1901—1917）、比租界（1902—1931）、英租界（1860—1945）、法租界（1860—1946）、德租界（1899—1917）、意租界（1901—1947）和俄租界（1900—1920），另外两个是美租界（1860—1902）和日租界（1898—1945）。

在今天为众人所熟知的五大道上，仍坐落着两千多座独具风情特色和历史价值的建筑。"老上海"的故事已然写尽，而天津仍有许多不为人知的生动故事，足以给学术界和读者带来惊喜。

在如此丰富的历史渊源的召唤下，天津在继续推动和深化 21 世纪中欧对话中具有重要意义。在 2008 年北京奥运会期间，许多人重新认识了李爱锐，这位曾在 1924 年巴黎奥运会上获得金牌的苏格兰运动员，他的一生与天津有着千丝万缕的联系。《租界生活——一个英国人在天津的童年：1918—1936》①作者布莱恩·鲍尔（1918—2008）也以天津为背景生动地展现了中国与欧洲的交往史。

2011 年，在时任联合国教科文组织总干事伊琳娜·博科娃女士的积极支持下，我在巴黎展开了中欧论坛的筹备工作。我非常高兴地看到南开大学深度参与到这个在联合国机构下进行的文明间对话中来。

在 2011 年 6 月 27 日的论坛开幕式上，我提到了南开大学创始人张伯苓（1876—1951）的弟弟张彭春（1892—1957）："中国传统的世俗主义和人文主义在历史上启发过西方。曾任联合国人权委员会副主席的中国外交家、学者张彭春在 1948 年《世界人权宣言》的起草工作中发挥了关键作用。他在埃莉诺·罗斯福主持的辩论会上说：'8 世纪，当进步的人权思想在欧洲发轫时，中国哲学的译本激励了伏尔泰、魁奈、狄德罗等思想家的人文主义反封建思潮。'"

经过连续 9 年与天津的建设性交流，多项与欧洲的合作项目开花结果。2015 年，我很荣幸被天津市政府授予"海河友谊奖"，这对我而言弥足珍贵。2019 年，我受邀出席南开大学百年校庆纪念大会。看到一座城市在展望未来的同时追忆过去，我十分感动。

14 年来，我亲眼见证了天津逐渐发展成为一座 21 世纪智慧

---

① [英]布莱恩·鲍尔：《租界生活——一个英国人在天津的童年：1918—1936》，刘强译，天津人民出版社，2007 年。

城市，国际知名度不断提升。自 2007 年以来，世界经济论坛新领军者年会每年在天津和大连交替举行。2017 年，世界智能大会在天津拉开帷幕，这是一个将科技与可持续发展相结合的国际平台。正如我在 2019 年 7 月向《中国日报》表示的那样，"天津正在成为一个真正的智慧城市，速度超乎人们的想象"。

在《灵感·天津》这本书里，我想描述的是天津在个人层面最打动我的特征。换言之，我想用文字描绘一幅天津的"心理"画像，并希望以此引发更多有关"城市性格"的讨论。

巴黎、纽约、马德里、东京、伦敦和柏林各有各的特征，而我认为北京、上海、天津、深圳、成都和杭州也是如此。

只有懒惰肤浅的人才会认为中国的大城市都如出一辙。事实上，正是中国的内部多样性赋予了这个国家无尽的魅力。

要走近天津的灵魂，关键在于要懂得欣赏它的低调感。天津不会宣称自己是一个经济或文化中心，因为在天津人看来，假装领先他人就是过为己甚。这种低调的文化会带来几方面的影响，其中之一就是天津从不会让你失望。相反，它真正的价值被一种随着时间推移而逐渐被人理解的谦逊所掩盖，促使你不断探索这个城市的方方面面。

作为中国四大直辖市之一，以及拥有超过 1500 万人口的重要交通枢纽，天津毗邻北京，并与朝鲜半岛和日本隔海相望，是一个真正的国际化大都市。天津港作为世界第四大港口（按吞吐量计算），与 180 个国家和地区有着贸易往来。

然而天津并不急于展现它的优势，也不渴望成为焦点。天津的质朴和简单对许多人而言都极具吸引力，我也不例外。

天津的直率、低调、毫不做作还造就了其独一无二的津式幽默。说起中国相声界的代表人物，比如马三立（1914—2003）、侯宝林（1917—1993）、郭德纲，人们自然会将相声与天津联系在一起。而津式幽默也为天津的都市生活增添了不少诗情画意。

若要寻觅天津独有的特色，首先跃入脑海的是天津方言、杨柳青年画、泥人张彩塑和魏记风筝。天津美食也是天津生活方式的重要组成部分。值得一提的是，第一本关于中华料理的法语书正是由亨利·勒库尔于1925年在天津创作的！

开放是天津的另一大重要特征。在这座"桥城"，最有名的桥莫过于当年的万国桥，也就是今天的解放桥。远道而来的中外游客和国际友人都能真切地感受到天津人与生俱来的热情好客。

天津总面积为11946平方千米（几乎是上海的两倍），在海河附近，也就是历史上的市中心，城市生活充满了浓浓的人情味儿。在天津，道路和桥梁的设计也考虑到了行人与这座城市之间更深层次的情感联系，而不是为了走马观花。漫步在缓缓流淌的海河河畔，不难理解为什么将天津称为"桥城"。

当你继续在这座城市漫步和思考时，你会很快领悟到，这座城市的经济社会发展和市容面貌提升是协同共进的，由此产生的美丽蝶变正在给这座城市的人民创造实实在在的获得感与幸福感。整个城市的"颜值"与"气质"正通过文化与文化的互相融通，使过去与未来交相辉映。

即使你已离去甚久，但它那一声声热情的回响仿佛仍在不停地召唤着访客归来，或真实或虚幻地回荡在无尽的回忆之中。

韩懋宇　　1997 年出生于尼日利亚。尼日利亚纳姆迪·阿齐克韦大学宗教与人类学学士、南开大学汉语国际教育硕士，孔子学院总部及国家汉办举办的第 2 届"汉教英雄会"全国冠军。他热爱天津这座城市的文化氛围和生活方式，选择在南开大学继续深造，现正在攻读国际关系专业博士学位。

灵感天津

　　梦想是一幅鼓舞人心的美丽画卷，能使你的思维、意志和情感充满力量，让你无问东西、不舍昼夜、全力以赴地去实现它。梦想的种子常常在孩童时便悄悄生根发芽，有些人梦想成为律师、医生、工程师等所谓白领阶层，拥有体面的职业。我也不例外，从小就梦想成为一名优秀出众的律师。然而很多梦想往往难遂人愿，生活总是开一些小小的玩笑，不会按照你预想的轨迹前行。当然，这也是人生的多姿多彩之处。有句话说："上帝为你关上一扇门，必定会为你打开一扇窗"，中国古语叫"失之东隅，收之桑榆"。学习汉语就是上帝给我开启的那扇窗。

我跟中国真正结缘是 2013 年在尼日利亚初学汉语的时候。从那时起，成为一名传播尼中两国优秀文化的使者，为两国文化交流交融贡献自己的一分力量，让中国博大精深的传统文化在尼日利亚广为传播，便成为我坚定不移的理想和追求。当这颗梦想的种子在我心中茁壮成长的时候，学中国、知中国、懂中国的愿望愈发强烈，那时候我通过各种渠道、各种信息了解中国、走近中国。但语言还是我理解中国的"绊脚石"。在我的国家，大部分人都知道中国，却很少有人了解中国，更别说会说汉语了。于是我憧憬着，也许有一天我能学会汉语，能去中国留学，再把中国悠久灿烂的文化带回尼日利亚，让更多的人了解这个充满魅力的国度。同时，也让更多的中国人了解跟中国一样美丽多姿的尼日利亚。

尼日利亚是非洲第一人口大国，总人口为 1.8 亿，占非洲总人口的 16%，同时也是非洲第一大经济体。尼日利亚是中国在非洲的第一大工程承包市场、第二大出口市场、第三大贸易伙伴和主要投资目的地国。中华人民共和国与尼日利亚联邦共和国于 1971 年 2 月 10 日建交。建交以来双边关系发展顺利。尼日利亚作为非洲最大的经济体，是中国重要的合作伙伴和亲密朋友，这个国家的政府和民众始终坚信中国作为世界大国，在全球拥有举足轻重的重要地位，并将在未来国际格局中发挥越来越重要的作用。正是基于深厚的历史情谊和团结互信，尼中两国在经贸、科技、文化等方面的交流合作日益密切。中国是尼日利亚在亚洲最大的经济伙伴，对尼日利亚的投资以及技术投入保持持续增长态势，这些都反映出两国坚如磐石的友好关系。在中国国家主席习近平"一带一路"倡议的指导推动下，越来越多的中国企业前往尼日利亚建厂兴业，推进基础设施建设，提升当地医疗和教育发展水平。这些富有成效的工作不仅解决了尼日利亚的就业问题，也激发了许多当地人学习汉语的兴趣，并为他们提供了更多来华深造与追求梦想的机会。

在中国，相声是一门语言的艺术。我在尼日利亚学汉语时就喜欢上了相声，每天都会花一些时间去看一些知名相声演员的作品。他们口吐莲花、诙谐幽默，每每都让我忍俊不禁。怀着对这门古老艺术的憧憬，也为了更加近距离地亲近中国、感受中国，我不远万里来到了天津，选择了南开大学这座具有深厚底蕴和浓郁学风的学校就读。到天津后，除了在上课时间认真聆听老师所教的内容，我还在课余时间主动与当地人交朋友、参加学校与社会团体组织的各项活动、阅读大量的中文书籍，不放过任何一个提高自己语言能力以及了解这座城市的机会。天津是一个灵感之城，身处天津每个角落，你都能感受到这座城市的历史沧桑、文化的兼容并蓄、百姓的热情善良。在天津的这几年，我度过了人生中最美好的时光。我欣赏了天津的海河夜景，去了五大道，看了具有悠久历史的建筑群落。天津与北京比邻而居，但又各具特色、相映成趣。相比于北京而言，天津在国外的知名度、"存在感"可能略低一些。但百闻不如一见，如果你抽出几天的时间在天津走一走、转一转、听一听、看一看，五大道的古朴沧桑、海河两岸的流光溢彩、天津西站的宏伟大气、蓟州盘山的层峦叠翠，一定会让你感到不虚此行、流连忘返。

此外，天津又是一个受异域文化影响较深的城市，尤其在建筑风格上表现得更为明显。有英式、法式、意式、德式、西班牙式以及多彩的折中主义建筑。这种国家建筑的混合与碰撞是我在中国的其他城市从来没有见过的。这一点让 2017 年刚到天津的我没有任何陌生感。浪漫的文人常说："选一座城、择一段情、留一场记忆，回味一生。"天津就是这样一座让人回味无穷、"乐以忘忧，不知老之将至"的城市。您看，相声的四门功课"说、学、逗、唱"已融入天津人的性格和生活。即使是出租车司机，都能在跟你聊天时逗得你合不拢嘴。这是非常吸引我的地方，因为我本身对喜剧非常感兴趣。幽默被天津人演绎得淋漓尽致，不管是不是相声演员，听到地道的天津人之间的对话，你都会感觉是在听相声一样。

为了更深入地了解中国，我报名参加了天津市组织的以"改革开放"为课题的社会实践。第一次听到"改革开放"这四个字，是在我来中国之后，但是真正明白它的含义还是在行程过半之后。作为一个外国人，我对中国的历史不算了解，但调研过天津、深圳、上海等城市，在听了当地朋友讲述当地推进改革、扩大开放的艰辛历程后，我仿佛看到了当年中国人不畏艰难险阻、坚决改变贫穷落后面貌的雄心壮志和感人壮举。为信仰而坚持、为人民而奋斗，是中国共产党人的坚定情怀，这种精神境界强烈地震撼了我。在我看来，这样迅猛的发展与中国人敢想敢干的精神是分不开的。只有敢想，才能从零到一；只有敢干，才能从一到无限。这次实践活动给我的感触很深，让我明白是什么让这四十年改变了两代人，推动了一个国家翻天覆地的发展变化，答案就是"不忘初心，方得始终"。天津见证了中国近现代的繁荣和辉煌！非中相距遥远，但相似的历史遭遇、渴望发展的共同愿景，使非中人民具有天然的亲近感。非中友好是历史的选择，是双方几代领导人精心培育和非中人民共同努力、不断传承的结果。

天津是中国四大直辖市之一，也是中国北方最大的港口城市和开放城市。天津在非中关系发展中可以说是起到了示范作用。尼日利亚需要加快推进工业化、提升国民经济发展水平，中国改革开放的经验值得我们认真学习借鉴。拉各斯是尼日利亚最大的港口城市，也是经济社会比较繁荣的城市，与天津有很多相似之处。中国古语有言："他山之石，可以攻玉"，我的理解就是别人的成功经验值得我们好好地学习借鉴。同样，中国改革开放的基本国策、天津坚定不移推进高质量发展的理念，都值得我们认真总结、全面学习。真正让中国智慧、中国方案有机融入到尼日利亚经济社会发展中，结出累累硕果。

天津是我筑梦、追梦、圆梦的地方，总会给我带来出其不意的惊喜和灵感源泉。她的美还等待着我去发现和挖掘，我将珍惜在天津的每时每刻，"以梦为马，不负韶华"，为梦想插上奋斗的翅膀，点亮更加美好的未来。

何迈可　　美国人，自 2006 年底以来一直生活在天津，在天津房地产行业有着十余年的工作经验，参与了众多开发项目。自 2007 年起加入中国美国商会天津分会，现任天津分会主席，积极推动外商外资在津发展。

天津建筑：过去、现在与未来

　　在天津这座城市里随处可见诉说着丰富历史、描绘着美好未来的建筑。这些建筑新老交错、彼此呼应。有一些街道让人想到天津数百年前的历史根基，而另一些街道则描绘了天津在迈入 20 世纪时作为贸易中心和外国居民聚集地的图景，它们都为天津留下了丰富的建筑历史。另一批在 21 世纪第一个 10 年的建设工程，推动了这个城市从强盛的制造业到服务型经济的转变。同样，在过去的 5 年中，规模更为大胆的建筑诞生了，大量文化和商务机构入驻了这些高楼大厦。本文将带您一同走近天津这些令人惊叹的建筑，看看它们是如何成为这座城市宏大故事中的重要部分。

三岔口

天津的历史可以追溯到六百多年前，最早的发祥地位于海河、北运河和南运河三河交口附近。这种"三会海口"的地理位置对于天津早期的城市构建具有重要意义。沿北运河向北就到了北京通州；沿海河向东南通向大海；沿着南运河一直往南行，能够抵达杭州。今天，在三岔河口的北面坐落着"天津之眼"——这座摩天轮横跨海河，默默地标志着这座城市的重要起点。"天津之眼"成了很多人镜头中的焦点，在夜间它尤为引人注目。

老城区

本地人将天津最早的聚居地称为"老城厢"，也就是老城区，它就坐落于三河交口旁边。天津是一个城墙环绕的城市，以鼓楼为中心、道路向东南西北辐射。1900年，城墙被拆除，取而代之的是宽广的大道。如今，这片区域的中心还是鼓楼，周边尽是知名的商铺和食肆。老城厢的建筑群——一座香火不断的古老孔庙和一条具有现代气息的古文化街——仍在诉说着过去的故事，古文化街中售卖的传统文化纪念品备受游客喜爱。这里还有一座广东会馆，是一百多年前为南方商贾所建的，如今人们还可以在这里喝茶、欣赏表演。仔细看看地图，从中还能看出老城长方形的外缘，老城厢低矮的商店和鳞次栉比的住宅，一如从前。

租界

从 19 世纪中期到二战结束，天津共建有 9 个外国租界区，其中有些租界只延续了十多年，而有些则延续了近百年。它们分布在海河两岸以及老城区的南面和东面。租界区的发展间接地推动了近代天津发展成为活跃的国际港口城市和中国北方重要的贸易金融中心。

解放桥位于天津火车站南侧，是一座古老的可开启铁桥。过了桥，两边各式老银行、公寓和俱乐部林立。一个世纪以前，这条路上各类商业活动已然蓬勃发展，见证了天津作为国际贸易中心的地位。如今你还是能看到汇丰银行、横滨正金银行、东方汇理银行以及渣打银行的旧址。但很容易被忽略的一点是，天津也曾是一系列中国本土银行的发源地，它们由一群有着宏图远志的中国商人创立，包括盐业银行、大陆银行以及金城银行等。这里的许多建筑都独具装饰艺术特色，高耸的立柱、错综复杂的锻铁和彩色玻璃，诉说着这个贸易中心昔日的风采与优雅。

五大道

五大道曾隶属天津英租界，位于天津市中心，以其悠长的林荫大道和风格各异、大小不一的砖石住宅而闻名。这片区域中不但坐落着富有英国、法国和西班牙小城风格的小型民居，也有带着围栏花园的豪宅。许多不同身份地位的人们皆居于此：有中国外交官和将军，也有外国来的商人。其中值得一提的是清末太监大总管精心修缮的私宅，就是后来的庆王府，以及为外国居民的孩子专门修建的英国文法学校。

前意租界

意大利人在天津仅待了短短几十年，他们在海河东北岸留下的建筑群总让人想起宁静优美的意大利小镇。在这个偌大的中国城市中找到它确是一个令人愉悦的惊喜。意租界的宁静氛围在"马可·波罗广场"得到了完美体现。步行街、喷泉和丰富的街边食肆，这个地区如今已经成为居民和游客的心头之爱。

现代天津

从 20 世纪 80 年代开始，天津以强劲的制造业声名鹊起。近年来，以滨海新区的天津经济技术开发区和城市东南边的西青开发区为代表的十余个运行良好的开发区，助力天津经济的发展。同时，随着越来越多的服务行业公司被天津丰富的资源吸引，天津也开始完善各类基础建设接纳这些公司；酒店数量也在与日俱增，用于接待商务旅客和观光客。在南京路和小白楼我们可以看到很多这种类型的建筑。这里还建有造型新潮的万通中心，它外墙的几何图案让这栋建筑物看起来朝一个方向倾斜。在万通中心附近的两个街区还分布着许多具有 20 世纪初期装饰艺术风格的建筑，包括前犹太教堂和起士林西餐厅。

南京路曾经是位于法租界和英租界南端一条运河的所在地，现如今沿路已建有许多现代化的办公大楼和酒店。高约三百米的天津国际金融中心（现代城）是一个大型综合建筑，引人注目的四季酒店就建于其中。从这里出发步行就可以到达西开教堂（原圣若瑟教堂），这座教堂到如今每个周日还在做弥撒。随着天津服务业的积极发展，这座城市又重新把目光聚焦于海河。圣瑞吉斯酒店、香格里拉大酒店和高约达三百多米的天津国际环球金融中心，都充分利用了滨河的区位优势，为这座城市的建筑之美增光添彩。

滨海新区

滨海新区是天津最大的行政区，规划区域纵伸一百多千米，囊括了天津绝大部分海岸地区。在这里我们能找到许多最新、最大胆的建筑项目。从北到南，滨海新区建有中新生态城、天津经济技术开发区和于家堡金融区。

中新生态城是一个旨在打造（适宜）步行城市的长期建设项目，由一条中心绿化带和几条公共交通线路贯连起来。生态城内新建成了一座十分有趣的国家海洋博物馆，它紧邻水路，延伸出一条通向港口的长廊。

天津经济技术开发区中央是泰达（TEDA）的 MSD，即它的现代服务区，区内有数幢用于办公的玻璃建筑，旁边是 530 米高、103 层的 K-11 办公大楼兼艺术商场。这个项目集综合购物场所、现代化办公大楼、酒店和公寓于一身，其洁净的玻璃外墙与夜间灯光秀相得益彰。

附近另一个新建的城市文化建筑是天津滨海新区图书馆，位于滨海文化中心内。图书馆从外面看像一只巨大的眼睛，内部的巨大空间则由层层叠叠、状似台阶的书架填满。这座建筑外墙的一侧是高度抛光的铜质外饰，走入馆内屋顶高悬、通气敞亮。

于家堡金融区是天津最大的建设项目。它坐落在滨海新区一个距市中心以东50千米的半岛上，紧邻海河的入海口。这一地区已经规划好了一个现代化的街道网络，最终将容纳一百多栋建筑。启动区域的现代化建筑群还有紧挨河流的、精心修建的绿化带，体现了其大胆的设计。于家堡金融区通过滨海火车站连接天津市中心、北京以及更远的地方。滨海火车站是下沉式设计，上方是一个复杂的蜘蛛网状的玻璃屋顶。在附近新建的商业中心里，有两座建筑尤为值得一提。一个是洲际大酒店，从空中俯瞰，酒店看起来像一个数学里的无限符号。从外远观，平滑的玻璃外观让人印象深刻；从内欣赏，会议中心的多层玻璃中庭也同样令人惊叹。另一个就是新落成的天津茱莉亚学院，它完美的玻璃、铁与石质结构，使其在于家堡不断延伸的天际线中成为一颗全新的宝石。在享受建筑之美的同时，来到这里的游客还能欣赏世界著名音乐家的演奏会、连绵曲折的河流及郁郁葱葱的绿化景观。

总结

在过去的六百多年中，天津随着时代的变迁不断变换着自己的角色：早先是大运河上的一个重要卫城，接着是充满生机的国际贸易港，然后是一个低调但重要的制造业中心。近年来，由于城市的经济结构向服务业倾斜，天津开始建造更多现代化的办公大楼、酒店和文化大厦。这些不拘一格的新式建筑，为这座城市带来了它理应得到的关注。这些多样的建筑，或大或小、或旧或新，都在叙述着天津独特而美丽的故事。

李璐

　　山西太原人，南开大学外国语学院法语专业本科生、英语语言文学专业研究生。"外研社杯"英语演讲大赛全国一等奖、果子线上语言教学平台创始人、Tedx 论坛演讲嘉宾、知名演讲工作坊签约导师。在津学习生活 6 年，与这座城市建立了深厚的感情。

天津青年，世界青年

　　第一次来天津是在十四岁那年的盛夏。那年八月很热，结束一天的行程之后，终于在傍晚时分迎来了一场大雨。我和爸爸妈妈躲进街角的店面里，看雨水从枝头的树叶上顺势滑下，落在行人手中的超市购物袋上，轻巧地弹起，最后在地面的积水上砸出一个个小的水坑。雨势汹汹，但每一滴水珠都是这样畅快，把路面、街道、草木冲刷得清爽鲜艳。而路过的人们也正是如此：面临突如其来的坏天气毫无慌张的神色。有人从容地撑起伞，向家的方向赶去；有人遮着头顶笑意盈盈地跑进街边小店，和店里头素昧平生的人们打个招呼："好么，您瞧这雨，说下就下。"天津话自带诙谐和亲近的转调让我一下笑出了声。关于天津的所有回忆都从那个雨夜开始，在向前努力奔跑的路上，我始终幸运地被这座城市的温柔拥在怀中。

真正的旅程开始于2014年，我考入南开大学外国语学院，在法语专业开始了本科学习。还记得入院第一天所有新生都收到了一件院衫，黑色T恤背后印着醒目的一行大字：Language is Power，语言就是力量。的确，四年在天津南开的生活让我认识到语言学习是一个赋能的过程。它带给学习者的绝不仅是听说读写的能力，而更像是一把钥匙，开启了一场观察世界、理解不同思维模式、最终回归于自我剖析的奇妙冒险。从2014年到2016年，我作为志愿者参与了北欧科技园的开幕式，向到场外商介绍天津在经济全球化中的区位优势；作为学生代表采访了南开大学客座教授、美国前国防部部长科恩，和他探讨了当前世界局势下中国发展的意义；主持并翻译了美国职业篮球联赛退役球星诺姆·尼克松于南开大学举办的见面会，看体育精神超越国界、年龄、性别差异将我们紧紧相连；代表学校参加英语演讲大赛，用实践中不断积累的跨文化交流知识获得了全国一等奖。而后，我和几名伙伴一同创办了外刊阅读课程，面向全校各专业同学开放，和大家讨论了中外媒体对网红经济、区块链、人工智能等热点话题的不同解读。我给自己的课程平台起名为"果子"，一是取自天津传统美食"煎饼馃子"谐音，因其油炸的馃子外脆内软，象征着我们出发的地方；二是取自《哈姆雷特》里那句话："身在果壳之中，我仍为无限空间之王。"在天津这片热土上，语言是我们的望远镜，它让一群初出象牙塔的年轻人看到这个世界上正在发生的一切，思考着作为新生代力量如何搭建起更加和谐美好的明天。

在这一路上，不断引领我向前探索的是老师、家人和朋友们的关心与支持，是"允公允能、日新月异"的南开精神。使我获益良多的还有这座城市带来的视野和窗口——九河下梢天津卫是中国开放最早、也最彻底的港口城市，连接南北，贯通河海，在南北方和中外经贸中发挥着重要作用。从19世纪末开始，受西方工业文明的影响、租界地的出现，外国移民高潮给这座城市带来了工业化生产模式、异国情调的建筑风格和优雅的生活方式。务实的城市性格让天津快速吸纳了外来先进文化的优势，以城市形态在近代中国快速腾飞。天津开放包容的心态也成就了这里南北习俗交融、东西文化并举的独特景观：街这边是洋楼别墅舞会奏乐，那边是茶馆食铺曲艺相声。在时至今日的全球化语境下，这一座城市依然蕴含了多元文化交织的风景。飞速发展的商业、旅游业和文化产业吸引着全球各地的人们往返于天津，不断带来新的机遇和动力。

除此之外，天津最让人热爱的地方在于，它走在开放前进的征程上，却从来没有失去对待生活本真的热爱和浓浓的人情味：早起晨读前一定要去的是早点摊，那里无论男女老少都在耐心地等待着一份煎饼馃子、一杯热豆浆，将粮食质朴而坚韧的力量化为新一天的动力。每次学习工作结束后晚归，出租车司机也总会和你聊上两句："您去哪儿？这么晚回来可是够辛苦的。年轻人嘛，该努力，但也要注意身体，身体是革命的本钱！"几句家常话总惹得人感动。这座城市里从没有异乡、淡漠或陌生，你在这里奋斗，这里就是你的第二故乡。

2019年我再次回到南开，攻读英语语言文学方向的研究生。这已经是我在天津生活的第六年了，时光倏忽而过，我也走走停停，但从未改变的是那一颗热血沸腾的心。在新开湖边看初春的水光粼粼，高大的梧桐树掩映着老图书馆的石阶；上下课的学生们骑着自行车，老师们夹着电脑讲义，每个人都在出发、前行，奔赴更美好的明天。

在这个明天里，我们的目光越过了单词短语，透过了重重表象，眺望更远的彼岸：我们阅读萨义德、霍米·巴巴，思考后殖民时代多元话语体系的存在；我们研读翻译的技巧，用自己点滴的力量搭建起理解和交流的桥梁；我们拆解语言背后的机理，纵览其中历史文化的变迁、思维范式的颠覆与更迭。我们积蓄了更多的力量，准备着成为新一代的发声者，去书写和讲述全新的故事，去传递更多的力量与温度。这一刻，我们是天津青年，我们也是世界青年。

刘寅

2007年毕业于南开大学获博士学位，同年留校任教，现为南开大学医学院副教授。长期从事医学微生物学教学和病原生物体新型检测技术的研究工作，发表病原体检测论文十余篇，是国家虚拟仿真实验项目"临床样本病原微生物检测虚拟仿真实验"负责人。在疫情期间参与科研攻关项目的研究成果已应用于抗疫一线。

疫情中的天津"卫"

突如其来的新冠肺炎疫情，是对每一个城市治理体系和治理能力的全面检验，反映出城市管理者的智慧与担当。时至今日，天津在疫情防控方面不仅发挥了首都北京的"护城河"作用，也保卫了每一位市民的健康。从公共卫生专业的角度来看，天津的城市管理者无疑交出了一份令人满意的答卷。

天津的防疫工作完全可以作为一个传染病防控的典型案例进行研究和分析，从控制传染源、切断传播途径和保护易感者三个方面为后人提供了成熟的经验。天津市疾控中心副主任张颖在疫情期间被冠以"福尔摩斯"的称号。这不仅源于她剥茧抽丝般拼接传播途径，最终发现病毒来源和传播链条的事迹，也是市民们对每一位参与疫情防控的公共卫生专家的赞许。在本地疫情得到控制，民航调整第一入境点之后，天津承接了北京大量的入境航班，天津海关成为防疫工作的重点。即使是健康的入境旅客，防疫人员也要在采样、检疫、转运、隔离、消毒等环节付出长达上百个工时的努力。正是由于他们不懈的努力，每一个传染源都能够迅速被发现，不仅患者获得了及时的治疗，更重要的是从源头上给城市带来了关键的保障。

新冠病毒的传播能力超出了人们的预期，除非佩戴专业的防护设备，否则任何暴露的人员都可能被感染，因此切断它的传播途径需要更多的努力。在很短的时间内，天津这座城市就做出了切断传播途径所需的一切努力。路口临时封闭、科学导引人流、保障城市供给、行政人员下沉社区，在春节的第二天这个城市就被动员起来，以前所未有的措施切断新冠病毒的传播途径。在关键时刻，城市的市民素质也成为有效切断传播途径的重要保障。城市管理者周密、人性化的防疫措施与市民的理解和支持相配合，最终有效地控制了疫情在天津的传播，并且形成了天津稳定、和谐的疫情防控局面。

地处天津的南开大学，同样在此次防控新冠疫情中不遗余力，充分发挥了一座百年名校的中坚作用。

南开人奋战在一线，与病毒"抢"时间，与死神"抢"生命，用实际行动演绎最美"逆行"。在接到组派医疗队援助湖北的通知后，南开大学附属医院全院医护人员踊跃报名，最终经过层层选拔，4 名优秀的南开人如愿投身到武钢二院的新冠患者治疗工作中，为天津增了光，添了彩。南开大学医学院 20 余位校友驰援武汉，用实际行动诠释着"允公允能、日新月异"的南开精神，在危难关头勇挑重担，不负医者誓言。在国内疫情得到有效控制，防疫重点转向境外输入的时刻，南开大学组织 43 名翻译志愿者，协助机场工作人员为外籍入境乘客提供多语种语言服务，成为最美逆行者。

疫情就是命令，南开大学在获悉疫情的第一时间就响应国家号召积极行动起来，整合学校在生物、医药、大数据统计等学科的尖端力量，从疫苗研究、生物制剂研究、诊断方法开发、流行病模型预测、防疫机器人研究等多个方面开展科研攻关。由于缺乏科研助手，很多教授坚持奋战在科研一线与时间赛跑，获得新型冠状病毒抗体联合检测试剂盒、新冠肺炎疫情控制策略研究等方面的成果，为疫情防控提供了重要支撑。医学院参与研究的环境空气中新冠病毒粒子富集与检测系统应用于海关监测。南开大学先后设立两批应急科研攻关项目，在广阔的领域正在与新冠疫情进行着一场持久战，相信不久的将来源自南开大学的科研成果将更多地应用于防疫一线。

为了战胜疫情，天津、南开不遗余力！

江南 美国作家、人道主义工作者和教师，也是"治愈童心"项目的联合创始人。她在亚洲生活了 40 年，目前在天津华夏未来少儿艺术中心任职。她与中外心理学家合作，创制了帮助儿童进行心理情感恢复工作的手册，培训志愿者为社区、医院、孤儿院和学校及灾区的儿童开展相关活动。2017 年获天津海河友谊奖提名奖。

如果你想改变世界，就来天津吧

一名天津大学的学生在我开设的"公共福利与志愿活动"选修课后找到我，问道："打扰您了，您现在有空吗？"作为天津大学管理与经济学部的学生志愿活动导师，每次来到学校授课时，我都十分享受与学生的互动。

"当然。"我们随后在演讲厅找到了一个安静的角落。他告诉我："您在课上展示的那些四川的照片让我很感动。"在关于有效志愿服务的演讲中，我介绍了 2008 年我在汶川地震灾区的工作经历：当时我和当地老师合作，一起帮助孩子们进行灾后的心理疏导和情绪调整。他解释说："您知道吗，我的家乡就在震区的绵阳。""您帮助了我的老师，然后他们帮助了我。现在我来到天津学习，报名参加您的这门课程，是因为我也想学习如何帮助别人。"

世界上或许存在很多问题，但许多人渴望成为答案的一部分。其中有这样的一位学生是段登峰，他自愿加入了天津大学的一项服务项目——破壳行动，旨在帮助农村的留守儿童。我负责向志愿者们展示如何利用游戏和活动与孩子们建立情感联系，增强他们的自信心和自尊心。段登峰说："这些孩子通常由祖父母抚养长大，有时会感到孤独。在中国一些贫困地区，教育资源非常有限，同时校园霸凌也会给某些学生留下心理阴影。"

当问及他对项目的看法时，他解释说："我可以像哥哥一样和他们聊天，分享小时候的经历，也可以向他们展示一些无法从课堂中学到的知识，让他们知道这个世界有更多的可能性，鼓励他们积极向上，为更美好的未来奋斗。在离开以后，我们还可以在网上和他们保持联系，他们有需要的时候我们就能提供帮助。"这次交谈让我深深感到中国的未来潜力无穷。

"我能提供什么帮助？"这是我在工作中听到最多的问题。脱口秀节目主持人、报社记者、商业领袖和老老少少都曾这样问过我。这里的人们愿意提供帮助。在中国，人们的生活水平已经提高，维持生计已不再是唯一的追求，现在，人们希望能够有所作为。显然，数百年来人们一直在追寻这个问题的答案。古希腊哲学家亚里士多德曾说："在你的天赋、才华、能力与人类需求相接的十字路口，去那里就能找到自己的目标。"

因此，我经常鼓励人们明确自己的兴趣并充分加以利用。好的志愿项目能够让志愿者成功匹配到他们的志趣所在。如今，中国各地兴起的各种非营利组织让他们有了更多选择。截至 2018 年，超过 81 万个社会组织（包括基金会、会员协会和社会服务团体）已在中国民政部及地方民政局注册。

我兼任天津华夏未来少儿艺术中心的老师与华夏未来文化艺术基金会的公益顾问。在基金会的众多项目中，对我意义最为重大的项目是针对那些正在接受癌症、血液疾病、心脏病和其他疑难慢性疾病治疗的儿童所开展的。咨询了国内和国际心理学家后，我们制作了名为"治愈童心"的医院活动背包，父母和志愿者们可以利用背包来帮助孩子们打开心扉。背包里的故事小册子、玩具、游戏和美术用品能够让孩子缓解压力、消除消极情绪，让他们以更积极的心态面对治疗。

我会永远记得那个小女孩——我们到达肿瘤医院时她注意到了我们，当时她的妈妈正带她出去呼吸新鲜空气，但孩子坚持要回到病房。这位母亲解释说："平时她都迫不及待地想出去，但这次她实在不愿意错过你们的活动。"我们花了一段时间来教授孩子们"勇士呼吸法"，这是一种呼吸练习，能够帮助孩子们缓解疼痛和恐惧。我们还一起制作了折纸动物——有时我们自己就很像那些动物：害怕的小鱼、疲倦的熊、脾气暴躁的狮子或顽皮的猴子。

当背包项目的想法刚被提出时，预算远超我们可以承担的范围。但是志愿服务的魔力之一正在于此：当地社区总会在需要的时候齐聚一堂。面临经费不足的情况，华夏未来国际语言村学校的学生和老师用戏剧表演的方式来为慈善事业筹款。50 名能说会唱的中国学生和外国老师扮成了雪人、驯鹿和巨魔，上演了一场迪士尼《冰雪奇缘》的情景剧。"教育中不可或缺的一部分，就是让孩子们学会帮助他人。"语言村学校的常务董事刘然（Liu Ran）说道："孩子们在学英语的同时也学会了通过合作去做善事。"学校也一直致力于让学生们参与到其他慈善事业中去，比如用糕点义卖和假期活动的形式去支持动物救援组织，以及募集图书捐献给农村学校。

在天津当地社区的帮助下，"治愈童心"计划有了振奋人心的发展。天津国际学校的中学生们也参与到了其中：先是发挥自己的写作和艺术才能，为将来的医院手册提供故事内容，他们后来还筹集到了印刷资金。四年级的学生们收集了优质玩具，准备捐赠给有需要的孩子们。据学校老师凯蒂·英格拉姆（Katee Inghram）反映，学生们都非常乐于提供帮助，"这些学生参与了社区内外的社会服务。从幼儿园到高中三年级，学校在积极推动孩子们学会承担责任、服务他人"。

香格里拉大酒店总经理杰森·斯丁森（Jason Stinson）为医院的背包项目、基金会和其他慈善团体的项目举办了筹款活动。他能够将当地知名人士聚集在一起，一同为有价值的事业提供支持。他尤其擅长将他所热爱的体育赛事作为组织慈善活动的契机。2019年，由旅居天津的外国人组成的国际龙舟队与杰森一起参加了一场全市比赛。在过去的几年中，由酒店组织的年度慈善性趣味长跑活动召集了各大公司来支持慈善事业。除了举办慈善艺术展、晚宴、献血活动和其他活动外，酒店员工还定期在肿瘤医院做志愿者，协助开展艺术和手工艺活动。杰森解释说："这些计划为我们的同事提供了一个特别的机会，通过建立与当地的联系，作为个人和团体我们都获得了深深的自豪感。真正的价值蕴藏在对志愿活动的长期承诺、资金筹集以及与天津更多需要支持的儿童和家庭的互动之中。"

在国际社会，有许多人都愿意携手合作，使天津乃至世界变得更加美好。来自法国的彼得·迪杰斯特拉（Peter Dijkstra）是会计公司 Tianjin Link 的合伙人，也是天津 Le Loft 餐厅的老板和社交媒体平台 GoExpats 的联合创始人。他在天津推广倡导环保的"绿色"交换活动，鼓励回收、交换，并向社会组织捐赠二手物品。这些环保、慈善筹款活动，在外国人群体中很受欢迎：人们喜欢在帮助公益事业的同时享受社交。他解释说，虽然不是每个人都能做全职志愿者，但我们都会尽自己所能。"1000 个人付出 0.1% 的时间，相当于 1 个人付出 100%的时间。"

天津本地的母亲们也参与到志愿活动中来。充满活力的王慧是两个孩子的妈妈，当她了解到其所在社区有 23 个独居老人后——空巢老人是中国越发严重的一项社会问题，她成立了名为"天津明德社会工作事务所"的志愿组织。她解释说："我们通过组织社区志愿者来互相帮助。"她在几年前进行了社会组织注册。"我现在有一个很棒的组织，有许多受过专业教育的同事。"正是因为这些热心的志愿组织和越来越专业的养老服务，以及天津政府不断推出的智能化、智慧化养老举措，使我相信，生活在天津的老年人是幸福的！

现在，"天津明德社会工作事务所"的工作已经超越了老年护理的范围，开始帮助那些有特殊需求儿童的家庭，比如自闭症儿童家庭。"当这些家庭的母亲生病时，我们让大学生和社会志愿者为孩子提供不间断的照顾。"

很遗憾，篇幅有限，我无法列出每个热心志愿者的付出。但美好的事情正在发生，所以如果你想改变世界，那就来天津吧！

<table>
<tr>
<td>萨马兰奇
纪念馆</td>
<td>坐落于天津，由国际奥委会委员吴经国先生创办，是世界唯一一座得到萨马兰奇家族授权和国际奥委会批准的纪念萨马兰奇先生、传播奥林匹克精神的场馆。纪念馆现为国际奥林匹克博物馆联盟成员、中国博物馆协会团体会员、国家 AAAA 级景区，馆内珍藏国际奥委会终身名誉主席萨马兰奇先生个人收藏的 16000 余件珍贵奥运文物。</td>
</tr>
</table>

坐落于天津的萨马兰奇纪念馆

　　天津被誉为"中国近代体育的摇篮"，是中国奥林匹克运动的发源地之一，开创了中国近代体育的若干个第一。

　　萨马兰奇纪念馆坐落于天津市静海区团泊新城西区健康产业园内，整体占地 216 亩，建筑面积约 1.9 万平方米。纪念馆由国际奥委会委员吴经国先生创办，是世界上唯一一座得到萨马兰奇家族授权和国际奥委会批准的纪念萨马兰奇先生、传播奥林匹克精神的场馆。

天津与近代体育的渊源，要从 1908 年说起，这一年南开学校的张伯苓先生将"奥运会"这个新鲜的词汇带回了中国。2001 年 7 月 13 日在莫斯科召开的国际奥委会第 112 次全会上，时任国际奥委会主席萨马兰奇向全世界宣布，获得第 29 届夏季奥运会主办权的城市是——中国北京。从 1908 年到 2008 年，中国终于圆了自己的百年奥运梦。

2008 年北京奥运会从申办成功到圆满结束，都离不开国际奥委会终身名誉主席胡安·安东尼奥·萨马兰奇的支持与帮助。他多年来一直关注着中国的进步，见证着中国体育事业的前进，是我国奥林匹克事业走向世界的推动者。萨马兰奇曾经说过："我这一生，有过好多个称呼，但是'中国人民的好朋友'，是我最喜爱的称号。"

2018 年 12 月 18 日，在中国庆祝改革开放 40 周年大会上，党中央、国务院授予胡安·安东尼奥·萨马兰奇"中国改革友谊奖章"。

吴经国先生与萨马兰奇的友好关系在国际奥委会内部尽人皆知。在 1980 年莫斯科奥运会期间，两人一见如故，初次见面便给彼此留下了十分深刻的印象。1982 年，萨马兰奇成立了奥林匹克收藏委员会，吸纳了同样具有收藏爱好的吴经国为收藏委员会委员。后来，有着相似背景的二人成了忘年之交。2009 年，国际拳击世锦赛在米兰举办，萨马兰奇在吴经国的陪同下观看了比赛。在比赛期间，萨马兰奇萌生了将毕生珍藏赠予吴经国，并托付他在适当的时机将这些藏品公诸于世、让子孙后代都能感受到奥林匹克精神魅力的想法。

2010 年萨马兰奇先生辞世后，在其家人的支持下，萨马兰奇毕生收藏的 16000 千余件珍品被赠予了吴经国先生。吴经国先生深深感念萨马兰奇的重托与厚爱，在中国创办萨马兰奇纪念馆，成为吴经国先生必须达成的重大使命。

萨马兰奇纪念馆最终选址天津，也是经过深思熟虑的。首先是天津著名教育家张伯苓在 1908 年就发布过"为什么中国人不能办奥运会"的感叹，中国的篮球运动也是发源自天津，"南开五虎"更是赫赫有名，这段历史证明天津是中国现代体育运动的发源地；其次是天津的体育运动基础、体育文化、体育思想已传播甚广，同时天津近邻北京，见证了 2008 年北京奥运会的辉煌，也培养了许多奥运队员，对奥林匹克运动和萨马兰奇先生有比较深厚的感情；最后是萨马兰奇先生对中国传统文化有深厚的感情，把纪念馆建在天津，既可以向世人展示萨马兰奇的光辉人生，又可以借助天津传统文化底蕴深厚的优势，使两者相得益彰，相映成趣。加之天津市委、市政府与静海区委、区政府的全力支持，最终萨马兰奇纪念馆落脚在天津静海团泊新城。

2013 年 4 月 21 日，是萨马兰奇先生逝世 3 周年纪念日，萨马兰奇纪念馆正式对外开放。作为世界唯一一座纪念萨马兰奇先生的场馆，目前该馆已被列为国家 AAAA 级景区并被国际奥林匹克博物馆联盟和中国博物馆协会正式接纳为成员。为秉承萨马兰奇先生的遗志，萨马兰奇纪念馆与百余所学校进行合作，设立"奥林匹克共建基地"，让学生们学习奥林匹克知识，培养青少年奥林匹克人才。在开馆 6 周年之际，纪念馆与天津静海邮局合作建立了萨马兰奇纪念馆主题邮局，人们在此可将明信片、信件等寄往各处。

　　建馆以来，萨马兰奇纪念馆积极响应政府推广全民健身的号召，每年定期举办丰富多样的奥林匹克主题活动，旨在将健康向上的大众体育精神传达给公众，推广健康生活的理念。纪念馆举办的各项活动获得了广大市民及青少年的喜爱，吸引更多的人们广泛地参与到体育健身活动当中，使人民群众真正享受到体育带来的健康和快乐。萨马兰奇纪念馆坚持以弘扬奥林匹克精神、传播奥林匹克文化为己任，结合天津本地多元文化，中国近代体育运动发源地的历史背景优势，将运动及奥林匹克精神推广至全国乃至全世界。

申光龙

博士生导师，管理学博士、哲学博士，现为南开大学商学院企业管理系教授，南开大学汉语言文化学院客座教授。研究领域为整合营销传播战略、比较管理学和管理哲学，已在国内外出版 8 部中文、2 部英文专著，公开发表的中文、英文、韩文、日文论文共计 125 篇。曾任天津韩国商会副会长、韩国政府国务总理室新万金委员会顾问。现与家人共同生活在天津。

韩国学者在天津：我也是爱南开并深爱天津的

从我第一次踏上中国大地那天算起，已经悄然走过了 28 个年头。遥想当年，那是 1992 年的 10 月，正在日本名古屋留学的我，得知中韩两国正式建交的消息，预感到中国这个广袤而神奇的国度，必将孕育巨大的发展空间。对我而言，这无疑是一个重大机遇，于是我毅然决定动身前往中国。1992 年 12 月，那是一个寒冷的冬季，我满怀期许，又心怀不安，手提肩扛两箱子书籍，踏上中国的土地，开启了求学从教的科研之旅。

我在韩国攻读学士和硕士学位的专业是管理学，对中国的管理学研究充满好奇和期待。当时，中国拥有管理学博士学位授予权的高校仅有三所——南开大学、中国人民大学和复旦大学。南开大学在 1919 年建校之初就提出了"文以治国，理以强国，商以富国"的办学思想，形成了文科、理科和商科三足鼎立之势，其商科的设立和建设适应了当时经济社会发展的需要，在国内外具有很大影响。南开大学是当时唯一开设工商管理专业的高等院校，在国内管理学领域的起步最早、顶级师资云集、科研成果丰硕，南开大学商学院是亚洲最早的商学院之一，占据权威性学术地位。作为商学重镇的南开大学理所当然地成为我的首选，而南开大学坐落的天津，也就成了我求学、工作和生活的第二故乡。

初到天津的第一个星期，我将外环线作为起点，逐渐向市中心摸索前进。那时的天津是一座兼具历史感和现代感的城市：现代城市风貌与近代西方建筑交相辉映，四轮马车的铃铛声和奔驰汽车的鸣笛声此起彼伏，浓郁的城市气息中混杂着掩藏不住的乡土风情，与我的家乡城市颇有几分相似，这种景象是我熟悉的，让我在这座陌生的城市里萌生了些许怀旧之情。

"三"是我最喜欢的数字，这个数字长期伴随着我的人生经历，我在韩国大邱读硕士，当时的大邱是韩国的第三大城市；到日本留学时，我求学的名古屋是日本的第三大城市；我初到中国之时，天津是中国的第三大城市，我隐隐约约感到这是一种缘分，于是我在心里默默地将天津作为我的隆兴之地。

为了适应中国的学习环境，我用了一整年的时间在对外汉语中心学习汉语。1994 年的 9 月，我顺利通过南开大学博士研究生入学资格考试，成为重新组建的南开大学商学院国际企业管理系的首批博士研究生。当我步入南开大学校园，便被她严谨质朴的校园氛围所陶醉，古朴的建筑群落，恬静的自然景观，让人感到分外亲切，我很快融入了校园，并结识了很多朋友。我的博士生导师是中国著名管理学家陈炳富教授，陈先生以其六十多年丰富的学术积淀和诲人不倦的育人风范滋养我的学术生涯，用其"古今之间的结合""中外之间的结合""学科之间的结合""学派之间的结合"以及"宏微观之间的结合"的管理思想精髓，浸润我的学术历程。在陈先生的悉心教导下，我于1997年12月顺利毕业并取得管理学博士学位，这是中国实施国家专业学位制度改革之后，在全国范围内授予的第一届管理学博士学位。

取得博士学位之后，我并未离开中国，而是留在南开大学继续探索更深、更广的未知领域。1998年3月，在恩师陈炳富先生的大力举荐下，我被聘为南开大学商学院的教师，从而有机会将陈炳富先生的治学思想和学术积淀传递给后继学者，为管理学领域贡献更多更有价值的新知识，实现我的人生价值并回报南开大学。2000年，我被聘为副教授，并取得硕士生导师资格，供职于南开大学商学院；2007年，我被聘为教授，并获聘博士生导师资格；此后培养硕士、博士研究生一百五十多名，将整合营销传播战略管理、管理学研究、企业伦理与社会责任等专业特色课程传授给求知若渴的学生们。为了深入解析和检验管理学理论，我在从教二十余年的时间里，先后担任南开大学创业管理研究中心和中小企业研究中心的研究员，参与国家级、省部级和各类横向科研课题17项，主持并负责了"整合营销传播""非营利组织管理"

"企业知识与技术创新"等领域的重要科研项目。在 EMBA 和 MBA 的授课期间，为了更好地打造贯通理论与实践的精品课程，我又攻读并取得了南开大学哲学系中国哲学专业的博士学位。

为了配合北京成功举办 2008 年奥运会，天津开启了城市建设的新篇章，取得了翻天覆地的新变化，城市的国际化发展战略使得历史陈旧感浓郁的天津焕然一新。与之同步，南开大学也迈入了国际化发展的新阶段，全球各地的有志青年怀揣梦想来到南开大学求取新知，我的跨国学术背景正好迎合了留学生课程的新需要，被南开大学汉语言文化学院聘为客座教授，讲授"国际营销管理""国际商务谈判"等专业课程。

在中国得到学术滋养的我，理应为中国管理学的发展贡献一份力量，我在整合营销传播、非营利组织管理、管理哲学等领域出版中英文专著十余部，公开发表中文、英文、韩文和日文科研论文百余篇，以此回报我深爱的南开大学。从某种意义上说，我的人生也是一种"整合"，在显相关或隐相关的事物之间建立理性联结，探究其间的协同效应，就如同我的中国之旅，将蕴含于本我的既有知识与韩国之外的异域知识融会贯通，以应对管理科学领域的挑战，从而取得今天的成绩。毫无疑问，"整合"带有"互益性"属性，未来的中韩关系会越发紧密。为中韩关系的发展做出贡献是我的一大夙愿，我曾担任韩国政府国务总理室新万金委员会的中国顾问一职，为中韩自由贸易区的交流合作搭建桥梁；除此之外，我还担任了天津市韩国人（商）会的副会长、顾问等职务，积极协调解决在津韩国人在教育和文化等方面的需求，使其能够更好地在津工作和生活，从而推动天津经济社会发展。

对我而言，天津就是我的"家"，这个大"家"承托并庇护了我的私人小"家"，让我、妻子和三个女儿在一起相敬相亲、其乐融融。未来的我，无论走到哪里，最后还是要回到我的第二故乡——天津，在接下来短短几年的从教时间里，我会在南开大学竭尽所能、不留遗憾。

身在天津、心系中韩，我深为自己是南开人而自豪。南开大学杰出校友周恩来总理曾向同学们说过"我是爱南开的"，而我想说的是"我也是爱南开并深爱天津的"。

杰森·
斯丁森

杰森·斯丁森有着超过 20 年的国际酒店管理经验，自 2007 年起任天津香格里拉大酒店总经理。自此，他对天津的历史、人文、地理和文化产生了浓厚兴趣。

天津——灵感之旅

旅行充满了令人激动的机遇和各种新奇的冒险，可以丰富我们的人生。在探索异域的同时体验新文化，我们能够从全新的角度观察世界。在旅途中，我们可以驻足欣赏，也可以赞叹这个奇妙世界的多样性；我们和不同的人交流，可以用各种有意义的方式来帮助我们的社会更好地成长。

作为一名国际酒店管理者，在过去的 20 年里我在全球各地工作、旅行，并有幸于 2017 年 11 月开始了我目前的工作——担任天津香格里拉酒店的总经理。从那时开始，我就深深地迷恋上了这座城市的历史、地理、文化和市民。我很荣幸在此分享我与天津的不解之缘。

天津总能为我带来更多的惊喜。在这座城市，你将拥有激发灵感的、世界一流的旅行体验。

无与伦比的基础设施

不论是乘坐飞机、火车，还是驾车，您都能十分便捷地抵达天津。天津滨海国际机场距离市区大约 40 千米，以其现代化、设备精良的航站楼为来自国内外的航班提供畅通的服务。但我更喜欢的出行方式是高铁：2008 年开通的首条城际高铁——京津城际列车，运行时速高达 300 千米/时，全程通行仅需 35 分钟。高铁之旅不但能够给游客带来激动人心的体验，也能提供更好地洞察今日中国出行方式的载体。除天津站外，这座城市还有北站、南站、西站三座火车站。天津也有覆盖全市、票价实惠、快捷方便的地铁系统。

天津为游客提供的基础设施堪称无与伦比。在市区内坐落着众多世界级酒店、步行街、购物中心、历史名胜、娱乐设施、新兴艺术展览，还有着无数的餐厅、酒吧，等等。

天堂之津

天津是一座历史悠久的城市，从其名称就可见一斑：天津——天堂之津。如今，天津已然成为一座 21 世纪国际大都市。这座城市的生命线和经济驱动力，来源于人们的商贸活动。在历史上，许多人服务于海运和连接北京的漕运之间的往来，成为中间商。长期以来，天津始终是北京通往世界的海上出口，是连接河海运输的关键点，而海河则是它的核心记忆。而今，海河成为供居民游客享乐游玩的环境生态走廊。永乐桥上矗立着壮观的"天津之眼"，这座摩天轮高达 120 米，横跨海河。近年来，沿海河两岸的广大地区得到改造，兴建了人行道、桥梁照明工程、公共花园，是当地居民休憩、锻炼和社交的极佳场所。现在的天津既是一座桥梁之城，也是一座霓虹之城。

作为一个热爱骑行和跑步的体育爱好者，我乐于不断探索天津的河流系统。我们酒店的门前就是坐拥世界级景观的滨河步道，在这里散步、慢跑或骑行绝对是体验天津人生活方式的绝佳机会。从清晨到深夜，河边总是聚集着各行各业的人，有垂钓者、散步者、歌手、演奏者和舞蹈团队。

在这里，我真诚地欢迎大家加入我们香格里拉 5000 米河滨趣味长跑，这项活动每年 8 月份举行。通过趣味长跑，我们已经成功募集到超过 15 万元人民币的善款，用于资助华夏未来基金会"治愈童心"项目，帮助患癌儿童及其家庭在天津大学儿童医院接受治疗。

有经验的骑手也可以来体验为期半天或一天的集中骑行探险之旅，探索海河流域的新开河、子牙河和永定河等。天津团泊湖国际铁人三项赛和团泊湖短途自行车赛都是这里的年度赛事。"骑行天津历险俱乐部"是一个基于社区的骑行团体，那里有众多的骑行爱好者，乐于分享自己的骑行经验和骑行路线。

如果您只是想放松一下，那么就享受一次天津海河游船吧，无论是白天还是晚上，在舒适的游船上尽情欣赏众多壮丽的美景！

端午节

2019 年 9 月，天津龙舟协会邀请了来自中国和世界各地的一千多名选手参加一年一度的龙舟大赛，为天津带来了一场激动人心的体验。这场精彩绝伦的赛事就在香格里拉酒店门外的海河上举行。我们的酒店也组织了一支由房客、本地商业精英和社区成员组成的龙舟队参与这项赛事，他们拼尽全力舞动船桨，为"治愈童心"基金会募集善款。

前外国租界的建筑珍品

我个人非常喜欢在英法租界的古老街道上漫步。解放北路（曾经的老银行街）曾是亚洲的第一条"华尔街"。租界的一项重要遗产便是保存完好、修缮一新的欧洲风格建筑群，历史跨度从 19 世纪晚期一直到 20 世纪早期。在火车站附近从解放桥向南的这段街区里，漫步而行，仿佛回到了旧时光。天津邮政博物馆、紫竹林教堂、海关大楼……令人目不暇接，流连忘返。

对于午餐和晚餐而言，五大道上的民园体育场及其周边的国际美食绝对是天津数一数二的选择。1981 年奥斯卡获奖电影《烈火战车》的主人公、英国田径和橄榄球运动员李爱锐（Eric Liddell）就是在天津长大的，位于五大道中心的民园体育场就是在他的协助下建成的。享用完美食之后，您还可以在体育场的跑道上慢跑或散步。许多天津本地人也喜欢来这里聚会。

除此之外，意、日、奥、德租界也都值得一看。高品质的咖啡馆和茶馆在天津也是随处可见的。

古文化街

若想回看中国历史，深入了解中国文化，那就一定要去古文化街了。在这条传统中式建筑的街道上不仅有各式各样的正宗的民间艺术，比如泥人张——能把泥像塑造得栩栩如生、惟妙惟肖，还有传统风筝、乐器以及各种街头小吃……如果想体验天津本土文化活动，那您一定要去茶馆听听相声，那里提供的茶点小吃都是从清朝延续至今的。除此之外，众多寺庙也是体验传统文化的好去处：天后宫、独乐寺、大悲院，还有天津清真大寺等。

天津文化中心

天津文化中心这个天津文化新地标，由天津大剧院、天津博物馆、天津自然历史博物馆、天津美术馆、天津图书馆、中华大剧院和天津科技馆组成。在这片宁静的地方，人们可以随心漫步，或是凭自己的爱好在这儿待上一整天。进入这些博物馆或其他景点需携带护照或身份证，请一定别忘了。

远处的惊喜——长城

如果时间允许的话，还可以到市区往北 150 千米处风景如画的蓟州区去看看。蓟州区隶属于天津辖区，但和市区的景色截然不同。您可以爬上盘山，或者去黄崖关长城远足。这绝对是一个远离都市喧嚣、体验自然气息的好去处。这里也有着许多提供住宿和早餐的民宿供您休憩。您可以在当地导游的带领下探索未经开发的野长城。

天津实在是一个激发灵感的世界级旅游之都，为您带来数不尽的惊喜！

欧阳大卫 安娜 罗莉丹

欧阳大卫来自匈牙利,于2014年起参与中国政府奖学金项目,赴南开大学进行学习。在这里他学习了两年汉语,攻读旅游管理硕士学位。在天津学习生活的6年使他对这座城市的历史文化有了深刻的体悟和了解。

安娜,来自位于俄罗斯东西伯利亚的布里亚特共和国乌兰乌德市。她16岁来到中国,在天津大学进修汉语,经过一年的汉语学习后进入南开大学汉语言文化学院汉语言专业读本科,2020年获南开大学汉语言文化学院汉语国际教育专业硕士学位。

罗莉丹,1994年出生于罗马尼亚,本科毕业于布加勒斯特大学中英翻译专业。大学期间作为交换生赴上海外国语大学中文系学习。2018年起攻读南开大学周恩来政府管理学院国际关系和布加勒斯特大学东亚研究专业双硕士学位。

南开大学留学生联合访谈

你在天津生活了多长时间？在天津生活是一种什么样的体验？

欧阳大卫: 我第一次来到天津是在2014年的8月。从来到这里的那一刻起,我就知道这座城市将会在我心中占据特别的位置。这已经是我在天津这座沿海大城市生活的第六年了。我可以很自信地说这是我人生中最美好、最有意义的时光。在这里我收获了个人和专业上的成长,也帮助我为未来打下了坚实的基础。我非常幸运能有机会在南开大学以国际学生的身份进行 4 年的学习,在这里我结识了一生的朋友,深化了我对中国语言及中国文化的了解,煎饼馃子和狗不理包子想吃就吃。对于外国人而言,在天津生活是非常令人愉悦的:既能享受充满活力的城市生活,也能在喧嚣中寻得宁静。

安娜:从 2013 年到现在,我在天津已经生活了 7 年。对于我来说,天津就像第二个故乡。初时觉得这里语言不同,对这里的食物、气候等都不是很适应,但现在我已经完全适应并且爱上了这里的生活。天津人的热情友好也让我觉得宾至如归,不管是天津的特色小吃,还是四季风景,也都让我舍不得离开这座城市。

罗莉丹:我在天津生活了快两年了。在一个完全陌生的环境中体验了一段全新的生活,让我在各个方面过得充实。在这两年内我受益匪浅。万事开头难,我刚到南开大学时,也有过瓶颈期。因为没有专业学习背景,遇到很多不懂的事情,每天都想退学回家。但生活中的三件事情慢慢改变了我的想法。第一件事,我和同班同学去吃饭,我们的班长特意强调:"从今天开始,我们不是中国学生,你们也不是外国学生,我们是国际学生。"由于他们的支持和帮助,我变得更加坚强。第二件事,我在学校参加考试。刚走进学院,保安大叔问我:"你是哪里人?"然后我主动地回答"罗马尼亚",但我来不及加上平时我说的话,"罗马尼亚位于东欧",因为我被他打断,"罗马尼亚的首都是布加勒斯特,对吧?"。我当时十分惊讶,没想到保安大叔竟然知道罗马尼亚的首都,我特别感动。在南开我收获了想用一生来珍惜和守护的友情,结识了高山景行的老师们,找到了真正属于自己的道路和方向。第三件事,发生在天津的地铁站,一群小学生正在为贫困地区的孩子募集捐款。他们担心我不会中文,体贴地用英文和我交流,还热情地邀请我画一幅画。

在你学习的专业中,你认为天津的优势是什么?

欧阳大卫:作为一个欧洲人,我认为天津是一个拥有独特历史文化背景的、饶有趣味的城市。我学习的专业是旅游管理,我相信天津的旅游业有着超乎人们想象的发展潜力。中国是全世界最大的国家之一,但是大部分外国人只知道像北京、上海、香港这样知名的"主流"城市。天津紧邻北京,那些以北京为目的地的游客要来天津很便捷:有了京津城际列车,路上只需要半个多小时。19世纪天津被迫对外国人开放通商,一些西方国家在天津建立起了租界区,现在还有很多那个时代的建筑保留了下来,比如教堂和别墅。

安娜:我的专业是汉语国际教育,天津的优势对于这个专业来说,首先是具有良好的语言环境,让我在与天津人的交流中不断提高汉语水平。其次,由于天津是一个国际化的大城市,这里有来自世界各国的留学生,也让我有机会结交很多来自其他国家的朋友,感受世界文化。另外,天津有很多语言培训机构,为我们提供了很好的实习和实践机会。天津还是一座教育资源丰富的城市，除了天大、南开，这里还坐落着天津外国语大学、天津师范大学等大型高校，以及众多免费开放的图书馆。这些都为我的专业学习提供了便利条件。

罗莉丹：相对于中国其他的国际化城市，天津拥有很多发展机会，为外国人提供了一个发展空间很大的平台。同时，天津每年都会组织大型学术性比赛，我参加了第五届书香天津·大学生校园悦读之星活动、2019"留学南开"等比赛，因此每个学生都有机会发挥自己的优势，得到成长，追求上进。

你认为天津在未来发展的潜力是什么？

欧阳大卫：我之前提到过，天津毗邻首都的地理位置让它在旅游方面有着很大的潜力：去往北京的国际旅客可以将天津作为第二目的地。这座城市不仅有着独特的历史文化，也有种类繁多的特色美食，是计划到这个地区旅游的食客们不可错过的选择。我认为，天津应在旅游业上加大投资，这不仅会给城市建设带来发展，也会助力经济社会的全面进步。由于其港口城市的地位，天津在渤海地区的邮轮产业也呈现美好的发展前景。通过在上述方面的重点建设，天津将会成为国内外游客的重要目的地。此外，天津未来发展的重要定位是生态城市，生态城市的建设将会成为其他追求可持续发展的国家和城市的典范。

安娜：除了靠近首都的地理优势，天津还是中国北方最大的沿海开放城市，这里有丰富的旅游、教育资源，优秀的人才和众多政策优势。不管是在经济，还是政治文化等各个方面，我相信天津都有很大的发展潜力。另外，近年来天津和俄罗斯的交往也很密切，比如，2018 年俄罗斯总统普京就和习主席在天津会晤。因此，从中俄合作的角度来看，天津也有广阔的前景，能够为说俄语的人提供良好的就业环境和发展平台。

罗莉丹：我觉得天津人的生活方式会变得更为智能化。在我看来，天津的未来发展涵盖很多方面，包括经济、文化与自然美景的融合。另外，天津会解决污染问题，采取停止引发环境破坏的相应措施，会像中国其他地区一样为全球绿色发展做出贡献。

明日

让·菲利普·雷诺

让·菲利普·雷诺致力于将全球商业战略和运营与环境保护、能源转型及城市可持续发展相结合，以更好应对环境、能源和技术方面的挑战。他曾在法国、英国、韩国、阿拉伯联合酋长国、日本、埃及等国家的公用事业和能源公司担任行政职务，涉及天然气、能源管理、清洁环境、低二氧化碳和智能城市等领域。现任中国一家跨国能源公司的首席执行官。在华生活的 4 年让他对天津产生了浓厚兴趣，他在天津开展的城市能源项目，也使他对这个城市拥有了一种特殊的感情。

天津——一座给全球化世界带来灵感的智慧城市

我热爱天津，因为它的历史给未来发展带来灵感。

对于那些认识到未来是建立在悠久历史之上的人来说，天津就是一个例子——那些大城市是一个前进中的国家的支柱。在外国人眼中，天津的发展足迹似乎比上海或广州更为低调谨慎，但不包括北京，因为天津与北京有着互补关系，甚至可以说是姐妹城市。天津地处重要战略位置，是全球海上航行连接内陆和太平洋的门户。这座城市的影响力引起了想要真正了解中国的外国人的兴趣，也曾经引起了西方列强的垂涎，进而引发了动荡不安的历史变迁。因此，可以说，天津不但在东北亚现今局势的形成上发挥了重要作用，对世界其他地区在知识和文化上的影响力也在与日俱增。

在我看来，天津首先是一个充满着机遇和想法的城市。中国其他城市的开放主要依靠的是贸易，而天津的吸引力不仅在于此，它的开放还得益于自身悠久的文化和科学发展历程。早在历史上，天津就汇集了世界各地的知识分子、思想家、艺术家和人文主义者。而后，在确立中国向世界全面开放的运动中，天津也占据了中心地位。

在那些深受天津灵感所启发的人物中，我想特别提出的一位是德日进（Pierre Teilhard de Chardin），因为他将这种灵感辐射到了全世界。他关于人类和世界进化的思想，全部与现代中国及其在 21 世纪的伟大工程密切地联系在一起。德日进用自己的方式定义了智慧城市的社会基础，天津有志成为一座这样的智慧城市，给这个全球化程度不断加强、日益复杂的世界带来灵感。就像今年在天津举办的第四届世界智能大会是在"云上"开幕的一样，各种新场景、新技术、新模式轮番得到展现及运用，科幻大片中的镜头就这样分分钟走进了现代人的生活。可以说，智能已经成为天津的新名片。

包含滨海新区在内，天津于我而言就是中国北方的大湾区。如今，这座城市拥有带来重大科技进步的领军行业和研究机构。

由于其直辖市的行政地位，天津在京津冀协同发展中发挥了基础性、关键性的作用。毫无疑问，这将进一步扩大天津的影响力和知名度。但是仅仅将天津视为工业和科技中心是错误的，在过去的二十年中，天津一直是中国经济增长的主要引擎之一。

天津的发展代表着一种新的城市模式，这种模式不应被科技城市的单一定义所局限。重要的是，这一模式还具有社会、环境和文明维度，包含所有实现和谐社会的组成部分和价值观念。我认为，它必须同时高度强调其承载的博爱的历史使命。我相信，如果天津成功地将人类价值和环境价值放在和物质繁荣同等的高度上，那么它将成为一个世界公认并可供借鉴的典范。

关键的挑战在于协调加速发展步伐和可持续性。关键的资产是城市的历史和拥有着非凡灵感的人民。天津有机会成为向高质量、可持续生态系统转型的典范，在这里创造力和智慧将提升其价值，价值的流通也将有效惠及社会的各个阶层。作为一个智慧城市，天津应该是一个生态系统，其中流通的价值不仅是金钱意义上的，也是文化意义上的，基于技能、分享和个人成就。我相信智慧城市应该从根本上囊括人类的传统活动，包括教育、生产、贸易、娱乐、人文关怀和享受等。同时，智慧城市必须是包容的，应该关怀孩子、家庭、老人……而不仅仅是把个体视作工人、消费者或上班族，这一点我在天津感受颇深。

我眼中的天津是一座人才之乡。这里有声名远扬的天津大学和南开大学，天津的高校有着开放广博的特性，孕育着强劲的创新力量。它们的国际知名度也吸引着大量的外国学生、科研人员和学者。这些高校的成功之处在于，它们了解教育不应仅关注精英，而应涵盖所有在日常生活中为人们带来价值和成就的领域。在过去的二十年里，天津在保留其历史特征的同时进行了自我改造，把人才这个概念与之联系起来是再合适不过的了。我记得在一次友好的晚宴上，宴请我的中国东道主们除了在工程、法律、人文科学、地质学等方面有着不凡的学术背景，还可以自如地谈论欧洲的文学和艺术。

　　智慧还意味着沟通、分享的能力……不仅是指人口、物品或信息的流动，还包括思想甚至是心灵相通。对我来说，天津是一个拥有灵魂和心跳的城市，就像我们所谈论的巴黎的灵魂和里约热内卢的心跳。天津有自己的身份认知，这对于引智和引才有着重要价值，也有益于城市模式获得更多的认可和效仿。天津的规划应该涵盖文化，因为文化承载着社会认同感、奋斗感、主人翁意识、责任感、承诺感和社会联系感，这些都是及时建立全球视野和有凝聚力的社群所必需的。

　　面对人类社会不可避免的巨大转型与挑战，我相信天津拥有真正的文明价值，这种价值将给全新的城市可持续发展模式带来灵感。新的城市模式将延伸到亚洲、拉丁美洲和非洲人口密集的发展中地区，这些地区迫切需要这种全新的城市发展模式。

孙轩

南开大学周恩来政府管理学院副教授，公共管理实验室负责人、数字城市治理实验室主任，曾在英国格拉斯哥大学从事博士后研究。主要研究方向为数字治理、城市计算、智慧城市。主持多项国家自然科学基金项目和省部级研究课题，并作为主要成员参与国家自科基金重点、国家社科基金重大和国际合作研究项目。曾荣获公安部基层技术革新二等奖，入选天津市"131"创新型人才。在SCI、SSCI、EI、CSSCI等期刊发表论文三十余篇，并担任数十本SCI、SSCI期刊特邀审稿人。

智慧的天津

为了应对城镇化发展带来的一系列挑战，实现高效、公平、可持续的城市治理和公共服务，越来越多的技术手段被应用到经济、社会生活的各个方面，以提升管理效能和改善生活体验。在信息化、数字化、智能化技术不断发展和完善的背景下，智慧城市的概念被提出并得到全世界的广泛响应。根据国际战略咨询公司德勒 2018 年发布的调查数据，全球有超过 1000 个城市正在建设智慧城市，而中国在建的智慧城市有 500 多个，占总数的一半以上。天津作为我国四大直辖市之一，北方重要的经济中心和航运物流中心，近十年来已成为中国智慧城市建设和应用探索的先行者和排头兵。近期发布的天津经济半年报显示，线上经济快速增长，信息传输软件和信息技术服务业营收逆势增长 7.3%；通过公共网络实现的销售额增速，快于限额以上商品销售额 22.2 个百分点；新产品增势迅猛，光电子器件增长 1.8 倍，服务机器人增长 2 倍，电子计算机整机增长 1.3 倍，光纤增长 63.8%，电子元件增长 47.8%，集成电路增长 37.2%；5G 基站实现行政区域全覆盖……

智慧城市发展历程

为了建设一个安全、高效、便捷、绿色的城市，天津 2011 年就提出了"智慧天津"的发展方向，并首次对数字城市、智能城市和智慧城市的概念进行区分，明确了建设智慧天津的理念、思路、路径、主要任务和对策建议，其规划方案在北京组织召开的"构建智慧天津战略及对策研究"评审会上得到与会专家的高度评价。

自 2012 年开始，天津市大力开展通信基础设施和数字化城市管理体系建设。一方面，通过光纤入户改造工程，改善和提升城市的信息化服务能力；另一方面，在全市范围内推动和实施"网格化"管理模式，力求实现各类城市空间要素的可视化、精细化管理。

在 2013 年至 2015 年间，国家住房和城乡建设部和科学技术部先后公布了三批智慧城市试点建设名单，而天津市的津南区、中新生态城、武清区、河西区、滨海高新技术开发区京津合作示范区、静海区 6 个地区被先后列为"智慧城市"的国家建设试点。与此同时，原天津市经济和信息化委员会拟定和发布的《天津市新一代信息服务产业发展行动方案（2014—2016 年）》和《天津市推进智慧城市建设行动计划（2015—2017 年）》，提出了包括宽带天津、电子政务、智能电网、智能交通、智能应急、智慧社保、智慧教育、智慧社区、智慧旅游、智慧港口在内的 10 个智慧城市建设专项工程，以及涉及惠民服务便利化、城市管理精细化、城市基础设施智能化、智慧经济高端发展、网络信息安全保障的五大行动计划。至此，天津的智慧城市建设有了更加明确的工作重心。

2016 年，中国天津智慧城市建设与发展高峰论坛召开，围绕新型智慧城市建设路径与创新、新产业与新城镇、先进制造融合发展与展望、大数据与大未来四个主题展开，相关领域学术专家、企业负责人和政府官员进行了深入沟通和交流。天津市开始深入思考和探索智慧城市建设的路径问题，并由天津市工业和信息化委员会组织编制了《智慧城市建设十三五规划》，正式开启了多主体合作、产学研一体化的智慧城市发展新阶段。

2017 年，首届世界智能大会在天津召开，来自全球 17 个国家的 1200 多名地方政要、企业家和学者对技术发展，特别是人工智能技术带来的新变化、新应用和新挑战进行了广泛探讨。天津的智慧城市建设也逐渐与世界接轨，开始在更广阔的平台上寻求沟通与合作。

现如今，世界智能大会已成功举办了 4 届，而天津的智慧城市建设也齐聚了华为、航天科工、神州数码、科大讯飞、京东、紫光云、太极计算机、360 集团、数字政通、通用电气、新加坡吉宝集团等一大批知名技术企业的参与和加盟。从战略、科技、创新到生态，天津走出了具有自身特色的智慧城市建设发展道路。

生态、智慧双轮驱动

除了津南的"数据湖"项目、河西的可视化决策系统，以及静海和滨海新区的"1+2+N"与"1+4+N"智慧城市应用体系之外，中新生态城创新提出的生态、智慧"双轮驱动"发展模式，已经成为天津智慧城市建设的一张亮丽名片。

在居家生活方面，生态城的智慧小区集合了人车标签管理、高空抛物监测、垃圾分类回收与燃气输送、互联网+民生服务、智能电表、智能安防等诸多应用，将绿色、智慧、宜居融合到居民生活的方方面面。而 2020 年 6 月发布的《中新天津生态城智慧小区建设导则》更包含有国内首个智慧小区建设评价体系。

在文化教育方面，生态城除了在中小学建设有功能丰富的智能教室和网络课堂，还在公共图书馆引入 6 大类、34 台机器人，为读者提供全方位的自助咨询、语音检索和导航找书服务。辖区内的国家海洋博物馆也通过虚拟现实（VR）、增强现实（AR）等技术手段为游客提供全景沉浸式的游览体验。

在城市管理方面，由智能信号灯、无人驾驶公交车、路况信息播报和应急指挥控制模块组成的智慧交通系统是保障城市优化运行的核心应用平台之一。除此之外，智能化的垃圾清运、基于多种传感器的环境监察、针对突发事件的应急调度，也是生态城智慧城市管理能力的直接体现。然而在所有这些应用的背后，城市大脑的数据收集汇总、状态识别分析和部门统筹协调，起到了至关重要的作用。

作为生态与智慧相融合的典型代表，"零能耗小屋" 2020 年也在中新生态城建设落成。它借助光伏发电、建筑节能、能耗管理等方式实现自给自足的绿色生活，并通过温度、湿度动态调节来满足舒适、个性的居住、办公需求。在节能、宜居背景下，"零能耗小屋"的建设与推广正体现了生态城对能源的智慧使用。

迎接 5G，展望未来

如今，随着 5G 时代的到来，数据通信更实时、更全面、更广泛，人与人、物与物、人与物之间的联系都日益紧密，而天津的智慧城市建设也即将迈上一个新的台阶。

目前，各区政府与企业合作建设探索的应用场景包括 5G 无人驾驶、5G 智慧港口、5G 虚拟现实博物馆、5G 智慧医疗、5G 警务巡逻、5G 智能交通等。而按照计划，截至 2022 年，5G 室外基站将建设超过 40000 个，实现天津市辖区人口的 100% 覆盖，网络通信速度也将比过去提升 20 倍左右。届时，5G+工业互联网、5G+社会公共服务等多领域应用会得到更为深度的开发，而天津的经济、社会生活也会因此变得愈发智慧。

菲利普·卡尔德里斯

荷兰蒂尔堡大学提亚斯商学院战略与组织学教授。作为欧洲企业战略与变革领域的领军人物，菲利普在商业领域也有着丰富的经验。他所供职的这所商学院是天津大学管理与经济学部的合作伙伴，他个人也因此多次到访天津，与天津当地许多企业有着密切的交流。

天津世界智能大会全球对话（一）：对话菲利普·卡尔德里斯

高大伟：菲利普，欢迎来到世界智能大会全球对话。这次重要的会议是在天津召开，据我所知，你和天津有着很密切的联系。

菲利普：大伟，首先谢谢你邀请我参与本次大会的访谈。我确实非常了解并且喜爱天津这座城市。我是荷兰蒂尔堡大学提亚斯商学院高级工商管理硕士项目的全球学术总监，天津大学管理与经济学部是我们的学术合作伙伴。我们的合作非常愉快，与天津的同事们一起工作，与充满活力的天津工商界交流，都给了我很多的灵感。看到天津迅速发展为一座智慧城市，让我每次来到这里都感到十分开心。世界智能大会在天津举办绝非巧合，我认为这场大会就是新天津的象征。

高大伟：菲利普，我们对天津有同样的热爱！的确，在京津冀一体化深入发展的进程中，天津正在快速向智慧城市转型。这对于中国、东北亚地区和全世界而言都意义重大。作为企业战略和转型领域的专家，你认为为什么人工智能对我们的城市和社会如此重要呢？

菲利普：当我和学生们探讨人工智能的话题时，我总是会先引用谷歌首席执行官桑达尔·皮查伊的话，他认为人工智能比火更加重要，人工智能是人类最具深远意义的事业，是一项变革性的技术，可以与产品、服务和过程相结合。人工智能让整个过程速度更快、效率更高、质量更优。

高大伟：在本次天津世界智能大会上，另一项重要议题是2020 年具有划时代意义的 5G。

菲利普：我认为人工智能和 5G 是不可分割的。5G 是人工智能发挥作用所必需的技术之一，同时，二者相辅相成。5G 将为人工智能赋能，人工智能反过来也将为 5G 赋能。对于我们的城市和社会来说，另一个关键点是，有了 5G，我们能做些什么呢？总的来说，5G 可以让我们真正地向物联网时代迈进。

高大伟：菲利普，你的意思是说我们已经生活在一个充满数据和算法的人工智能的世界里了。当然，在今天，这两者之间的相互作用几乎是无限或接近无限的。现在让我们试着预测一下，未来最重要的技术会是什么？是云、机器人、生物技术还是其他？

或者说下一项颠覆性技术是什么？

菲利普：这个问题很有意思，可能的答案来自于现今社会所面临的根本性的重大挑战。人们经常谈及金融科技和教育科技，但我相信在不久的将来，农业科技绝对是值得关注的。此外，如果变革的动力源于亟待解决的挑战，我们也很有可能会看到在能源领域和医疗保健领域出现颠覆性的科技。

高大伟：你提到的农业科技对于中国这样一个人口大国来说尤为重要，与中国的特大城市也息息相关。你既是企业战略家，也是教育工作者。那么作为教育工作者，我们应该如何促进创新？

菲利普：大伟，这又是一个很重要的问题。当我与企业合作或与企业高管共事时，我总是会先从客户入手。更确切地说，客户的需求是什么？这个问题值得反复考量。客户可以是像你我一样的个人消费者，也可以是组织机构。从普遍意义上讲，我们需要更好地消除掉阻碍创新的障碍。我与世界各地的公司打交道的经验告诉我，我们缺少的绝不是人才。全球人才济济，但问题在于他们进行创新时总会遇到重重障碍。所以请允许我把你的问题换一种提法：不是"如何促进创新"，而应是"如何消除阻碍创新的因素"。无论是人工智能、5G还是创新，我认为中国都做得非常好。

高大伟：菲利普，非常感谢你和我们分享你的真知灼见，也感谢你对世界智能大会的支持。当你提到中国企业的活力时，我们的观点再次不谋而合。在我看来，天津世界智能大会内容极其丰富，证明了中国已经成为一个创新大国。显然，中国的创新能力是中华文明复兴的一个重要方面。我希望全世界都对此加以关注。

菲利普：完全同意。世界应该对中国的创新能力抱以建设性、富有成效的关注。因为"团结使我们屹立不倒，分裂让我们一落千丈"。我们有很多可以互相学习的地方，这也是为什么我总乐意来中国。我喜欢学习中国的处事方式，喜欢听取中国同事和中国企业高管的意见。非常感谢你在搭建东西方沟通桥梁方面所扮演的重要角色。我知道你很谦虚，但请允许我这么说，正是因为有了像你这样的人，东西方才能增进理解、协同合作。

高大伟：谢谢你菲利普，创新确实很重要，但合作思维对于人类进步也同样非常重要。

马茨·马格努松

瑞典皇家理工学院产品创新工程教授，研发和创新领域资深专家，工业、绿色能源和数字化转型领域商业领袖。他曾担任瑞典创新和技术管理研究所所长，并在国际社会科学自由大学、博洛尼亚大学和奥尔堡大学担任客座教授。他的研究、教学和咨询活动涵盖创新管理、产品开发、研发管理和战略管理等多个领域。

天津世界智能大会全球对话（二）：对话马茨·马格努松

高大伟：马茨，欢迎来到天津世界智能大会全球对话。你是了解天津的，并且知道天津正在快速发展为智慧城市，世界智能大会在这里举办绝非巧合。我们很高兴这次能邀请到你。作为科技领域的教授和创新领域的知名专家，在你看来，为什么人工智能如此重要？

马茨·马格努松：大伟，非常感谢能有这次机会与你交流。你说得很对，天津是一座十分重要的城市，京津冀一体化也将产生诸多影响。我和许多中国之外的人一样，深知世界智能大会的重要意义。我想以一个对天津、对中国、对世界都有意义的方式来回答你的问题。人工智能之所以如此重要，其一，因为它是一种有通用目的技术；其二，也是更重要的一点，人工智能，特别是深度学习机器的智能，实际上是种改变我们原本的发明方式的发明。为了说明人工智能的重要性，我们可以用光学镜片来做个对比：光学镜片改变了人类看待世界的方式，而人工智能将给我们带来同样的变革。人工智能的关注点不再让我们看到细小的、远处的东西，而是赋予我们识别和理解模式的能力。这是一场真正的变革，亟须我们的关注，世界智能大会就是一个很好的平台。

高大伟：正如本次天津世界智能大会所展示的，我们生活在 5G 世界里。你如何看待这种变革？

马茨·马格努松：我们之前提到过大数据和人工智能。我们应该看到，为了能够真正从这项新技术中获益，我们需要三个要素。我们需要数据，需要能分析数据的智能算法，同时也需要连通性，因为数据需要进行传输。可以说，这就是 5G 的重要意义所在。有趣的是，我们需要认识到这是一种指数级的技术发展过程，而不是线性的。

高大伟：我们理解了数据、算法与连通性之间完美的三角模式。其他领域的变化可能也会与这个三角模式相关，比如生物科技、量子力学的实际应用等。马茨，作为创新领域的专家，你认为在这个多变的世界里，下一个颠覆性的技术创新是什么？进行预测是很必要的。

马茨·马格努松：谢谢。这是一个非常有意思的问题。因为我们对于颠覆性技术讨论已久。回顾我们刚才对人工智能的讨论，人工智能有潜力改变诸多行业和社会的方方面面，接下来我们可能会看到许多颠覆性技术的出现。人们对此有不同的解读。关键点在于这些技术会改变现有体系，使现有体系与之前大不相同。颠覆性科技既可以被视为改变我们做事方式的一种过程，也可以被视为一种结果。从这个意义上说，人们或许惊讶于新出现的价值观和发展目的。比如中国和欧洲所共同关注的可持续性的概念。

高大伟：如果可以的话，我还想问最后一个问题。我们讨论了人工智能，你向我们介绍了一个了不起的观点，一种用不同角度去看事物的新力量，不是去看到更小的事物，也不是去看太空里更远的事物，而是视野和理解模式。如果我们能掌握个人和社会的模式，我们就能做出更好的预测和管理。我们也讨论了数据、算法和连通性的三角模式。我的问题是，我们如何确保人们拥有正确的创新思维呢？来到世界智能大会的人们都是具备创新思维的。我尤其想问的是年轻人和创新之间的关系。

马茨·马格努松：如何促成创新是一个很关键的问题，可以花很长时间探讨。但我认为重中之重就是教育，更准确地说是获取知识的途径。换言之，掌握越多的知识，进行创新的可能性就越大。企业家和发明家都有很强的创新能力，但在此我需要说明，大规模的创新不是个体的成果，合作创新的力量才是最强大的。

高大伟：马茨，非常感谢你的分享。世界智能大会所展示的创新早已成为我们生活中的一部分，而大会本身也为创新提供了推动力。人们需要平台来进行交流、创造价值开展合作。天津和在这里举办的世界智能大会就是这样的关键平台之一，汇聚了合作和创新的力量。

弗雷德里克·杜·普莱西斯

全球商业领袖、国际战略家，曾在南非、英国、德国、沙特阿拉伯和阿拉伯联合酋长国生活，与全世界四十多个国家的企业和政府开展合作。

天津世界智能大会全球对话（三）：对话弗雷德里克·杜·普莱西斯

高大伟：弗雷德，非常感谢，欢迎来到世界智能大会全球对话。你非常了解中国和天津，了解世界智能大会的重要性。你也很清楚这个大会的主题是科技，包括各个技术领域、科技变革以及科技对我们、对社会和对商业的影响。世界智能大会的一个重要议题是人工智能，所以我想问问你，弗雷德，为什么人工智能如此重要？

弗雷德里克：大伟，人工智能对我们来说是一个非常重要的话题。因为我们生活在一个日益复杂的世界，这就要求我们能够实时做出决策、实时控制和管理交易，实时管理各个系统。我们有大量的数据，这些数据又与大量的事件相关，以致人类很难管理好这一切。所以我们需要非常复杂的算法，我们甚至需要学习算法。为了这个目的，我们需要想办法让计算机系统为我们做到这一点。而人工智能在我看来就是一个关键因素。比如，如何将可再生能源和已有的传统能源相结合。如今已经有许多小规模的可再生能源生产商，你可以在房子的屋顶上装太阳能板，这样你的房子就可以在消耗能源的同时生产能源。然而因为天气变化、昼夜交替，太阳能和风能并不总能发挥作用。因此，为了应对这类情况，不论是在国家还是城市层面，我们都需要能够不断做出预测、预判并适应我们需求的智能系统。而我认为这正是人工智能可以发挥作用的一个充满前景的领域。

高大伟：说得太好了！弗雷德，你非常清楚全世界都在讨论大湾区。天津位于中国北方，是世界智能大会的举办地。同时，中国也在不断推进京津冀地区大规模的智能聚合。而说到城市群，我们自然会想到智慧城市。你怎么看智慧城市的未来？

弗雷德里克：大伟，我认为智慧城市还在萌芽阶段。我们看到很多城市都在努力规划和建设智慧城市。但这背后的一个推动力就是不断增长的世界人口，同时，人口城市化的速度惊人。我们将会看到，世界尤其是中国将会有越来越多人口超过一千万的超大城市，中国可能会成为世界上拥有最多超大城市的国家。当你思考城市如何开展各类活动、政府如何管理城市、人们如何在城市生活、如何高效便捷地出行、享受城市生活，你就会发现我们需要大量的信息，需要大量的合作。如果你无法将城市里的所有居民、管理者和服务提供商（如医疗卫生、能源、废物管理等）通过某种方式联系在一起，就会很混乱。所以在我看来，智慧城市就在眼前，它会成为我们的未来。只有这样，未来我们才能在城市里过上有意义且舒适的生活。

高大伟：我理解。我们刚刚讨论了人工智能，这是世界智能大会的核心议题之一。我们也探讨了智慧城市或更智慧的城市。但我还想提另一个问题，因为显然由于多方面的原因我们生活在一个千变万化的世界，比如你刚才提到的人口因素，这点非常重要；同时，出现了不少科技变革，比如人工智能、数据、云、生物技术、基因编辑和许多其他的技术进步和变化。但是在你看来，作为一个全球商业领袖，你认为就科技变革和科技动态而言，最值得我们关注的是什么？

弗雷德里克：我们可以花很长时间讨论这个问题，因为社会对科技有很多不同的需求。但对我来说，在未来互联互通的新世界中，就像我们谈智慧城市时提到的，我们有一个实时高速的网络，在我们所有的设备上都可用。比如我们的电脑、电话，以及其他所有设备，比如新冠肺炎疫情期间用来测量体温的设备、交通管控设备、GPS 导航系统，以及大城市、居民和医疗卫生系统都需要的信息系统。5G、5G+、6G 等新技术应运而生。

我很高兴看到中国在这个领域处于领先地位，中国已经认识到了社会的未来取决于良好的网络体系。我认为还有一些其他领域。我们刚才讨论了人工智能，而我认为人工智能要取得成功的真正线索和秘诀在于我们如何构建智能的算法。人工智能的核心在于能够做出预测和预判，提出解决方案，帮助我们做决策，而这些都取决于算法。所以我认为这点至关重要。

最后我想说的，也是我认为非常重要的一点，就是机器人会成为我们生活的一部分。但是我不认为机器人只能用来提升速度、精确度或数量。我们还需要思考如何创造出能够进行智能适应的机器人，让它们能够将我们的想法转化为对社会有价值的东西。这听起来有点乌托邦，但我相信机器人有更多的潜力，它们不仅仅只是作为护卫犬或生产线上的机器。

高大伟：确实如此。弗雷德，你谈到了 5G 的影响，这点非常重要。我认为很多人都没有预见到我们将如何使用 5G 和 5G 对社会的影响。我认为，不管是在人工智能还是 5G 领域，中国都处于科技变革的最前沿。我想在这次世界智能大会上，我们会看到很多机器人，而机器人确实是我们应该关注的。最后一个问题。我们讨论了人工智能、智慧城市、5G 和机器人，但听你分享的时候，我一直在思考一个关键概念，就是创新，也是为了未来做好准备。在世界智能大会上，我们不能不考虑创新的问题。在你看来，根据你的经验、你对世界的认识、你对全球商业的认识，是什么促成了 21 世纪的创新？

弗雷德里克：大伟，这是我非常关心的一个问题。因为我认为人类之所以能成为成功的物种，正是因为我们有好奇心。如果没有好奇心，我们就无法创新。所以在我看来，创新不仅仅是在公司、企业、商学院或者大学里建立某种系统，来研究如何产生一些创新的想法，重点在于培养人们的创新思维，激发他们的好奇心。所以我认为我们的教育系统应该从这点开始做起，从我们的孩子还小的时候开始，去真正激发他们的好奇心，让他们学会批判性地思考。而且我认为中小学和大学教育体系有很大的责任去思考科学、技术、工程和数学（简称 STEM）教育，因为这些科学和艺术形式能够帮助学生成为具有创新思维的人。所以在我看来，创新对于人工智能和智慧城市的成功至关重要。

高大伟：我会从我们今天丰富的对话中记住两点。一个是合作，你提到了这点，我也认为非常重要；另一个是创新，但不是作为客观系统，而是作为一种思维方式。如果我们能将合作思维和创新思维结合起来，我相信对所有人来说，对全人类来说，我们一定能不断进步。

弗雷德里克：不用谢，大伟，你说得很对。当我们开始合作创新的时候，那将是我们真正创造奇迹的时候。

罗马诺·普罗迪

1939 年出生于斯坎迪亚诺，曾任意大利总理，是天津市荣誉市民、南开大学客座教授。

天津世界智能大会全球对话（四）：对话罗马诺·普罗迪

高大伟：主席先生，欢迎来到世界智能大会全球对话。非常荣幸能在此和您交流。您知道这次大会在天津举行。天津正在向智慧城市转型，我们也看到京津冀协同发展正在进行中。您非常了解中国，尤其了解天津。在我们讨论技术之前，您能告诉我们您和天津的渊源吗？

罗马诺·普罗迪：好的，如你所知，我与天津的故事可以从上个世纪说起了。说真的，今天我想和大家分享一个非常有趣的故事。我曾担任意大利一家国有企业的董事长，名为工业复兴公司（IRI），是全国最大的政府控股企业。我们在交通、能源、建筑、工业等许多领域都非常活跃，处于世界领先地位。当时收到了中国政府的邀请，在天津建立一座无缝管厂。那是在20世纪80年代，40年前了。我来到天津后就发现这里有一股真正非凡的能量。在年轻的中国工人的帮助下，我们率先建成了中国的工厂。那时我就明白了，中国和中国人是与众不同的！

高大伟：真是个引人入胜的故事！

罗马诺·普罗迪：除此之外，这个故事也给我留下了鲜活的记忆。我永远不会忘记在工厂的落成典礼上，数百名孩子挥舞着意大利和中国的国旗，载歌载舞，笑容满面。这次典礼的照片应该现在还保留着。你就明白为什么这些年来我与天津一直有着很好的关系了。在此之后，我又被邀请担任天津市经济顾问，但是因为那时我开始进入意大利政坛了，所以很遗憾没有能够接受天津市政府的好意。但是你知道，在某种程度上，直到现在，天津仍然对我意义非凡。

高大伟：真是美好的故事！您提到天津对您来说意义非凡，我想补充一下，您获得过天津市"荣誉市民"的称号，同时还是久负盛名的南开大学的客座教授，您也曾多次造访这所学校，被聘请为南开周恩来政府管理学院的学者。您知道世界智能大会的核心议题是科技，特别是人工智能。那么主席先生，在您看来为什么我们需要关注人工智能的相关发展动态呢？

罗马诺·普罗迪：我并不是这个领域的专家，也不是能够研发算法的数学家。所以我将以经济学者的身份回答你的问题。人工智能所带来的经济和社会影响当然是非常重要的。这么说吧，人工智能给生产过程带来了巨大的变化：它改变了工厂的模式，也给市场营销领域带来了深刻变革——现在市场策略也都与数据和分析紧密相关。请记住我们生活在一个大数据的世界里，我认为在这样的世界里，管理数据的人会居于主导地位。在这个领域，领军者是美国和中国。要是看看人工智能领域的世界前 20 强公司，就会发现里面只有一家来自欧洲。我为美国和中国感到高兴，但从欧洲的角度来看这样的发展形势还是较为严峻的。

高大伟：人工智能在我们的经济发展中居于中心地位。我们如今生活在一个科技更迭速度不断加快的世界，变化和变化速度是两码事。以您的经验和专长来看，接下来我们需要重点关注哪些科技领域的变化呢？是 5G、机器人技术、生物科技、云计算、量子物理的应用，还是其他变革？

罗马诺·普罗迪：今天的技术变革并不只是关于某种单一领域的变革，在不同领域中会有一系列的变化同时发生。最重要的是如何将这些来自不同领域的变化协调整合起来。比如说数据和医学发展结合、3D 打印和工业发展结合。但你提到 5G 是正确的，因为 5G 融合了两个关键元素——连接和速度。考虑到 5G 的重要意义，它经常出现在新闻中也就不足为奇了。

高大伟：感谢您在世界智能大会上分享对于科技的见解，也要谢谢您与我们分享您与天津的故事。我们相信您未来还会多次到访天津，见证这座城市发展成为 21 世纪的智慧城市。

后　记

除了 25 位作者外，我们也要感谢所有为《灵感·天津》一书提供支持和帮助的人们：

天津市人民政府对本书的创作给予了大力支持，他们的信任是对我们恒久的鼓励。

很高兴与天津人民出版社合作，没有社领导和相关专家的支持，本书就不可能以现在的形式呈现。

《天津青年，世界青年》一文的作者李璐女士以她的洞察力、活力和专业能力，为本书的出版做了大量的协调准备工作。

范滦甯、李德菲、曹馨元、内森·洛克伍德以及张黎黎的工作，确保了每篇文章的中英法三语的译文质量。龙海燕也为本书的语言工作提供了所需的技能和建议。

《灵感·天津》在社交媒体上的宣传，在很大程度上得益于邓行和范滦甯的专业技能。同时，感谢郑丹、郭亚非为本书的设计发挥才能。

本书作者之一布鲁斯·康纳利先生在图片和文案方面，为我们提供了慷慨的帮助。他的照片捕捉到的天津生动的城市和人民形象是《灵感·天津》在未来的全球社交媒体活动中的重要素材。

南开大学以其几乎无限的智力资源一直在为我们共同的工作雪中送炭、锦上添花。因此，我们要向南开大学的校领导、教职员工和学生致以感谢。南开大学医学院、外国语学院和国际交流学术处都为《灵感·天津》做出了直接贡献。

最后，林珂瑶的才华、专业能力和优秀的品质，也极大地助益了本书的创作。

高大伟

Inspiring Tianjin

Scan the QR code to
know more about Tianjin

Preface

Inspiring Tianjin has been a truly collaborative journey bringing together personalities having at least two things in common: a true passion for Tianjin and the desire to share their love of the city with people across the world.

However, the authors of this collection of essays have different backgrounds and cultures. Views from fourteen nationalities are represented in this book; such a diversity offers a wide range of perspectives on China's northern city, its rich past, its vibrant present and its promising future.

Liu Chun (China), Mandi Sturrock (UK), Sun Zhongqi (China), Letizia Vallini (Italy), Henri Vullierme (France) introduce to a city which is essential to the comprehension of China's process of modernization in the 19th and 20th centuries.

Radek Cais (Canada), Yvan Collet (France), Bruce Connolly (UK), Michael Harford (Nigeria), Michael Hart (USA), Li Lu (China), Anna Melnikova (Russia), Andrea Popescu (Romania), Jeanne Riether (USA), Shin Kwang Yong (Korea), David Sipos (Hungary) and Jason Stinson (Australia) explain what makes Tianjin's present realities so attractive.

Inspiring Tianjin is also about the future of a megalopolis at the heart of Northeast Asia. It is not a coincidence if the World Intelligence Congress takes place in Tianjin. Filip Caeldries (the Netherlands), Mats Magnusson (Sweden), Frederick du Plessis (UK), Jean-Philippe Raynaud (France) and Sun Xuan (China) are reflecting on a Smart City in the making as a part of an increasingly integrated Beijing-Tianjin-Hebei region – known also as the Jing-Jin-Ji. In 2022 with the Winter Olympics taking place in this Metropolitan Region, the entire world will fully measure its significance.

Inspiring Tianjin has benefited from the support of two outstanding European personalities. The former Prime Minister of Italy, Romano Prodi, whose relationship with Tianjin is unique has always been a generous and wise guide.

Another European personality has also kindly accepted to join our journey: Laurent Fabius, the current president of the Constitutional Council of the French Republic but also a former Prime Minister of France. Familiar with Tianjin, Laurent Fabius has been coming several times on the shores of the Haihe since 2009.

We sincerely hope that our work contributes to an even greater international visibility of Tianjin and that some will continue to deepen the research on what is a truly inspiring city.

Despite all our efforts, the readers might well encounter some inexactitudes or faults in what follows, I solely bear responsibility for these imperfections.

David Gosset

Contents

Tomorrow   279

Acknowledgment   314

Yesterday

David Gosset

David Gosset, born in Paris in 1970, is a Sinologist and the founder of the Europe-China Forum. He is the author of *Limited Views on the Chinese Renaissance* (2018). He came to Tianjin for the first time in 2006 and he is visiting professor at Nankai University.

The Hoangho Paiho: an Access to the Poetry of the World

On the vast territory of the municipality of Tianjin, enclosed between the province of Hebei and the Gulf of Bohai, there is a place filled with life where history, science, dialogue of cultures and spiritual quest converge.

The facts relating to the construction and the evolution of this place over the past hundred years have often been presented. Jesuit and scientist, Frenchman Emile Licent (1876-1952) arrived in Tianjin in 1914 and established a natural history museum, the Hoangho Paiho

Museum. Another Frenchman whose literary work has marked the past century, the diplomat and writer Paul Claudel (1868-1955), had left the port of northern China in 1909.

Emile Licent was not the first member of the Society of Jesus who contributed to the development of natural sciences in the Chinese world. Before him, Pierre Marie Heude (1836-1902) had gathered, in the Zikawei district of Shanghai, a collection of admittedly modest dimensions, but already serving a desire for a systematic understanding of nature.

More generally, the Jesuits were often passers of scientific knowledge following the example of their illustrious predecessor Matteo Ricci (1552-1610), whose contribution in the field of cartography and mathematics enriched the relations between Europe and China.

The evocative name of Hoangho Paiho comes from the fact that the research of Licent and his collaborators covered the geographical area of the Yellow River basin (Huanghe in pinyin), and the White River basin (Baihe, later called the Haihe River), inseparable from the city of Tianjin. The museum of which he knew how to lay the foundations is also called the "Beijiang", meaning "the northern borders". The Hoangho Paiho, although it is located today within Tianjin Foreign Studies University (originally Institut des Hautes Etudes Commerciales or the Institute of Higher Commercial Studies), is now logically part of the Natural History Museum of the city.

In 1939, after 25 years in the Far East, Licent returned to Europe that was soon to be torn apart by the Second World War. He would never again have the opportunity to return to China, a country, at least for its northern territories, which he had traveled as very little did before or after him.

It was in 1928 that the Hoangho Paiho Museum first opened its doors to a wider public. Its architecture, its attention to the smallest details for the exhibition and preservation of specimens, the quality as well as the diversity of its collections made it a leading museum of his time.

200,000 specimens of plants, animals, rocks and fossils helped to shed light on the most distant geological, biological and human past. It is a museum to better understand the Earth, its transformations, and then the progressive emergence of vegetal, animal and human life.

Beyond its immediate materiality, the place is also an intersection where multiple perspectives cross. One has to start to follow them.

It is, first of all, an invitation to reflect on what can be called, following the work of Edward Said (1935-2003), variations on the theme of Orientalism. Built in the French Concession of Tianjin (1860-1946), the museum is one of the chapters in the sad history of colonialism of which China was the victim at the end of the Qing Dynasty and at the time of the Republic of China.

However, Emile Licent did not wish to send the fruit of all his research to Europe. To use his own words, "what is extracted from

Chinese soil must remain on Chinese soil". The center of his mental geography was therefore not only Paris, but also the north of China which he patiently explored and studied for many years. His work *Twenty-two Years of Exploration in Northern China, Manchuria, Mongolia and Lower Tibet* published in 1935 is obviously a testament to his commitment, and a valuable document for anyone interested in the Chinese world.

Other intellectual perspectives offered by the Hoangho Paiho are linked to a second remarkable character, Pierre Teilhard de Chardin (1881-1955), a Jesuit also, but at the same time a paleontologist, theologian and philosopher.

Sent by the National Museum of Natural History in Paris, he arrived in Tianjin for the first time in 1923. At 42, his solid studies, the quality of his research and his experience of the First World War already made him a man of exception. Emile Licent had requested such support from Marcellin Boule (1861-1942) whose name remains associated with the study of Neanderthals.

In 1921, the first human fossil of Peking Man had been exhumed at the site of Zhoukoudian by the Austrian Otto Zdansky (1894-1988). French scientists did not want to be left out of such breakthroughs on the path to a better understanding of hominization. After his stay at Hoangho Paiho, Teilhard de Chardin did a lot of work on the site of *Sinanthropus pekinensis*.

To remember Emile Licent, Hoangho Paiho and Teilhard de

Chardin is obviously to underline the richness of the dialogue between China and Western modernity. One can imagine the stimulating and benevolent exchanges between Teilhard and Weng Wenhao (1889-1971), one of the sources of modern Chinese geology, Yang Zhongjian (1897-1979), the father of Chinese paleontology of vertebrates, or Ding Wenjiang (1887-1936), another important personality linked to the sciences of the Earth.

Visitors to the Hoangho Paiho must also imagine the place as a laboratory of ideas where one tried to articulate Christianity and its tradition of Creation as it is presented in the Bible, with the theory of evolution that Charles Darwin (1809-1882) had brilliantly highlighted in *The Origin of Species* published in 1859.

We can easily understand why Teilhard felt so good in China. Trying to reconcile science and religion, he was under great pressure from Rome and his hierarchy, and he was forbidden to publish. His post-mortem publications will still be condemned by the Holy Office, the institution originally established to combat heretics. In the Chinese world, not only did Teilhard feel free to pursue his philosophy, but this ancient civilization seated on a vast continent also allowed him to better define the contours of his thinking.

"I am very grateful to China, which has become my adopted country... It has helped to broaden my thinking, to raise it to the planetary scale" affirms Teilhard - quoted by Claude Rivière in *In China with Teilhard*, 1968.

Over time, the Vatican has gradually recognized the value of a deeply original thinker for whom "Man cannot see himself completely outside of Humanity; neither Humanity outside of Life, nor Life outside of the Universe", as Teilhard writes in *The Human Phenomenon* (1956), a text whose richness we have not finished exploring.

After more than a century of existence, having gone through major upheavals including a war and a revolution, it is quite astonishing that the Hoangho Paiho is still so well preserved.

This fortunate conservation can be interpreted as a symbol of hope that runs through Teilhard's life and work. Having seen the horrors of the front during the First World War, contemporary with the insane destructions of the Second World War, Teilhard was no less convinced than from the point of view of the Universe, of Life and of Humanity, it is, despite everything, a path of progress and elevation.

In *The Human Phenomenon*, Teilhard invites us to see the beauty in movement of "Man, not the static center of the World, - as he believed for a long time; but axis and arrow of Evolution - which is much more beautiful."

For those who know how to welcome and decipher the signs that are concentrated in it, the Hoangho Paiho is an introduction to the infinite wonders concealed by the great poetry of the world.

Liu
Chun

Liu Chun, born in Tianjin in 1960, holds a bachelor's degree in Chinese Language and a senior title in publishing. Over the years, he has been engaged in the researches and codifications regarding local chronicles, history of the Communist Party of China, and historical accounts of past events.

A Brief Introduction to Tianjin's History and Culture

Tianjin, referred to as "Jin", is a municipality directly under the Central Government of the People's Republic of China, a national central city, an economic centre in the Bohai Rim region, one of the first coastal open cities, a national advanced manufacturing R&D base, a core area for international shipping in North China, a financial innovation operation demonstration area, and a reform and opening-up pioneer area, and the Summer Davos Forum's host city.

Located at 38°34′~40°15′ north latitude, 116°43′~118°04′ east longitude, Tianjin is in the time zone UTC+8:00. The total land area is

11,966.45 square kilometres with a perimeter of 1,291.149 kilometres, of which the coastline is 153.669 kilometres and the land boundary is 1,137.48 kilometres. Tianjin is located on the west coast of the Pacific Ocean, northeast of the North China Plain, downstream of the Haihe River Basin, bordering the Bohai Sea in the east, Yanshan in the north, adjacent to the capital of Beijing in the northwest, bordering Hebei on three sides in the north, south, and west. At the confluence of the five tributaries of the Haihe River in the North China Plain, it is known as "the lower tip of the Nine Rivers" and "the main point of the river and sea". Haihe, Tianjin's mother river, meanders through the city. The climate is a typical warm temperate semi-humid continental monsoon climate.

Tianjin is rich in natural resources, where 35 mineral resources have been discovered, including more than 20 types of metal minerals such as manganese boron, manganese, gold, tungsten, molybdenum, copper, etc. Non-metallic minerals mainly include cement limestone, barite, stromatolite, etc. which have a higher mining value. The offshore area is rich in oil and natural gas resources, and the salt field covers an area of 338 square kilometres, making it one of the largest sea-salt producing areas in China. Geothermal resources boast rich reserves, shallow burial and good water quality. It is the largest low-temperature geothermal field in China to date. It is also rich in various types of fishery resources.

Tianjin literally means "the ferry where the emperor passed by", with aliases such as Jingu and Jinmen. Sanchahekou is the birthplace of Tianjin. In the Tang Dynasty (618-907), Tianjin began to become a land and water terminal for the grain transport from the south to the north. In the Jin Dynasty, "Zhigu Village" was established, and in the Yuan Dynasty, "Haijin Town" was established as a major military town and a grain transportation centre. In 1400, Zhu Di led an army south through Zhigu to seize power, and in 1403 he ascended the throne and changed the title of the reigning dynasty to Yongle. As a military powerhouse, Tianjin officially established a fortified city in December 1404. It was the only city in ancient China with the record of the accurate time of its establishment. The Tianjin Left Guards were established the following year, and the Tianjin Right Guards were added the next year. From 1404, the official establishment of the guardianship to 2020, the city of Tianjin has a history of 616 years.

After Tianjin was open as a trading port in 1860, Western powers began to set up concessions in Tianjin. Tianjin became the frontier of opening-up in northern China and the base of the modern Chinese Westernization Movement, taking the lead in military modernization and other modern industries, such as railways, telegraphs, telephones, postal services, mining, modern education, and justice. At that time, Tianjin was the second largest industrial and commercial city in China and the largest financial and commercial centre in the north. After the founding of New China in 1949, Tianjin, as a municipality directly under the Central Government, Tianjin's economic construction and social undertakings have developed in an all-round way, further consolidating the status of China's important comprehensive industrial base and business centre. Since the reform and opening-up in 1978, various undertakings in Tianjin have developed vigorously. As a coastal port city, its advantages in foreign exchanges keep enhancing. Tianjin has profound historical and cultural heritage, with numerous precious cultural relics, historical style buildings and historical and cultural blocks. In 1986, Tianjin was approved by the State Council as one of the second batch of national historical and cultural cities. There are 14 historical and cultural areas in central city. In 2008, Yangliuqing Town in Xiqing District was approved by the State Council as famous historical and cultural towns in China. In 2010, Xijingyu Village in Jizhou District was approved by the State Council as a famous Chinese historical and cultural village. The Tianjin section of the Grand Canal and the ancient Great Wall of Jizhou are important components of the world cultural heritage. The city has 1,894 non-movable cultural relics, 283 intangible cultural heritages at all levels, and 1,034 various buildings listed as historic monuments.

Tianjin is rich in tourism resources. A-level tourist attractions include Tianjin Ancient Culture Street Tourist Area (Jinmen Hometown), Tianjin Panshan Scenic Area, Tianjin Shuigao Manor, Tianjin Tower Lake Scenic Area, Tianjin Dongjiang Port Scenic Area, Tianjin Water Park, Italian Style Tourist Area, Tianjin Optics Valley Tourist Resort, Samaranch Memorial Scenic Area, Tianjin Zhou Enlai

& Deng Yingchao Memorial Scenic Area, Tianjin Nanhu Scenic Area, Tianjin Dagukou Fort Relic Scenic Area, Tianjin Five Avenue Cultural Tourism Area, etc.

Tianjin Panshan Scenic Area, a national 5A-level scenic spot, is located in Jizhou District, northern Tianjin, 110 kilometers away from Tianjin city proper. Towering to the east of Beijing, Panshan is known as "the first mountain to the east of Beijing." In the early years of the Republic of China, Panshan was listed as one of China's top 15 scenic spots with Mount Tai, the West Lake, and Forbidden City. When he first visited Panshan, the emperor Qianlong of the Qing Dynasty was so surprised that he couldn't help saying, "If I knew of Panshan, I would not go to Jiangnan!" Following the visit, he ordered people to build a grand temporary palace in the eastern part of Panshan, and named it "Jingji Villa". Since then, he had frequented here for 32 times. During the Anti-Japanese War, the Panshan area was one of the Jidong revolutionary bases. Although many Buddhist temples in Panshan were destroyed in the war, the beautiful scenery of Panshan is still fascinating.

The Five Avenues, as a fixed area in Tianjin, is composed of five famous avenues with more than 2,000 garden-style houses built in the British, French, Italian, German, and Spanish architectural styles from the 1920s and 1930s, covering an area of more than 600,000 square meters, with a total area of more than 1 million square meters. Among them, there are more than 300 style buildings and celebrity residences, making Tianjin "the World Architecture Expo." What these buildings show to the public is not only their external beauty, but also the stories behind them. Every ancient brick wall exudes the tastes and smells of the last century, and records the daily life of the people in the Republic of China.

Ten Scenic Spots in Jinmen refers to the ten most famous tourist attractions in Tianjin, namely, Colored Ribbon of the Central Ring, Impregnable Huangya Pass, Ancient Fortress at the Gate of Bohai, Sunset over Haihe, the Cradle of Jinmen, Dule Temple Bathed in the Morning Light, Green Ripples across the Dragon Pond, Panshan in Evening Mist, Food Street and Hotel Street in the Moonlight, and Cloud-Crowned Tianjin Tower.

The delicacies of Tianjin include Go Believe baozi (steamed stuffed buns), Guifaxiang mahua (fried dough twists, ear-shaped fried donuts), Tianjin gaogan (dried cakes), Jianbing guozi (deep-fried dough sticks rolled in a thin pancake), suzhajuanquan (fried vegetable rolls), chatang (tea soup), and so on. Local handicrafts are clay figurines Zhang, Tianjin paper-cutting, kite Wei, Yangliuqin new year paintings, Tianjin wood carving, Tianjin carpet, etc. Rose is the flower of Tianjin.

Founded in 1858 (in the reign of emperor Xianfeng of the Qing Dynasty), the Go Believe steamed stuffed bun has a history of more than 100 years. As one of China's time-honored brands, it is the best of the so-called "Tianjin's Three Musts" and one of the world-famous

Chinese cuisines. The bun is made of meticulously selected flour and stuffing with a strict production process. The most distinctive feature in its appearance is the well-proportioned pleats, more than 15 each. The freshly steamed buns are delicious but not greasy, with a delicate smell and delicious taste. There are 98 varieties of buns in six categories of stuffing such as fresh meat, three fresh delicacies, seafood, meat seasoned with soy sauce, and vegetables, with the fresh pork buns as the most popular. In November 2011, the "Traditional handmade craftsmanship of Go Believe steamed buns" was listed in the third batch of national intangible cultural heritage by the State Council of the People's Republic of China.

Tianjin is the place where many musical arts originated and flourished. Tianjin Shitiao, Tianjin Allegro, Jingdong Drum, Jingyun Drum and other musical forms were born in Tianjin; Peking Opera, Hebei Bangzi, Crosstalk, Ping Opera, Storytelling, Danxian (story-telling with musical accompaniment), Plum Blossom Drum, and Xihe Drum all flourished and developed in Tianjin. Modern drama is the most prominent representative of the collision and integration of Chinese and Western culture in Tianjin. In 1906, Li Shutong, a pioneer in spreading Western music to China, founded "Spring Willow Society" and premiered "The Lady with the Camellias", initiating modern drama in China.

Tianjin is known as the Museum of the World Architecture Expo. It has both elegant ancient buildings with carved beams and painted rafters, and many new and unique Western buildings. During the Republic of China, celebrities who had lived in Tianjin included Zeng Guofan, the Governor of Zhili, Li Hongzhang, the advocate of the Westernization Movement, the last emperor Pu Yi, President Yuan Shikai, the warlord Zhang Xun, Gu Weijun, prime minister of Beiyang government, President Feng Guozhang, the warlord Duan Qirui, Sheng Xuanhuai, founder of Beiyang University, and Herbert Clark Hoover, former American President. In the new era, many buildings with different styles have been built in Tianjjin, such as Tianjin Tower, Jinwan Square, and Tianjin Museum. Known as the city of bridges, Tianjin boasts more than 100 various bridges, such as the Jiefang Bridge and the Jingang Bridge.

Under the jurisdiction of Tianjin, there are currently 16 districts, 126 towns, 3 townships, 120 streets, 3,556 village committees and 1,657 community committees. The 16 districts are Binhai New District, Heping District, Hedong District, Hexi District, Nankai District, Hebei District, Hongqiao District, Dongli District, Xiqing District, Jinnan District, Beichen District, Wuqing District, Baodi District, Jinghai District, Ninghe District, Jizhou District.

As of the end of 2018, the permanent population of Tianjin was 15.559 million. There are 53 ethnic minorities in the city, with a total population of 313,300, accounting for 2.56% of the city's population. The top ten ethnic minorities are: Hui, Manchu, Mongolian, Korean, Tujia, Zhuang, Miao, Uygur, Yi, and Tibetan. There is one ethnic township and 53 ethnic villages in Tianjin.

In 2019, Tianjin's GDP increased by more than 4.5%; general public budget revenue increased by 14.4%; fixed asset investment increased by more than 12%; new jobs exceeded 500,000 for the first time, the urban surveyed unemployment rate was less than 5.5% and the per capita disposable income of residents increased by 7%. With further deepening of reform and opening-up, the coordinated development of Beijing-Tianjin-Hebei, Tianjin, and continuous optimization of business environment, Tianjin has achieved steady high-quality development, especially in the service sector, such as software and information technology. Through the project of building the city into a famous software city with famous software parks, enterprises, products and exhibitions, Tianjin is striving to promote high-quality development in software industry. Tianjin is among the first batch of nine pilot cities of the national Data Management Capability Maturity Assessment Model (DCMM) made public at the National DCMM Conference. The establishment of the Tianjin Alliance of Information Technology Application Innovation Industry (Talents) and the winning of the Primary Competition of Advanced Manufacturing Industry Cluster organized by the Ministry of Industry and Information Technology in 2020 have further consolidated the leading position of Tianjin in information technology application and innovation industry in China.

Today, with remarkable improvement of ecological environment, steady implementation of rural revitalization strategy, overall social progress and continuous improvement of the people's living standard, Tianjin, a city with a blend of Chinese and Western cultures, compatible with ancient and modern times, has embarked on a new journey to create new brilliance. Tianjin is like a beautiful pearl shining brightly in Northern China, along the banks of the Haihe River and on the coast of the Bohai Sea.

Mandi Sturrock

Mandi Sturrock started learning Chinese in 1979, and her first job in China was as a teacher of English in a university in Beibei, now part of the mega-city of Chongqing. In 1983 she enrolled on a full-time language course and continued her studies at Beijing University, after which she found a job in UK-China trade, latterly as deputy CEO of the CBBC from 1991 until she set up PanCathay in 2003, concentrating on the city of Tianjin. It was then that she started her deep interest in the city and represented TEDA and TPRE in the UK for many years until her retirement in 2015.

Britain in Tianjin

The UK's association with Tianjin is longer than almost any other western nation. Tianjin is a city, as well as a municipality (having a status equivalent to a province) and has long been viewed as one of the most strategically important cities of China. Not only is it a major port but it was also the site for production of a key foodstuff – salt. Today it also has oil, a thriving pharmaceutical industry, banking, aerospace and many other critical industries.

Although Britain's association grew out of the Second Opium War – an inauspicious beginning, nevertheless the relationship flourished with a symbiosis which few would have envisaged. Maybe it was because of the industries and western ideas – the railway, local newspaper, postal service and schools, which came with the UK and other western powers.

So, take a walk around the old British Concession these days. The streets are narrow, tree-lined and with twists and turns. On Victoria Road (now Jiefang Bei Road), there you will find the old banking district with many fine Victorian-style buildings.

A bank on Victoria Road from the concession era; and the HSBC building now

Standard Chartered built an impressive building in this street – now the post office, as did Swires and Jardines. Wander through Victoria Park (as it was called) and one feels as if a bandstand should come into view at any minute. In fact, there was a fine Chinese pavilion where the band used to play as people promenaded on Sundays or festival days. Just off to one side is the remains of Gordon Hall where the former British Municipal Council were stationed. The

Old British Club (now the Tianjin Peoples Congress) looks like many of the gentleman's clubs that you would see along St. James's in London. The Astor Hotel, facing the park, where many famous visiting dignitaries stayed (J. Edgar Hoover amongst others) still has a Victorian feel about it. They have assembled an interesting museum of artefacts in the basement.

In many of the lesser streets nearby you can see terraces of rather fine houses which look like something out of any British suburban street from the 1930s. And the now refurbished No. 55 Chongqing Road, as the plaque outside will tell you, this was the former home of Zaizhen, one of the last princes of the Qing Dynasty. He was related to Puyi, the last emperor. He visited the UK to attend the coronation of King Edward the 7th in 1903. He lived here until his death in 1947. Prince Qing Palace is now a very classy hotel and restaurant. The beauty of the interior has been maintained. It was carefully preserved during the intervening years when it was the Foreign Affairs Office of the city government.

If you cross the road, in one direction, you will find the former home of Eric Liddell, the famous Olympic champion. Liddell, the son of Scottish missionaries, and a missionary himself, won the men's 400 metres in the 1924 Olympics. If you walk several paces back from his house, you will come across the running track where he used to train. It is now an upmarket open-air shopping mall and leisure space; but it is still recognisable as a stadium. I'm sure it's common knowledge that the film *Chariots of Fire* was based on his life.

He spent a large part of his life in China and, sadly, was imprisoned during the Anti-Japanese War, where he was interned in Weixian in Shandong. He is buried there, and his grave and memorial stone can still be seen.

Certain leisure occupations were important to the western powers which occupied these concessions areas. One of these was horseracing. Racecourse Road, as it is still called (Ma Chang Dao in Chinese) runs from the centre of the city down to the southwest. From the top floor of the Crystal Palace Hotel on Friendship Road you can still see the outline of the race track, now a lake and garden inside the State Guesthouse. Still standing within that park is the old British clubhouse.

In terms of history and culture, Tianjin is a surprising place. The city itself has a familiar feel for Europeans because Tianjin became a treaty port in 1860 and nine national concession areas were granted. The British concession was the largest – partly because the Americans gave over their area to the British, and many of the original buildings still remain.

All Saints Church, looks as if it has been removed from a small village in England. It is not open but has been extensively restored. When I first visited Tianjin it languished behind a wall and was being used as an electronics factory, but it has been resurrected from oblivion – which is true of many of the buildings in the concession areas. It is not as impressive as Xikai Catholic church in the French concession area but looks easily at home in the British concession area.

All Saints Church

One woman, a famous Tianjin writer and broadcaster called Hang Ying, has done an admirable job in conserving the concessions from the expansive plans of several generations of city planners hankering after a field of skyscrapers. Her little museum on Hebei Road (previously Wellington Road) is a tribute to the unique atmosphere of Tianjin at the turn of the 20th century. In one of the original houses on the street, she has collected books, photos and other memorabilia from the concession era and is a fount of knowledge about the various buildings which still exist.

Tianjin also has some very interesting relics of its own Chinese history. A short distance outside of the city centre is a truly fascinating find. Yangliuqing Museum is the preserved home of a wealthy merchant official of the 19th century. Built in a traditional courtyard style, it is an intricate puzzle of drawing rooms, dining rooms, bedrooms and inner courtyards. It even has its own school and theatre. Tianjin also has a culture street, much like Liulichang in Beijing, reconstructed in the style of the original city. There are the traditional temples and a good antiques market in the centre of the city which is well worth a visit – especially if you arrive early in the morning.

Brian Power wrote *The Ford of Heaven* – the meaning of the word Tianjin in English, in 1984. Brian was born in Tianjin in 1918 and grew up there until leaving in 1936 for further education but, because of the Second World War, would never return until much later. He was living in London when I went to have tea with him in 2005. He had vivid memories of his childhood in Tianjin and had only returned once, with one of the few tourist groups which were organised, during the 1970s. He was very keen to go back to revisit his childhood memories. It was a very special time when we revisited together in 2005. He was very excited to see his old home on Meadows Road and to show me his old haunts in the nearby streets to his home. He wrote this very touching and moving autobiographical account about the British Concession era in Tianjin, from his childhood and his vivid memories.

Around 2006 I began to notice huge changes in the city. There was much construction and a lot of traffic which was the harbinger of huge changes connected with the 2008 Olympics. Tianjin was to host the major football tournaments as it had two of the most advanced football stadia. So the transport had to be upgraded to meet the needs of international visitors. Where it had taken roughly two and a half hours to get from Beijing to Tianjin previously, once the new high-speed train was in service, the journey took a mere 29 minutes. This single change has revolutionised the city and meant that a one-day visit to Tianjin was perfectly possible. The concession areas benefitted greatly from this period of renovation as many areas were preserved or restored.

Since the re-opening of Tianjin to overseas investment many UK companies have set up significant operations in the city. Unilever, Standard Life, BP, Shell, along with HSBC and Standard Chartered, all have invested there. Wellington School has set up in the city providing a UK-style education in a building that looks remarkably like the original in England!

The centre of Tianjin is a manageable size and is therefore a great place to visit and walk around. Take a tour in a horse-drawn carriage; or hire a bike for the day. There's so much to see and do which is unlike any other experience you can have in China.

Sun Zhongqi

Sun Zhongqi, born in Baicheng, Jilin Province, has been living in Tianjin for six years. He studied in Tamkang University as an exchange student and currently is a graduate student in the Faculty of History of Nankai University. His main research direction is East Asian exchange history in Ming and Qing Dynasties and won the 11th National Award for Outstanding Young Scholar in the Studies of History. In the past few years he has participated in several academic forums, with papers published in *Journal of Historical Science*, *Journal of Maritime History Studies*, and *Journal of Qing History*.

Old Tianjin in the Memory of Three Foreigners

The splendid Chinese civilization was bred in the vast and fertile plain of the Orient. In between the ocean and the land, Tianjin, the huge northern harbour, is particularly notable. Nurtured by the Beijing-Hangzhou Grand Canal, Tianjin was at the heart of the nation's food transportation in Ming and Qing Dynasty. As it was also Beijing's gateway towards the sea, Tianjin naturally became the portal for the Capital in the late 19th century. Thanks to such unique historical background, both western vitality and traditional imperial comportment are entailed in the city of Tianjin.

Since modern times, a great number of missionaries, scholars, diplomats and soldiers came to Tianjin. They portrayed the city with exquisite styles, and left us with their beautiful memories of the city a hundred years ago. In 1907, *В. Н. Алексеев,* a famous Russian sinologist, conducted an academic research in northern China together with the French sinologist Emmanuel-èdouard Chavannes. During this period, he was deeply impressed by Tianjin. As a folklorist, Алексеев went to Yangliuqing, where he could find traditional new year paintings that he was most interested in. In his diary he wrote: "New year paintings here have an extraordinary range of subjects. To be honest, I don't think there are any other countries in the world with China's ability to fully express themselves through unpretentious paintings...I am amazed by the formation, the clear composition, the bright color and the wonderful conceptions of these paintings. They are inheriting a tradition lasting for 3, 000 years." Today, the new year painting in Yangliuqing remains a name card of Tianjin, reflecting Tianjin people's love of life and pursuit of happiness. I believe it is also the common wish of people all around the world. Moreover, Алексеев noticed the hospitality of Tianjin people: " No matter when and where you are, the doorkeeper is always polite and friendly. He made us tea and refused to charge." Just like the old Chinese saying goes, "It is always a pleasure to greet a friend from afar". The great characteristics of Tianjin people is vividly depicted by the century-old journal of the Russian scholar.

China's Tianjin and the world's Tianjin intertwined in the same time and space. In 1899, Japanese historian *Naito Konan* came to Tianjin, in his words there is a different side of the city: "Li Hongzhang is the Minister of Beiyang Commerce and governor of Zhili (today's Hebei province). Ever since he moved the army headquarter here from Baoding, he has been fully devoted to absorbing the new cultures from the Occident. Therefore, there are many schools and factories in Tianjin." Li Hongzhang was hailed as "China's Bismark" by Europeans, and Tianjin as China's Hamburg. At that time, Tianjin Manufacture Machinery Bureau was the largest factory in north China producing lathes, boilers, and guns. Civil enterprises, such as the China Merchants Steamship Navigation Company, Kaiping Mining Bureau, Huayang Post Agency, and Tianjing Telegraph Office, embraced rapid development in Tianjin. China's first modern university, Beiyang University, was also established in Tianjin. Afterwards, Naito met with Yan Fu, Wang Xiuzhi and Chen Jintao, who all lived in Tianjin. When it comes to Yan Fu, Naito Konan said, "He speaks perfect English and has finished translating Huxley's work, which has been published with the name *Tian Yan Lun* (Evolution and Ethics). From his face one can easily tell this is a man with courage and confidence. At the time when the whole society is silenced by the suppression of the coup, he stays outspoken in his own remarks. He is no doubt one of the top notches here." Just like Naito said, as the intersection of Chinese and Western cultures, Tianjin today is still the Chinese city with the closest connections to the rest of the world, and the city that is most familiar with western rules. In terms of thinking modes, Tianjin's openness and diversity is second to none.

This is exactly the reason why many foreigners chose to live in Tianjin. Brian Power is a British born in Tianjin and spent the first 18 years of his life in this city(1918-1936). In his late-life memoir *Life in the Concession Area- An Englishman's Childhood in Tianjin,* he portrayed the daily life in the concession area of Tianjin. He lived near the Victoria Park (now Jiefang North Park) and grew up with both Chinese and foreign friends. The market in the British Concession can best reflect the harmonious relationship of people from various countries: "There were hundreds of Chinese people talking and laughing in the market. The vendors hawked their wares, and the air was filled with all kinds of smells: fresh mud on the kale, fennel, garlic, and soybean....On the other side of the market there was a tall wall of the granary, where acrobats, storytellers, magicians and jugglers all gathered to perform." Among them, Tianjin's traditional craft "Clay Figure" attracted Power the most. Such vivid descriptions of the daily life can be found everywhere in his book. In the past, he used to visit the Zizhulin Church with his mother. And in winter, he ran across the frozen Haihe River to the Russian Concession with the maid's children. Together with his French friends, he went to school in the French

Concession. After leaving Tianjin, Power dearly missed the time he spent in this city. In 1973, 1991, and 2005, he revisited Tianjin for three more times. The overpassing expressways, Tianjin Port, foreign-funded enterprises, and Tianta (Tianjin Tower) deeply amazed him. The relics of the concession era are now Tianjin's cultural heritage. "The young generation of China has their own values and dreams. They view the world from the perspective of a Chinese citizen, and are confidently stepping towards the future."

Different sides of Tianjin can be found in the writings of the three foreigners. It is at the same time a part of the Chinese empire, a portal city and an industrial centre. Hundreds of years have passed by and many things have changed, while the characteristics of Tianjin stay the same. Standing at the junction of land and sea in the north of China, Tianjin is ready to embrace a brighter future in this age of globalization.

Today, standing on a new starting point of a friendly environment in which people live in peace and contentment, Tianjin, the giant ship named "Haihe", will surely brave winds and waves and sail smoothly to a bright future, making new and brilliant achievements in the era of globalization.

Letizia Vallini

Letizia Vallini received her master's degree in Italian Culture and Language for Foreigners after graduating from the University of Bologna in 2013. That same year, Confucius Institute provided her a two-year scholarship to enroll in the Master of Teaching Chinese to Speakers of Other Languages at Nankai University's College of Chinese Language and Culture. In 2015, after her graduation, Letizia started working at Nankai University's International Relations Office, where she coordinated several academic projects between NKU and many Italian and European universities. In 2017, she joined the team of Nankai University's Italian Department, where she currently teaches Italian Language and Culture. In May 2020, Letizia was awarded a special mention of the Tianjin Municipality's Haihe Friendship Award for developing friendly relationships between China and Italy.

Tianjin: Two Countries, One Heart

Relations between Italy and China have a very long history that can be traced back to the Venetian merchant Marco Polo and the missionaries Matteo Ricci and Matteo Ripa, to name just a few of the most famous characters. When we talk about the commercial and cultural exchanges between the two countries, it is impossible not to mention the Silk Road, that endless corridor that began in Chang'an, the ancient "city of perpetual peace," and ended in Rome, the legendary "eternal city." It would also be impossible to talk about the friendship between Italy and China without mentioning silk, spices, and all those products that have allowed the Silk Road to become a legend and leave its mark on the whole world.

Silk seems to be the common thread that connects the friendship between Italy and China. If we want to get closer to our era on an imaginary timeline, relations between post-unification Italy and the Chinese empire officially began in 1866, when the frigate captain Vittorio F. Arminjon was asked to sail to China and Japan on a diplomatic mission. The primary purpose of the mission was the fortification of Italian commercial enterprises, starting with the silk industry, the eponymous industry after which the Silk Road was named.

In the context of international trade relations, Tianjin had always played a role of great importance in the economy of northern China for three main reasons, the first being its strategic function as a commercial and military port, a function it has maintained to this day. Another factor that allowed the development of the city is its proximity to the capital, especially after the British opened the first railway to Beijing in 1897. Last but not least is the passage of the northern section of the Grand Canal in the city center: its construction began during the

Sui dynasty, and its existence was even mentioned by Marco Polo, who personally visited Tianjin and called it the "heavenly city." The Grand Canal was, and still is, the longest fully navigable artificial canal in the world. Hence, it played a crucial role in goods transportation from Tianjin's port to all of China, especially to the capital, located 160 kilometers away from the sea. Therefore, Tianjin is particularly important in the eyes of its Italian partners and friends, as Italy is famous in the collective imagination as a "nation of navigators."

In the early 1900s, Tianjin was a well-known city, so much so that we can find descriptions and appreciations in the writings of numerous Italian militaries, merchants, and travelers. A few years ago, out of personal interest, I decided to deepen the research on the Italians who have lived in Tianjin. I then discovered the letters of Giuseppe Messerotti Benvenuti, a military physician and lieutenant sent to China to open an Italian hospital in Beijing. Lieutenant Messerotti Benvenuti, born in the province of Modena just like me, had visited Tianjin, the city where I have lived for many years, over a hundred years before me. What could he have thought of this city? Messerotti Benvenuti knew Tianjin well before arriving there: "Tianjin is much larger and more beautiful than Beijing, while the latter does not reach 500,000 inhabitants, Tianjin passes 900,000"[1]. At the beginning of his journey,

---

[1] Battaglia P., Labanca N. (edited by), *Giuseppe Messerotti Benvenuti, un italiano nella Cina dei Boxer. Fotografie e lettere (1900-1901)*, Modena: Associazione Giuseppe Panini archivi modenesi, 2000, letter n. 5.

the lieutenant knew little about China, its people, and its culture. Still, the year spent between Tianjin and Beijing was undoubtedly a great help in discovering its beauty and grandeur. On several occasions, he repeated that Italians had a lot to learn from the Chinese.

Over the centuries, how many Italians have felt the feelings of respect and love described by the lieutenant? Countless, and it is certainly no coincidence: over time, Tianjin has been the center of friendship between Italy and China. One of the central reasons for this friendship can be found in Tianjin's former Italian Concession.

The Italian Concession, founded in 1902, was locally known as the "aristocratic concession" thanks to the great efforts of Vincenzo Fileti, administrator between 1912 and 1920, and his successors. Famous for its stately villas and verdant gardens, from the 1920s to the 1940s, it was the beating heart of the friendly relations between Italy and China, as well as one of the favorite places of residence for many Chinese intellectuals and famous people. Many buildings showed the typical traits of Italian architecture of the first half of the 20th century. Thanks to the help of the Chinese Government, today, we can still admire these magnificent buildings.

The former Italian Concession, now renamed the "Italian Style Area," has returned to its former glory thanks to the restructuring process started in 2004 by the Chinese Government and the Italian Sirena group. The Italian-Chinese project dealt with the renovation of about twenty facades of the 80 buildings currently present to give new impetus to the commerce and tourism of this area of the city. The visit to China of the then President of the Italian Republic Carlo Azeglio Ciampi in December 2004 was also essential, as he had the opportunity to visit the exhibition *Road to Tianjin: One Thousand Years of Relations between Italy and China* held at the Italian Institute of Culture in Beijing.

Thanks to this new impetus and the close collaboration between the governments of the two countries, the unique Italian Style Area has become a popular place among Chinese and international entrepreneurs. Even the famous director Giuseppe Tornatore chose it as a set to open a film club named after the work that earned him the Oscar for the best foreign-language film: *Nuovo Cinema Paradiso.*

Today, as we stroll through the streets of this beautiful neighborhood, we feel like we are in Italy, on the set of one of Tornatore's films. The Italian Style Area is undoubtedly one of the landmarks of Tianjin's tourism, an element that acquires even more importance this year. 2020 marks two significant milestones for the history of relations between China and Italy. Not only was the "Year of Culture and Tourism" inaugurated on 23 January, but the two countries are also getting ready to celebrate the 50th anniversary of the establishment of diplomatic relations between the Italian Republic and the P.R.C. later in November.

In this particular year, tragically marked by the COVID-19 outbreak, during the long quarantine days, each member of the Italian community in Tianjin was thinking about the Italian Style Area. As soon as the security measures were lifted, we could finally set foot in the Italian Style Area to savor its colors, flavors, and scents and return, even if only for a short time, to our beloved Italy. When I miss my hometown, I, like the many other Italians who have decided to make Tianjin their permanent home, go to the Italian Style Area. This famous spot is a place loved by tourists and residents, whether they are Chinese, Italian, or of other nationalities: it is the perfect place to eat a good pizza, savor a cup of coffee on the outdoor tables or admire the beautiful buildings. There are so many beautiful places in this small area that it would be impossible to choose the most beautiful. However, there is one place that you cannot miss: Piazza Dante. Why is this "piazza" so unique? Because of its name: the word "piazza" is enough to awaken beautiful memories in the heart of every Italian, and if we add the homage to Dante, our great national poet, the result is perfect.

The Italian Style Area perfectly embodies over 1000 years of friendship between China and Italy. Just like the Italian missionary Giuseppe Castiglione is known for merging East and West in his works, Tianjin's Italian Style Area combines Versilia inspired architecture and design with the vibrant Chinese culture. The result is the perfect example of a city with an inclusive, international, and multicultural profile. Inclusion, multiculturality, and cultural communication: these are the core values we try to teach every day to the students of Nankai University's Italian Department, another of the elements that connect Tianjin to Italy. We take our mission very seriously as we believe education is the way to build a better world. While we tell our students the fascinating history of friendship between China and Italy, we encourage them to become ambassadors of the two cultures, precisely as Tianjin has done for over a millennium.

Henri Vullierme

Henri Vullierme, Chairman and Founder of Uniligne studied pure mathematics and physics at Paris VI and gained diversified experience as an analyst for Corporate Finance and retail.

Moving Frames — The Life and Travels of a Universal Geometer

Born in 1911 in Jiaxing, Shiing-Chen Chern (who died in 2014) was undoubtedly one of the greatest mathematical minds of the XXth century and the father of modern Chinese mathematics. Specialists consider him as one of the founders of differential geometry, a major field that takes its roots into Leibniz and Newton's differential calculus, and in the later decisive works of Gauss on curves and surfaces. The importance of differential geometry in modern science could hardly be overstated. One of the central efforts of XXth century mathematicians was indeed to extend its concepts and results to initially unrelated fields such as number theory. It has also become ubiquitous in physics as the very language of the infinitely large, via the general theory of relativity as well of the language of the infinitely small via the standard model of particle physics.

The underlying idea behind differential geometry could be summed up quite easily: it is to start from local, straightforward conditions to draw global considerations that are generally non calculable. The mere determination of the length of a curve using a simple ruler is a typical problem in differential geometry, to which it nevertheless offers a rigorous and satisfying solution, although the ruler, is, in the end, the only tool a mathematician has to measure things. In a similar fashion, mathematicians care to provide calculations in situations where they are seemingly "absent", or out-of-reach. This approach is nowadays generalized in geometry, and through it, in large chunks of the whole mathematical science. It is pleasing to observe that geometry itself, as a science, can be described from the outside, by the use of such reasonings. It is produced by local mathematicians, each working within its own narrow specialty domain, from which emerges unified theories of global reach.

Of that phenomenon, Shiing-Chen Chern is himself a neat example. There is today no longer a universal mathematician able to grasp, in its globality, the developments of all of mathematics. But there are some of which the contribution allows the sudden understanding of concepts separately elaborated by other mathematicians, working within the boundaries of their narrow specialties. To reach this goal, one needs to have a mind both rigorous enough to seek connections with the language, culture, the intentions of other mathematicians contemplating different perspectives. Similarly, one needs to possess the capacity and desire to translate complex ideas, of which the terminology isn't yet completely fixed or determined, to other colleagues that often work with another terminology, in neighboring or exotic sectors, giving them the desire to collaborate on something that then becomes a unified field. Unalike what the layman often imagines, the sensitivity of a mathematical genius first steers him to discernate intuitively and making others appreciate mathematical beauties that remained until then unseen. By his intuition, his finesse, his openness to others, his patience to understand and teach them, Shiing- Shen Chern was one of these men.

Early Life

Shiing-Shen Chern's first contacts with mathematics started at a very young age. He was homeschooled at his grandmother's house until the age of 9, where he entered school in the fifth grade. He had already developed on his own a solid knowledge of arithmetic by intensively solving all the exercises found in the three volumes of the

Bi Shuan mathematics book.

His father, who worked for the Chinese government, moved to Tianjin in 1922 where the young Shiing- Shen entered middle school and pursued to self-teach in mathematics, quickly reaching a much more advanced level.

Impressively but not suprisingly, Chern successfully passed the notoriously difficult Nankai University's college entrance examinations at the age of 15.

The birth of an international geometer

While at Nankai University, Chern completed his undergraduate studies within the context of the newly created mathematics department founded and led by Lifu Jiang.

Lifu Jiang had an foundational influence both in the international recognition of Nankai University until this day, and on the orientation of Chern's career. He was himself one of the first Chinese mathematicians to have studied and earned his PhD abroad, in Harvard, before coming back to China.

He introduced Chern to the works of W. Blaschke, an important German mathematician, with whom Chern later studied and worked in Hamburg.

Lifu Jiang was himself a geometer, and a very exigent teacher, which perfectly corresponded to Chern's everlasting eagerness to learn more. Jiang and Chern understood and trusted each other very well. Their relationship took another form, in 1946, when the Chinese government charged Jiang to establish the mathematical department of Academia Sinica and when Jiang nominated Chern among its committee members.

After completing his undergraduate studies, Chern went to Tsinghua University, which was then one of the only schools in China to benefit from international exchange programs. In that context, he arrived in Hamburg in 1934 and completed his PhD under the direction of Blaschke two years later.

During that time, Chern met and worked with Erich Kähler, another important German mathematician, one of the fathers of complex differential geometry (namely, differential geometry using complex numbers). It was the occasion for Chern to get a first grasp of the works of Elie Cartan, and Cartan's vocabulary of differential forms and moving frames to this day ubiquitously employed in all of mathematics, but at the time not really well understood ; initiating what became one of the most fruitful collaborations in modern mathematics.

Chern met with Cartan in 1936. Cartan was astonished at the ease with which Chern was able to grasp his own ideas, immiedately creating a deep sense of familiarity between the Chinese prodigy and the French mandarin. Quickly, they had set up a bi-weekly habit to meet with each other at Cartan's home, at the initiative of Cartan, to discuss without external constraints. This is where Chern intensively impregnated himself with all of Cartan's ideas and language.

The professor

This collaboration propelled Chern to the status of Cartan's main colleague. He was therefore almost immediately appointed professor by Tsinghua university in 1937, where he came back, and taught for 6 years.

Tsinghua had then formed an important consortium of Chinese universities, with Nankai and Beijing University, based first in Changsha, then in Kunming, in the beginning of year 1938. 800 students and staff faculty then fled to Kunming after the Japanese army started the tragic bombings of Changsha. In Kunming, the consortium took the name of National Southwest Associated University (Lianda). Despite this tragic context, Lianda did not take long to shine as an important scientific institution of international recognition, already counting among its students illustrious figures like the Physics Nobel Prize C.N Yang (a student of Chern that had used Chern's philosophy and Cartan's formalism to revolutionize Field theory in Physics).

In 1943, at the apex of WW2, Chern was invited by O. Veblen to the prestigious Institute of Advanced Study in Princeton.

It then took Chern a full week to reach the United States, by military plane.

The IAS is – still to this day – the most prestigious scientific institution in the world. Its unique character, defined by the absolute freedom guaranteed to its residents, in the most peaceful and quiet conditions possible. The most illustrious scientists of the XXth century have honoured the IAS of their presence, and their works generally thrived when elaborated within its walls. In the case of Chern, this is where he produced two of his most important contributions, and the ones by which he is the most acclaimed to this day : The generalization of the Gauss-Bonnet Theorem and the invention of Chern classes, a certain type of characteristic classes in the complex case.

After these two fertile years in Princeton, Chern came back to China in 1946, at the Academia Sinica in Shanghai, where Lifu Jiang had been appointed chairman of the organizing committee of the new Mathematics Department. Like in Nankai, the department became very quickly internationally renowned. Chern held a teaching tenure, where he insisted on personally training the brightest young Chinese mathematicians on the most recent developments of differential geometry and topology. It created an entire school of research, still active and influential to this day.

In 1948, Chern left the Academia Sinica and returned to the United States, first in Chicago, where he taught mathematics to countless students, which extended even more his notoriety. His courses on differential geometry were internationally renowned and appreciated by students all over the world.

In 1960, attracted to the more favorable climate of San Francisco, perhaps weary of Chicago's extreme winter colds, Chern arrived in Berkeley. His presence catalyzed the young mathematics department, which quickly reached world class recognition, very much alike all the other early and young mathematics department Chern gratified of his presence. He was one of the founding members and director of the MSRI (Mathematical Sciences Research Institute), a mathematical equivalent of the IAS in Berkeley, and now one of the three most important mathematical research departments in the world.

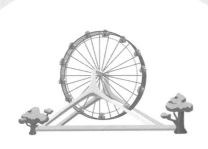

Today

Radek Cais

A Canadian national with Bohemian origins, Radek Cais currently serves as General Manager leading the The Ritz-Carlton, Tianjn and The Ritz-Carlton Executive Residences, Tianjin. Mr. Cais and his family live in Tianjin, China as their home. Prior he opened The Ritz-Carlton Abu Dhabi, Grand Canaland then moved on to open The Nile Ritz-Carlton, Cairo. He also served 16 years with Brussel's based Rezidor Hotel Group, taking him on a global journey serving in destinations such as Shanghai, Stockholm, Oslo, Amsterdam, Manama and more.

City of Bridges

As you approach Tianjin's city center your heart lifts. Eyes exploring, head turning left - right taking in the multifaceted contrasting architecture of the historical city; it is all unexpected. There is a wonderful blend of modern architecture, Chinese architecture and late 19th and early 20th century European styles. In some ways you might mistake that you have arrived in an East Coast American city.

The Hai He, Tinajin's beautiful river, winds through the city creating the next visual and emotional cue that captures your eyes and stirs emotions. As you cross one of the Hai He's many dramatically designed bridges and you gaze down the river, several other bridges cascade into view. Suitably this is where my storytelling begins; because it is the Hai He bridges that best speak of, that best express Tianjin's numerous qualities and attributes.

As you cross the Baoding Bridge towards the Heping area you are captivated by a collection grand neo - classical - style red brick buildings. Surrounding these buildings are other Renaissance, Greek, Gothic and Eclectic European structures. Then further in the distance you gaze up at towering modern skyscrapers. This is where Tianjin bridges old and new, modern and classical.

Turn left on Dagu North Road and you approach my favorite building in the city. But I am prejudiced. The beautiful and iconic building is The Ritz - Carlton, and it is where I have the privilege and honor to be the general manager. The hotel's grand neo - classical - style is alluring and I have no qualms to say, and with full conviction, that it is one of the most beautiful hotels, not only in Tianjin, not only in China, but on the entire planet. It is also a testament of the conviction of the city's leadership to strategically position Tianjin as a global city, to bridge Tianjin to the rest of the world.

While the landmark hotel was designed by the Tianjin Academy of Urban Planning and Design, the resplendent interiors were crafted by luxury hospitality designer Pierre - Yves Rochon, dramatically reflecting Tianjin's unique heritage and European influences. One can spend an entire day discovering the stunningly beautiful property. In praise to the design and collection of artworks the hotel conducts a daily "Art Tour" to discover the beautiful pieces of art on display at the property.

Classical interiors are juxtaposed with bright modern Strikland designed restaurants; a bridge from classical to ultra - modern. A favorite hotel feature of mine is the magnificent peaceful courtyard. Breathe deep its calm in the heart of the city, or mingle with The Ritz - Carlton guests and residents while taking in the grand neo - classical architecture, fountain and blossoming trees in season.

The Ritz - Carlton serves as a "bridge" on multiple levels. It is not only the style that bridges the history of Tianjin to the present. It bridges people. The hotel's Grand Ballroom is a celebrated venue in Tianjin for weddings. Thereby bridging couples and families on their new life journeys. Likewise international travelers come from all over the world bridging commerce from Tianjin the rest of the globe and vice - versa.

Even the hotel's culinary chefs are bridge - makers. The "baozi" is a type of filled steamed delicious yeast dough bun. It is a enjoyable treat celebrated in Tianjin. The Ritz - Carlton chefs found a way to modernize this wonderful comfort food and transform it into a marvelous lavish treat employing luxury Western style ingredients.

The traditional steamed bun is adapted by filling it with luxurious ingredients such as duck liver with Black Angus beef or Australian scallops and prawns with a rich luxuriously creamy cheese sauce. The combinations bridge traditional comfort food with luxury as well as bridging tradition with inspired inventiveness.

Victoria Park, facing The Ritz - Carlton, was first opened on 21 June, 1887. Today it is the meeting point for local "Tianjin Ren", or local Tianjin citizens, who gather to sing, play games and practice tai chi together. The park bridges the past to the present and is a bridge of shared activities for locals. The Grand Entrance of The Ritz - Carlton, Tianjin is a bridge to the people - culture of the city found in the heart of Victoria Park.

The people of Tianjin are playful as well as hard working. They are proud but not in an ostentatious manner, no it is a humble pride, a pride full of confidence. Tianjin people also have a subtle, hypnotic charm that will catch you off guard. Spend a short while with them and you will find yourself flattered and charmed. They are specialists at bridging hearts.

There is no better way to describe their character than to share a story of their popular art form. Their art of charm is expressed through the Talk Show or Cross - Talk, a tradition that dates back to China's imperial Qing Dynasty. It is a show where the performer creates a skillful play of words that essentially sounds a lot like a type of rap! While Tianjin locals enjoy these performances in tea houses while sipping tea and crunching sunflower seeds, I bring the performers to The Ritz - Carlton from time to time to delight our guests in experiencing the local culture. Once we had a group of visitors from Hong Kong who we immersed in this tradition. While they were dining in our Tian Tai Xuan Chinese restaurant, the cross - talk artist entered to perform his craft. I do not understand Chinese so unfortunately cannot share the story - telling, but I can share that I saw the Hong Kong group of visitors cry with laughter.

Tianjin bridges the globe on an industrial scale as well. Three of the most famous international companies, Airbus, Toyota and VW all have large factories here. And there are many other global partnerships. The in-depth and mutually beneficial cooperation with these partners has boosted Tianjin's economy to a new height. Today, Tianjin's economy is gaining momentum with the emergence of new technologies and business forms and the transformation of traditional industries.

I firmly believe that Tianjin also has a bright future, visitors can take comfort in discovering this destination before it becomes well - known. So do allow me to bridge today to the future. The heart of Tianjin with its blend of European and modern architecture, the Hai He with its many inspired bridges, and decisively its charming citizens, is destined to become an ultra - popular tourist destination. I foresee the heart of Tianjin filled with art studios, boutiques and international as well as local restaurants filled with tourists from around the globe forever bridging this lovely city to the rest of the World.

<table>
<tr><td>

Yvan

Collet

</td><td>

Yvan, born in Paris, entered the famous FERRANDI Paris, an internationally-recognized school of culinary arts, at the age of 15 to learn the basics of French cuisine. He came to China at the age of 21 and has worked in well-known restaurants such as Fusong in Beijing and Yong Foo Elite in Shanghai, after which he opened his own restaurant Chez Max in Guangzhou. Currently he works as executive chef at Shangri-La Hotel, Tianjin. He has travelled to Tianjin many times in the past and is closely connected with with the city.

</td></tr>
</table>

Tianjin Gastronomy

We say that appetite comes with eating.

This is even more true when one strolls through the winding streets of Tianjin. Extraordinary culinary choices are offered up to those who would like to enrich their gastronomic knowledge.

The first specialty that comes to mind - and to the mouth - when we talk about Tianjin cuisine, is the famous mahua (fried dough twists). Sweet, salty, crisp, mellow, different flavors are found in different forms. And the most interesting thing about mahua is that when guessing its texture or a certain taste, there would always be something surprising and pleasant.

Among all three meals in a day, breakfast is probably the one that offers the most originality. Every morning, hundreds of people bustle about the stalls or in the street, ready to face long queues. Even if they are in a hurry, people in Tianjin are always patient to wait for a few bites of these traditional delicacies.

Among them, Jianbing-guozi (Chinese savory crepe) is probably the standard bearer of Tianjin breakfast. A thin layer of batter, made from green pea flour, is cooked on a pan with egg pulp; the crust is then smeared with sweet bean sauce and fermented bean curd. The pancake is finally rolled over with youtiao (deep-fried dough stick) or baocui (crunchy fried cracker), and dressed with sesame tops. People also add chili oil before eating. It is really a delight mixture of crispiness and mellowness, spice and salt.

Zhagao, is made of glutinous rice dough. The filling is bean paste made with red beans and sugar. This dish is fried and served very hot.

Guobacai is famous for its soup base, which thickens star anise, clove, cardamom seeds, celery stalks, leek and garlic with cornstarch. Guobacai starts out as pancakes made of grain and bean flour before being sliced into linguine-like noodles. Then they are soaked in with a topping consisting of fresh coriander, sesame paste, fermented bean curd and chopped garlic.

Laotofu is a dish made with fresh tofu. We also add in fresh coriander, sesame paste, fermented bean curd, chopped garlic and chili oil.

Baozi, another culinary emblem of Tianjin, are steamed stuffed buns with minced pork or vegetable fillings. It is often savoured with vinegar.

Sujuanquan (sprout roll) is a fried snack stuffed with sprouts, fresh coriander and grated carrots. Flavored with fermented bean curd and sesame cream, this dish is fried and served hot.

Chatang (tea soup) is a liquid dish made from sorghum flour, lotus powder, sesame seeds, crushed nuts, white or brown sugar and raisins. Boiling water is poured from a large, old-fashioned copper tea kettle, a very traditional Tianjin utensil into the bowl with all the prepared materials. It is now ready to be served.

Shuligao is a small rice cake baked in a wooden mould, which is steamed in a pressure cooker. It is served with jam, often in strawberry, kiwi or mango flavor.

You can also try culinary specialties that can only be found in Tianjin restaurants:

Coated with flour and corn-starch, the fish is deep fried and thus features with its crispiness. The dish is then drizzled with a sweet and sour sauce, which procures the fish all its charisma.

Guotaliji resembles a flat omelette stuffed with pork slice. It is covered with a sauce made from chicken broth and soy sauce.

Bazhentofu is a dish prepared with eight different ingredients, as the name suggests. There are usually tofu, abalones, calamari, sea cucumber, dried scallops, shrimp and chicken.

Laobaosan is a stir-fry of kidneys, liver and pork tenderloin, flavoured with soy sauce and rice wine.

Another characteristic of Tianjin cuisine is Dongcai (brine vegetables). Its making takes six months and requires a lot of patience. The ingredient, Chinese cabbage, is brined with garlic and then fermented. This pickled vegetable is often used in soups or fish dishes.

The best place to discover these delicacies is probably the Gastronomy Street, or "Shi pin jie". There, you will find a number of culinary choices, from a simple street vendor to a gourmet restaurant, all in a lively and animated atmosphere.

Knowing more than how to feast, Tianjin cuisine understands how to bring people together. It witnessed people taking their seats every morning in small restaurants, or waiting patiently to bring breakfast home.

It is the same case with Tianjin-- the need to be together and to share a moment. Regardless of mood and weather, it is important to have a meal with family or friends.

Peace and tranquility are what define happiness.

Bruce Connolly

Bruce Connolly is a photographer and writer from Scotland. He first travelled to China by train in 1987. Having developed a strong fascination for China, he came back to live and work in Guangzhou from 1992 to 1993. Since then he has travelled across the country and is currently based in Beijing. He has worked for many years with Radio Beijing and more recently with China Daily, contributing many articles on China. He also has a strong passion for Tianjin and his photographs of the city are exhibited at the Shangri-La Hotel, Tianjin. Bruce Connolly was filmed in Tianjin for BBC Scotland production 'Scots in China'.

Tianjin, the "Ford of Heaven", a City to Discover

To anyone arriving at Tianjin for the first time, the city looks and feels quite different to Chinese urban norms. Emerging from the main railway terminal, a few minutes walk leads to the peaceful landscaped banks of the Haihe River. Directly ahead steel-framed Jiefang Bridge, an historic icon, constructed in 1927, it connects with the former French Concession area. That bridge and its sur-rounds contrasts with the high-rise profile of Jinwan Plaza and gleaming 337 metre tall

World Fi-nancial Centre. Both stand as contemporary symbols of an increasingly modern skyline.

It is worth pausing, as I do regularly, by the Haihe, to think for a while about Tianjin, its history, the river and what is it that makes the city so different. Obviously the Haihe is an eye-catcher but also for centuries, a catalyst in the city's growth. Much of Tianjin is level, lying only a few metres above sea level. It rests on vast accumulations of river-borne alluvium, material deposited slowly over time. Indeed go back many centuries, where Tianjin is today was once the sea into which the Yellow River discharged   heavy loads of sediment forming the extensive flat terrain of today!

The Haihe, whose name translates as 'Sea River' has long acted as a conduit between the Bohai Gulf and the Grand Canal. The early, walled city grew as a trading centre, a transshipment point between ocean-carriers and the canal. Tianjin was where a lengthy section of that man-made wa-terway dating from the 7th century connected with Hangzhou. Grains and food supplies were car-ried by sail-powered barges north from fertile lands of the lower Yangtze. A northern branch of the canal connects from below Tianjin Eye ferris wheel up to Tongzhou, on the edge of Beijing. Tianjin steadily grew as Beijing's connection with eastern China and indeed the world. Incidentally, the railway connecting Tianjin and Beijing was one of China's first.

It is worthwhile simply spending time at that historic location where Nanyunhe (south canal) and Haihe merge. Many locals gather there for fishing particularly during winter when they sit above holes cut in the ice. Around them fly many seagulls. Tianjin is on the Bird Migratory Highway with birds annually moving between colder areas of Siberia and Mongolia to and from eastern China. Spending lengthy periods resting around the wetlands and lakes surrounding Tianjin they daily come in towards downtown Haihe.

Tianjin Old City bustled with commerce. Until 1404 it was known as Zhiqu ('Straight Port') but renamed by Emperor Yongle as Tianjin or 'Heavenly Ford'. Some idea of how it may have looked can be found around the recreated Gulou ('Drum Tower') area and the Ancient Cultural Street. The walls long gone, but its gates are remembered by names such as Beimen and Dongmen, the North and East Gates. There is a museum to the Old City on Gulou East Street.

It was Tianjin's location that attracted international interest. Many western countries wanted a foot-hold in China and near the end of the Qing Dynasty, from the mid-19th century, several foreign concession areas were created on what then was mainly marsh or farmland east of the Old City. Jiefang Bridge connected the Russian and Italian areas, north of the river with the large French and British zones to the south. The Italian sector has been restored in recent years into an area of restau-rants, cafes, shops, popular with tourists.

The former concessions generate considerable interest and make for interesting walking. Tianjin was known as 'wanguo jianzhu bowuguan' or 'museum of architecture from a myriad of countries.'

Each area developed quite differently to the traditional norms of Chinese urban layout. Influenced more by architectural styles and layout concepts from their homelands they create a feeling of walk-ing from Italy into France and out into Britain.

Some of the finest architecture   from that period lies along Jiefangbei Lu, running south from the bridge. International companies, heavily involved in Asia, were once based   in those grand classical-style buildings. Today they are occupied by state banks, offices and museums. Such was the extent of international commercial activity, Jiefangbei, which at that time was known as 'Rue de Paris', was regarded as Asia's first Wall Street. Indeed the historic business and commercial reputation of Tianjin is today helping the city regain its place as a centre for trade and international finance.

The concession areas are home to some of Tianjin's beautiful, European-style churches. That entire area has many alleys and lanes worthy of exploration where buildings, constructed in variety of western styles, were clubs, administrative offices and residences during the concession era and re-main there today.

To appreciate what the area resembled in the later 19th century, a visit to the Astor Hotel within the British concession also on Jiefangbei Lu is recommended.   One of China's oldest, the hotel's story mirrors that of Tianjin. Its basement museum not only recounts its and the area's history but recalls an array of both famous and infamous individuals who passed through it's narrow swing-door en-trance. Puyi, the 'Last Emperor', during his time in Tianjin from 1925 to 1931 regularly came to dance at The Astor. With its wood-lined corridors, bedrooms with four-posted beds and the first elevator in China, the resemblance is more of a British country lodge.

Opposite the Astor's doorway is Jiefang Park. Locals go daily to create music, dance, sing and ex-ercise. Once, as I relaxed there, being asked where I was from, 'Scotland' I replied. Immediately a welcome greeting was received. A fellow Scot, the late Eric Liddell is something of a local hero. 1924 Olympic gold medal runner and famed through 1981 film, 'Chariots of Fire', he was born in Tianjin, to Scottish parents. Liddell lived nearby at Wudadao ('Five Great Avenues'). A mainly res-idential area where visitors could think they were strolling through parts of suburban London. Wudadao an area of excellent coffee shops and restaurants is home to Minyuan Stadium, a popular recreational area, Liddell helped with the design of the original stadium along with encouraging de-velopment of a local football team.

To the west of Wudadao is Xiaobailou ('small white house'). Once an area of narrow alleys crowd-ed with local restaurants, some still remain. It is where Kiessling Patisserie, a famed European bak-ery and reminder of the the concession days remains, although not the original building. Once a fa-vourite of westerners living in Tianjin, including the aforementioned Eric Liddell it continues to offer excellent baking. Almost directly opposite is a heritage building, once a synagogue for Tian-jin's former Jewish community. Tianjin, a city of amazing discovery.

Unlike Shanghai, Tianjin's riverbanks were not lined with its finest European architecture, the mudbanks either side of the Haihe were for earlier commercial and river-related activities. As such gradually faded, the embankments were neglected only to be restored over the last ten or more years into a delightful corridor of traffic-free walkways and gardens. A linear corridor for the local people to enjoy.

Tianjin, once a city of heavy industry, has reinvented itself into one of modern architecture and an increasingly green environment. Parks, large and small are an integral part of the urban scene, presenting the visitor with many opportunities to watch the everyday activities of Tianjiners. Vast Shuishang Water Park is renowned for its mixture of lakes, botanical gardens and Tianjin's long-established zoo. Ningyuan near the North Railway Station is superb for its traditional Chinese archi-tectural feel.

Tianjin is more than just a compact city, it is a municipality taking in a vast area from the Bohai Sea   up to northern mountains crossed by the Great Wall. To appreciate the city away from the urban core I often take Metro Line 9 or a high-speed train to Binhai, the developing high-tech zone and home to several leading international companies. Indeed it is where to appreciate some of China's futuristic architecture including a vast recently opened Cultural Centre incorporating the much talked about Binhai Library. 530 metre tall Chow Tai Took Finance Centre has become a recent landmark.

Binhai (Yujiapu) Railway Station opened 2015. It lies deep underground but its futuristic oval shell shape exterior set amidst tranquil parklands creates more the feel of a concert hall than an intercity rail terminus.

A short walk from the station leads to the banks of the Haihe as it nears the sea. An attractive loca-tion where boats take groups of sightseers past the stunning riverside skyline, a glimpse of 21st century China. Downriver, one of the world's largest container terminals, upriver, the early port of Tanggu which once connected Tianjin and Beijing with the world.

A fifteen minute train ride connects back to the city downtown. In the evening, an opportunity to experience Tianjin's famed cuisine in one of its many interesting restaurants or to visit one of the city's night markets and nibble on local snacks.

When I look at Tianjin today, the city now so different to what I first experienced in 1996. Then, we could only really view at ground level but now I can look down from on high. Whether from the top floor of the Financial Centre or having coffee in the Horizon Club of the Shangri-La Hotel, I delight in gazing across the historic former concession areas towards an increasingly modern skyline, spectacular, particularly at night.

Because of the COVID-19 Pandemic, I have more time to appreciate this city. Thanks to the strict and effective strategies for epidemic control, Tianjin is recovering swiftly. Bathed in the beautiful sunshine, again, I feel the vigor and vitality of a promising modernized city.

Tianjin, a city of bridges, a city of lights, a city of people. It is also a city closely related to the Hai-he - a river at the heart of the city. Tianjin, the Heavenly Ford on the Sea River is a city to discover.

Laurent Fabius

Laurent Fabius, born in Paris in 1946, is a former French Prime Minister and he is currently the President of the French Constitutional Council. He has received a Doctorate Honoris Causa from Nankai University.

Speech at the Hundredth Anniversary of Nankai University

Mr. Party Secretary of the Tianjin Municipality,

Representatives of the central government,

Dear Chancellor of Nankai,

Dear Professors, dear students,

Ladies and Gentlemen,

It is a pleasure and an honour to be here today, with you, to celebrate the Hundredth Anniversary of Nankai University.

All along its history, Nankai University has been at the avant-garde of the modernization of the Chinese education system. Education is essential for each individual, but also for a nation as a whole. The history of Nankai University is linked with the history of modern China.

As the visit of President Xi Jinping at Nankai University at the beginning of the year demonstrated, the Hundredth Anniversary of Nankai University is a very significant anniversary.

I myself have a personal connection with this University. I am used to coming regularly to Tianjin and Nankai University, where I have already had the opportunity to deliver several lectures at the prestigious Zhou Enlai School of Government. I am honoured to have been awarded the title of Doctor Honoris Causa of Nankai University.

Today at the hundredth anniversary of Nankai, we celebrate a great university but we also celebrate the renaissance of a civilization. Let us ensure that this Chinese renaissance is accompanied by a deep and peaceful friendship between our civilizations, cultures, countries and peoples.

Like his most famous alumnus, the Chinese diplomat Zhou Enlai, Nankai University has always been open to the world. Openness is a major quality required from teachers to whom I want to pay tribute and from students, boys and girls, men and women who, thanks to their studies, can give the best of their capacities. Openness is essential to have a global vision of the world, and an ability to communicate between different cultures. France in particular looks to Nankai, especially thanks to the great artist Master Fan Zeng. I would like to salute here his valuable action for the friendship between France and China.

In recent years, Chinese and French student exchanges have grown very well. Student exchanges are an opportunity that each student should grasp. Travelling abroad, discussing with new people, discovering new countries can only be enriching. The organisation of exchanges and the relationships that this University has with many international universities and academic institutions are two examples of Nankai's openness to the wider world.

As I see it, this is a key element of the "Nankai spirit".

Literature, history, philosophy, teaching and art, but also law, economics, management, sciences, engineering and many more: Nankai University offers to its students a wide range of disciplines and is both a center of education and academic research. As the famous Greek philosopher Socrate said, "admitting that we do not know everything is the first step in our journey to knowledge". Money can be stolen, health and strength can lack, but what an individual learns belongs to him forever.

Today more than ever, it is important to be creative and innovative and to aim at high-level education. Nankai University has excelled not only in sciences but also in the field of humanities. All disciplines, and humanities in particular, are key to navigate the challenges of the 21st century. Among the greatest risks of our societies lies the environmental challenge, which is not a mere possibility for a distant future or a figment of our imagination but an actual fact. This is one of the major challenges of the 21ˢᵗ century and we all have in common to build a sustainable and resilient world, combatting the climate change. Scientists around the world have proven that we are living in a new period where many sectors of our societies are threatened. Our traditions, cultures and legal backgrounds are different. But in order to navigate the challenges of this century, we need an alliance of forces and of knowledge.

It is very well summarized by the school motto of Nankai University: "dedication to public interests, acquisition of all-round capability and aspiration for daily progress".

In this century, I am sure that Nankai University will continue to be a place of excellence. In the next century, two hundred years after its creation, I hope Nankai University will continue to educate the citizens and leaders of tomorrow, citizens and leaders for peace, sustainability, wisdom, justice and shared prosperity.

Thank you.

David Gosset

David Gosset, born in Paris in 1970, is a Sinologist and the founder of the Europe-China Forum. He is the author of *Limited Views on the Chinese Renaissance* (2018). He came to Tianjin for the first time in 2006 and he is visiting professor at Nankai University.

Tianjin's Resonance(s)

A relatively long personal association with Tianjin explains my contribution to *Inspiring Tianjin*, a book that I hope will generate more interest for this unique city. May "Tianjin's resonance(s)" introduce the idea that this northern Chinese city is not a mere stop on the way to a final destination, but that it is a destination in itself that should be appreciated for its own outstanding features.

Like many youngsters educated in France, I came across the name of Tianjin well before I visited China for the first time in the summer of 1996. French students, especially those interested in literature and poetry, are familiar with Paul Claudel (1868-1955) and, therefore, they would remember his close links with China and would have tried to imagine the years he spent in Tianjin – or Tientsin as it was then known– between 1906 and 1909 as a French diplomat.

Pierre Teilhard de Chardin (1881-1955) is another prominent French personality forever associated with China's northern port. He supported the work of Emile Licent (1876-1952), the founder of Tianjin's Natural History Museum, known as the Hoangho Paiho Museum, and made major contributions to Chinese paleontology.

However, my direct personal connection with Tianjin started not far from the Black Sea in Bulgaria. In 2006, I made the decision to organize the Europe-China Forum in Sofia, a place that I consider highly relevant in discussing issues related to Eurasian continuities. I had established the Europe-China Forum four years earlier with the goal of increasing mutual understanding between Europe and China. This journey persists to this day!

During the preparation for the 2006 international gathering, I had the privilege of meeting Yu Zhenqi, the then Ambassador of the People's Republic of China in Bulgaria. It was a beautiful and memorable encounter which began with an appreciation of Memories of Red Cliff by Su Dongpo (1037-1101) whose calligraphic reproduction was hanging on the wall of the Ambassador's dining room: "Large river turns to the east...", and Ambassador Yu kindly accompanied me up to "the river-reflected moon".

Over a dinner featuring exquisite Chinese dishes, Ambassador Yu Zhenqi expressed his surprise when I told him that I had never been to Tianjin, a city which meant a lot to him. He told me that it would be a mistake for someone studying Chinese history and culture not to be acquainted with Nankai University and its scholastic traditions.

I took the words of the Ambassador very seriously and I don't regret it. The history of Tianjin, inseparable from Puyi (1906-1967), Yuan Shikai (1859-1916), Zhang Xueliang (1901-2001) or Liang Qichao (1873-1929) remains one of the best introductions to the larger Chinese transformations of the 20th century. It can be argued that it is in Tianjin that one can find some of the sources of Chinese modernity.

It was in November 2006 that I managed to visit Nankai University for the first time. I discovered its rich history since its founding in 1919, its connection with Zhou Enlai (1898-1976), and its vibrant intellectual life. I had a most agreeable and fruitful conversation with its then chancellor Xue Jinwen.

Three years later, for the celebration of the 60th anniversary of the founding of the People's Republic of China, I had the opportunity to cooperate with the Tianjin Municipality for the organization of a high-level gathering bringing top European personalities to Tianjin, among them the former French Prime Minister Laurent Fabius and the former German Chancellor Gerhard Schroeder.

As the city's architecture illustrates, Europe and China had met before in Tianjin during the time of imperialism and colonialism.

These were profoundly sad circumstances for China. Fortunately, it is presently well on the way to a robust renaissance and it has regained centrality in world affairs.

Of the nine concessions that have marked Tianjin's history, seven were European: the Austro-Hungarian (1901-1917), the Belgian (1902-1931), the British concession (1860-1943), the French (1860-1946), the German (1899-1917), the Italian (1901-1947) and the Russian (1900-1920). The two other concessions were the American (1869-1902) and the Japanese (1898-1945).

In what is known today as Wudadao, literally "the five avenues", there are still over 2000 buildings with interesting architectural features and historical value. While almost everything has been said about the "old Shanghai", Tianjin can still surprise academics and their readers by the richness of its still untold stories.

At the evocation of such a rich past, the idea that 21st century Sino-European dialogue has to be continued and deepened in Tianjin makes great sense. In 2008, during the Beijing Olympics, many rediscovered Eric Henry Liddell (1902-1945), the Scottish Olympic gold medalist at the 1924 Paris Olympics whose life is intertwined with Tianjin. Brian Power (1918-2008), the author of The Ford of Heaven, is also a stimulating introduction to the interaction between China and Europe whose backdrop is Tianjin.

In 2011, with the active support of Irina Bokova, the then director-general of the UNESCO, I prepared for the Europe-China

Forum in Paris. It was a true delight to observe Nankai University's deep involvement in this dialogue between civilizations taking place at a United Nations' organization.

At the opening of the forum on June 27, 2011, I made a reference to Zhang Pengchun (1892-1957), the younger brother of Zhang Boling (1876-1951), the founder of Nankai University: "China's traditional secularism and humanism have in the past inspired the West. Diplomat and man of letters Zhang Pengchun, who served as vice-chairman of the United Nations Commission on Human Rights and played a pivotal role in drafting the 1948 Universal Declaration of Human Rights, noted during the debates chaired by Eleanor Roosevelt : "In the 18th century, when progressive ideas with respect to human rights had been first put forward in Europe, translations of Chinese philosophers had been known to have inspired such thinkers as Voltaire, Quesnay and Diderot in their humanistic revolt against feudalistic conceptions".

Following nine years of uninterrupted constructive exchanges with Tianjin, various cooperation projects with Europe were realized. In 2015, I was honored to receive a friendship award from the municipal government. I truly cherish it. In 2019, I was invited to the ceremony of Nankai's 100th anniversary. I was deeply moved to see a city simultaneously remembering its past while preparing for the future.

For 14 years, I have directly witnessed Tianjin's evolution into a 21st century Smart City, gaining in international visibility. Since 2007, the Annual Meeting of the New Champions, an event established by the World Economic Forum, alternates between Tianjin and Dalian. In 2017, Tianjin established the World Intelligence Congress, an international platform at the intersection of technology and sustainability. As I expressed to the newspaper China Daily in July 2019: "Tianjin might become a true Smart City much faster than people think".

However, in the framework of the book Inspiring Tianjin, I wish to describe the features of Tianjin that impress me the most, especially on a personal level. In other words, I would like to sketch a psychological portrait of a city with the hope that it triggers more conversation around the theme of the character of urban centers.

Paris, New York, Madrid, Tokyo, London or Berlin have different characters, but I would argue that the same is also true for Beijing, Shanghai, Shenzhen, Chengdu, Hangzhou or Tianjin.

Only an indolent and superficial mind would conclude that most major Chinese cities are uniform in character. However, it is precisely China's internal diversity which makes the Middle Country infinitely attractive.

The key in accessing Tianjin's soul is the appreciation of its sense of understatement. Tianjin would not claim to be an economic or a cultural capital, for it would find it excessive to pretend to be ahead of others. There are several effects of this culture of understatement, but one is certainly that Tianjin does not disappoint you. On the contrary, its true value is concealed by a modesty that dawns on you over time, forcing you to continuously explore its many faces.

As one of the four Municipalities directly under the central government – along with Beijing, Shanghai and Chongqing – and a major transportation hub having a population of more than 15 million people, it is indeed a cosmopolitan metropolis close to Beijing, but with a gaze towards the Korean peninsula and Japan. Tianjin's port is the world's fourth largest (in tonnage) and trades with 180 countries and territories around the world.

However, Tianjin would not immediately try to display its strengths, and stays away from being a spectacle. Tianjin's obvious simplicity is highly attractive to many. It is certainly the case for me.

A corollary of its straightforwardness, its absence of any pretention and its sense of understatement, Tianjin has also developed a singular sense of humor. With its outstanding performers – e.g. Ma Sanli (1914-2003), Hou Baolin (1917-1993) or Guo Degang –, one rightly associates the xiangsheng, or art of cross talk, to Tianjin. But, in everyday life, Tianjin's humor is also part of a charming urban poetry.

In a quest for Tianjin's own characteristics, a colorful dialect, Yangliuqing's paintings, Zhang's clay figurines, and Wei's kites, come immediately to mind. Its culinary delights are also an important component of its way of life. It is interesting to note that the very first book in French on Chinese cuisine was written by Henri Lecourt in 1925 in Tianjin!

Being open to the Other is also a crucial element of Tianjin's identity. In the City of Bridges– the most famous being the "international bridge" known today as the "Jiefang Bridge"–, Chinese visitors from other provinces or foreigners coming from afar can feel the gentle embrace of spontaneous hospitality.

Tianjin occupies a large territory of 11,946 square kilometers (almost two times the size of Shanghai),. However, this should not distract from what is another attractive trait of this city. Around the Hai River, in what is considered the historic city center, urbanism is of human scale. In Tianjin, roads and bridges are also made for pedestrians looking for a deeper, emotional connection to the city, rather than a cursory examination. Walking along the slow-moving Hai River, one understands easily why Tianjin is known as the City of Bridges.

As one continues to wander and reflect within Tianjin, one soon realizes that the economic and social development of this city and the improvement of its appearance are synergistic, bringing about a real sense of gain and happiness for the people of this city. This entire city, with its "face score" and "temperament", is a conduit for fellowship, for cultures to cross-fertilize, and for the past to resonate into the future.

Its welcoming echoes resonate long after you have left, as if they were beckoning the visitor to return– physically or metaphorically through the paths of remembrance.

Michael Harford

Michael Harford was born in Nigeria in 1997. He holds a bachelor's degree in Religion and Anthropology from Nnamdi Azikiwe University, and a master's degree in Teaching Chinese to Speakers of Other Languages from Nankai University. He won the championship of the 2nd Chinese Language Teaching Idols, co-organized by Confucius Institute Headquarters in 2018. Passionate about Tianjin's culture and lifestyle, he continues his doctoral study in International relations at Nankai University.

Inspiring Tianjin

Dreams represent an inspiring beautiful vision which energize your mind, volition and emotions. They encourage you to spare no time and exert your utmost and make them reality, no matter you are in the east or west. The seeds of dreams germinate and take root quietly when we are young. Some people dream to be the so-called white-collar workers such as lawyers, doctors, and engineers or to choose other decent careers. I was no exception. My childhood dream was to become an excellent lawyer when I grow up. However, many dreams are often difficult to fulfill, and life is always making some small jokes with people and will not follow the trajectory we expected. Of course, this is also why life is so colorful. As a saying goes, "When God closes a door, he will open a window for you." In Chinese, a saying goes as "lost in the east at sunrise, gain in the west at sunset." Chinese language was the window that God opened for me.

It was in 2013 that I really got to know China when I began to learn Chinese. Since then, I have been inspired to be an ambassador who encourages more communication between China and Nigeria. I wish to promote the extraordinary cultures of both countries and contribute my share of effort to the development, exchanges and cooperation between two nations. From that moment on, this dream inseminated, germinated and grew deep in my heart. I was eager to know everything about China. I tried my best to learn about, understand, and approach China through all possible channels and information. However, language was a "stumbling block" to my understanding of China. In my homeland, most people only know China as a country, but few understand the real China, let alone speaking Chinese. Therefore, I was looking forward to the day when I can learn Chinese in China. Then I would be able to bring the profound culture of China back to Nigeria and let more people know about this charming land. During my education there, I could also introduce more Chinese people about Nigeria, a country as beautiful as China.

With 180 million residents taking up 16 percent of Africa's

overall population, Nigeria is the most populous country and the largest economy of this continent. For China, Nigeria is its largest project contracting market, second largest export market, third largest trading partner and a major investment destination in Africa. The People's Republic of China and the Federal Republic of Nigeria established diplomatic relations on 10 February 1971. Since then, bilateral cooperation has developed steadily. As the largest economy in Africa, Nigeria is an important partner and close friend of China. The government and people of this country always firmly believe that China, as a world power, is in a pivotal and important position in the world, and will play an increasingly important role in the future international landscape. It is based on the profound historical friendship, solidarity and mutual trust that Nigeria and China have maintained increasingly close exchanges and cooperation in areas such as economy, trade, science and technology, and culture. Similarly, for Nigeria, China is its strongest economic partner in Asia. Over the years, China has funded Nigeria with growing investment and technology transfers. These all mirror the rock-solid friendship between our two countries. Guided and promoted by Chinese President Xi Jinping's Belt and Road initiative, an increasing number of Chinese industries have come to Nigeria to build factories and promote infrastructure construction. With the fruitful work, China has not only helped alleviate the unemployment problem and improve the level of health and education in Nigeria, but also stimulated the interest of many local people in learning Chinese, and provided them with more opportunities to study and pursue their dreams in China.

In China, crosstalk is an art of language. My interest in it was triggered when I was learning Chinese in Nigeria. Almost everyday, I watched the masterpieces of famous crosstalk performers. Their witty and humorous language always made me laugh. With reverence for this ancient art, and in order to get closer to and personally experience China, I traveled a long distance to Tianjin and chose to study in Nankai University, a school with a long history and strong academic atmosphere. During my stay in Tianjin, except for attending classes with full concentration, I spent my spare time making friends with local people, participating in extracurricular activities organized by the university and the city, and reading a large number of books written in Chinese. I was determined to seize every opportunity to improve myself, and to learn more about this city. Tianjin is a city of inspiration. In every corner of this city, you can feel its historical vicissitudes, cultural inclusiveness, and the warmth and kindness of the citizens. In the past few years, I have had a great time in Tianjin admiring the night view of the Haihe River, and exploring the old architectures on the Five Avenues. Adjacent to Beijing, Tianjin is overshadowed by the capital. This is also the reason why some foreigners have not heard about Tianjin. However, Tianjin has its distinctive features. Seeing is believing. If you spend a few days to tour in Tianjin, I am sure that you will be impressed by the historical vicissitudes of the Five Avenues, the brilliance along the Haihe River, the grandeur of Tianjin West Railway Station, and the green mountains of Mt. Panshan. Moreover, Tianjin is significantly influenced by exotic cultures, featuring in its architectural styles. There are many British, French, Italian, German, Spanish and eclectic architectures. This mix and collision of building styles can be rarely seen in any other Chinese cities. This inclusiveness made me feel no stranger to the city when I first came to Tianjin in 2017. Romantic literati often fantasize about having a love affair in a city that is worth of reminiscing for a lifetime. Tianjin is such a city where you can live so happily that you would, as Confucius put it, "forget all worries and irritations, unaware of the insidious approach of old age." In addition, the four basic skills of crosstalk, "talk, imitate, amuse and sing", can be easily found in the lives and characteristics of Tianjin people. Even talking to taxi drivers can make you roar with laughter. My interest in comedy made this character of Tianjin particularly appealing. Humor is in the blood of Tianjin people. It always feels like in the scene of a crosstalk performance when you listen to the conversations of local residents, regardless of their occupations.

To better understand China, I signed up for the social practice organized by Tianjin municipality which focus upon reform and opening-up policy. The first time I heard of the expression of reform and opening-up was after I came to China, but it was not until halfway through my stay here that I really understood its connotation. As a foreigner, I don't know much about China's history, but after exploring cities such as Tianjin, Shenzhen, and Shanghai, and listening to local friends telling me about their arduous journey of reform and opening-up, I seem to have seen the ambitions and feats of the Chinese people who have overcome difficulties and obstacles and resolutely changed the appearance of poverty and backwardness. "Persist in faith and strive for the people" is where the Communist Party of China started, the spirit of which deeply touched my heart. Such rapid development cannot be achieved without the bold vision and courage in action of Chinese people. Only with bold vision can we go from zero to one; and only by holding up the courage in action can we march from one to the infinite. This social practice revealed to me what lies behind the earthshaking changes and development of two generations in the past 40 years of China. The answer resides in the spirit of "Never forget why you started, and your mission can be accomplished." Tianjin is a witness of the prosperity and glory of modern China! Despite the distance between China and Africa, similar historical experiences and the shared pursuit of development have bonded Chinese and African people with a natural affinity. China-Africa friendship is the necessary choice of history, and it derives from the meticulous cultivation of several generations of leaders on both sides, as well as the joint efforts and continuous inheritance of the people in China and Africa.

Tianjin, as one of the four municipalities and the largest international and industrial city in northern China, can play a demonstrative role in China-Africa relations. Nigeria needs to accelerate industrialization to facilitate its further development. The experience of China's reform and opening-up is worth learning from. Lagos is a city in Nigeria that shares many similarities with Tianjin. It is the largest port city and the most economically prosperous city in the country. As an old Chinese saying goes, "Jade can be polished by stones from other hills." To my understanding, it means that we can learn from the successful experience of other countries. Similarly, China's basic national policy of reform and opening-up and Tianjin's unswervingly pursuit of high-quality development are valuable experiences for Nigeria to summarize carefully and learn from comprehensively, so as to integrate Chinese wisdom and Chinese solutions into Nigeria's economic and social development.

Tianjin has provided me the platform to pursue and realized my dreams. For me, it is an endless source of surprises and inspirations. Its beauty is waiting for me to discover. I will cherish every moment of my stay in Tianjin, "riding on the horse of dream and living it to the full." Dreams enable me to fly high, and illuminate my way to a bright future.

Michael Hart

Michael Hart has lived in Tianjin since late 2006 and is a strong proponent of Tianjin's growth and development. He spent over a decade in the commercial real estate market in the city and participated in many of Tianjin's property related projects during this active period of Tianjin's redevelopment. He has been a member of the executive committee of the Tianjin Chapter of the American Chamber of Commerce in China since 2007 and is currently its Tianjin Chairman. He works actively to promote the success of foreign businesses in Tianjin.

Tianjin's Architecture Past, Present and Future

The visitor who takes time to stop and look around Tianjin, will find a city filled with architecture that tells the story of this citys rich past and new architecture that is helping to chart its promising future. Often, the old and new are right next to each other. Some of the street grids recall the era of Tianjin's foundation dating back hundreds of years, while others illustrate what a rich entrepot the city was around the turn of the 20th century when Tianjin was home to a concentration of foreign residents who left a rich architectural record. Another wave of construction in the first decade of the 2000s built the base for the transformation from the citys strong manufacturing base to strong service economy. And yet again, in the past five years another round of architecture, this time more daring in scope and scale, has generated a series of fascinating buildings that are home to cultural and business institutions. Here we highlight but a small sample of the wonderful buildings that exist in Tianjin and help relate parts of the citys grand story.

The Intersection

Tianjin was settled over six hundred years ago and is located near the intersection of the Haihe River (海河), the North River (北河) and the South Canal (南运河). The point where these three ribbons of water met is considered key to the old settlement. Follow the river north and you get to Tongzhou, Beijing, follow it southeast and you find the sea, follow the canal as it goes first a bit west and then far to the south and you will eventually reach Hangzhou.

Today, just north of this important water intersection is the Tianjin Eye, the much-photographed ferris wheel that spans the river silently marking this important beginning of the city. It is particularly attractive at night.

The Old City

Locals refer to the area that was home to Tianjins initial settlement as Lao Cheng Shang (老城厢), roughly "The Old City". It is located just next to the intersection of the three key waterways. For hundreds of years, Tianjin was a walled city with a drum tower in the center and the roads radiating out in the four cardinal directions. In 1901 the walls came down, but in their place wide boulevards were built. Today, a drum tower still stands in the middle of this area, with famous shops and eateries nearby. The architecture here still tells the story of the early residents, an old Confucian temple for the faithful and a more modern "Ancient Culture Street" where Chinese style gifts can be found is popular with visitors. There is still a Guangdong club built a century ago for businessmen from the south and where today you can still have tea and see live entertainment. A careful look at a map still reveals this rectangular outline of the original city and the area within is still full of many low-rise shops and homes.

The Concessions

From the mid 1800s until the end of World War II, Tianjin played host to nine different foreign concessions, some lasted just a few years others nearly a hundred. These were located on both sides of the river, but south and east of the old Chinese city. They helped make Tianjin a lively international port city and important trading and financing center in northern China.

Just south of Tianjin's main train station, an old iron drawbridge, called the Jiefang Bridge marks the beginning of a cobble stone street that passes by old banks, apartments and clubs. A century ago, the street bustled with commerce reflecting the international trading center that Tianjin was. Today you can still find grand buildings that were once home to HSBC, the Yokohama Specie Bank, Bank LIndochine and the predecessor of Standard Chartered Bank. What many don't realize is the city was also home to a series of Chinese banks that aspiring Chinese businessmen created including the Salt Bank, the Continental Bank and the Jincheng Bank. Many of these buildings have art deco features or grand columns, intricate wrought iron and stained glass, relating the story of style and grace that was an important part of this trading center.

Five Roads

Formerly part of the British Concession, the Five Roads area is located in central Tianjin and is famous for long boulevards with treelined streets and brick and stone homes that include a wide variety of styles and sizes. The area has small residential homes that could be found in small British, French or Spanish towns as well as grand mansions with large fenced gardens. They were home to range of characters including Chinese diplomats and generals as well as foreign businessmen. Noteworthy among these are Qingwangfu, the carefully restored home of a Qing Dynasty eunuch and the former British grammar school built for the children of foreign residents.

Former Italian Concession

Although the Italians only stayed in Tianjin for a few decades, the little cluster of buildings on the northeast bank of the Haihe river they left, recall the quiet scenes of a small Italian town. It is a delightful surprise to find it in the midst of a large Chinese city. An area called Marco Polo Square is a great place to take in the ambiance. Pedestrian streets, fountains and abundant sidewalk eateries make this area popular today with residents and tourists alike.

Modern Tianjin

Starting in the 1980s Tianjin made its name as a manufacturing powerhouse. The TEDA development zone in the Binhai New Area and Xiqing Development Area to the southwest of the city are just two of more than a dozen well run development zones that helped undergird Tianjins economy for years. However, as Tianjins wealth attracted more service sector firms, the city started to build infrastructure to house these companies as well as hotels to house the business travelers and tourists visiting the city. A number of these buildings are clustered along Nanjing Road and in the area called Xiaobailou. The district sports a thoroughly modern looking Vantone office tower with geometric patterns that make the building appear to lean in one direction. Within two blocks of this new building area several art deco buildings from the first couple decades of the 1900s including a former synagogue and the former Kiessling bakery.

Nanjing Road was once a canal that was considered the southern edge of the French and British concessions now has modern office towers and hotels along it. The Modern City office tower at 300 meters anchors a complex which also includes the attractive Four Seasons Hotel. These buildings are a short walk from the former French St. Josephs Cathedral which is still open for mass on Sundays. As Tianjin was building out its services sector it also reoriented toward the river. The St. Regis and Shangri-La hotels as well as the Tianjin World Financial Center (at over 300 meters) have all taken full advantage of river front locations and are welcome additions to the city's architectural offer.

Binhai New Area

Binhai New Area is Tianjin's largest administrative district stretching roughly one hundred kilometers from top to bottom and taking in most of the municipality's seashore. It is also home to many of its most recent and boldest architectural projects. From north to south, Binhai includes the Sino-Singapore Eco City, the TEDA area and the Yujiapu financial district.

The Sino-Singpaore Eco city is a multiple-year project aimed at building a walkable city, linked by a central green belt and mass transit links. Nearby is located the new and interesting National Maritime

Museum which is right next to the water and the long halls stretch out towards the harbor.

In the center of TEDA, in a central business district called TEDA MSD (Modern Services District) half a dozen glass buildings are home to offices while next door rises the 530 meter, 103-story K-11 office tower and art mall. This project is built to house a shopping complex, modern office tower, hotel and apartments. Its clean glass exterior is matched by its evening light displays which few buildings in China can match.

Located nearby is another recent addition to the city's cultural offer, the Tianjin Binhai New Area Library which is part of the larger Binhai Culture Center. The library itself looks like a large eye when viewed from outside and inside sports a large sphere surrounded by rows upon rows of terraces filled with books. The exterior of one end of the complex has a highly polished copper façade, while inside the ceilings are high and the interior space airy.

Probably the grandest project in Tianjin is the Yujiapu financial district. It is located in the center of Binhai on a peninsula 50 kilometers east of central Tianjin close to where the Haihe river meets the sea. This area has been mastered planned with a modern street grid that will eventually host over a hundred buildings. The start-up area with its cluster of modern buildings along a manicured green belt adjacent to the river shows what bold planning can do. The area is linked to central Tianjin, Beijing and beyond with the Binhai Railway

Station that is sunk into the ground and topped with a complex spiderweb-like glass roof. Nearby among the young central business district two buildings are especially noteworthy. The Intercontinental hotel which looks a bit like an infinity symbol from above, is impressive from outside with its smooth glass façade. From inside it is equally impressive with multistory glass atrium inside its conference center. Just a block or so to the north is the new Tianjin Juilliard School with its impressive structure of glass, steel and stone adding another gem to Yujiapu's growing skyline. And while attractive from the outside, visitors to the building will be treated to sweeping views of the river and green belt as they wait to enjoy the music produced by globally renowned musicians at concerts accessible to the public.

Conclusion

Over the past 600 years, Tianjin has played different roles to suit the various times. Early on it was an important guard post along the Grand Canal, then a vibrant international trading port and later a humble, but important center for manufacturing. More recently as the city's economy has tilted back towards services, it has started to build modern buildings to house offices, hotels and cultural venues. Some of the more recent ones are daring indeed, bringing Tianjin much deserved attention. These various structures whether large or small, old or new, all help to relate the fascinating story that is unique to Tianjin.

Li Lu	Li Lu, born in Taiyuan, Shanxi Province, holds a bachelor's degree in French from Nankai University, and is currently a postgraduate student in English Language and Literature. She was the First Prize winner and MC in the national finale of FLTRP Cup English Public Speaking Contest. She works as the founder of Guozi Online Language Teaching Institution, tutor of public speaking workshops, and delivered a speech as invited speaker in TEDx. She has lived in Tianjin for six years with a deep attachment to the city.

Youth of Tianjin, Youth of the World

At the age of 14, I paid my very first visit to Tianjin on a family trip. It was a heated summer and after we had finished a whole day's tour of the city, it began to rain. I, together with my parents, rushed into a store in the street corner, where I poked my head out of the door, watching the raindrops fall down from the leaves to the shopping bags in the pedestrians' hands, and eventually bounced its way to splash into countless small puddles on the ground. It was a heavy rain, but every single drop of water was so brisk and joyful, washing the roads, streets, trees and grass fresh and bright. The case was the same with people here in the rain, that none of them was brought down by the sudden change of weather. Some people put up the umbrella and continued their way home; while others smilingly rushed into the corner shops, greeting total strangers who were caught up in the same situation: "I guess nobody saw this coming." It was the humorous tone of Tianjin dialect, or what I came to realize later in my life, that made me burst into a good laugh. Fortunately, on my way towards a better self, Tianjin is always there for me, warming me up with its passion and tenderness.

My real journey to Tianjin took off in the year of 2014, when I started my under graduate education in the French Department of Nankai University. On the first day, the institution prepared each freshman a T-shirt, on the back it writes in bold letters: Language is Power. Indeed, four years in Nankai University are a solid proof of this statement. Language learning is a process of empowerment, from which one can gain not only the ability to listen, to speak, to read and to write. More importantly, it provides one the key to open up a new world with deeper understanding of different cultures, thinking patterns and power structures. People are thus enabled to have a close observation to the world as well as an accurate perception of the self. Such belief motivated me to participate in multiple cross-cultural activities from 2014 to 2016. As a volunteer I attended the opening ceremony of the Nordic High-tech Park, introducing foreign investors the regional advantages of Tianjin; as a student representative of

Nankai University, I discussed with visiting former US Secretary of Defence, William Cohen about China's significant role in today's world, as an interpreter and MC at the fan meeting of NBA legend Norm Nixon, I for the first time witnessed how sports spirit brought people together, regardless of differences in nationality, age and gender. Later I won the first prize in national English public speaking contest with a speech on these valuable experiences. In 2017, I started an online teaching platform with friends, offering courses on close reading of foreign newspapers and magazines. Many students from various majors joined us and exchanged ideas about current affairs including Internet celebrity economy, blockchain and Artificial Intelligence. We name this platform "Guozi", which is initially inspired by traditional Tianjin snack "Jianbingguozi". Guozi, a crispy, deep-fried dough stick, is a popular food for breakfast in Tianjin. This name serves as a great reminder of where we started. The second connotation of this name comes from the famous saying of Shakespeare, in *Hamlet* he wrote: "I could be bounded in a nutshell and count myself a king of infinite space." In Chinese the word "nut" is pronounced "Guo Zi". On the land of Tianjin that we share a common attachment to, language is our telescope, through which we can see what is happening around the globe and measure our responsibilities as the new generation.

My exploration owes much to my school, teachers and families. And an indispensable credit has to be taken be my beloved city,

Tianjin. Tianjin in history has been an important node between the canal and the sea, hence a hub of waterway transportation. Therefore, the city played a significant role in the economic exchanges between the North and South of China, as well as that between China and foreign countries. By the end of the 19th century, Tianjin has been flooded with western industrial civilization, foreign concessions and immigrants. Great changes were consequently brought into this city: industrial production, exotic architectures and bourgeois lifestyles. In face with heterogeneous cultures, Tianjin's pragmatic attitude helped it embrace such progress in all walks, and ushered in a well-developed modern city. The incomparable openness and inclusiveness also led to its unique city landscape—on one side of the street, people danced with music in western-style villas; while on the other side, traditional Chinese folk arts prevailed in old-fashioned tea houses. In the context of globalization, Tianjin today still entails the beauty of diversity. With the rapid development in international business, tourism and cultural industry, there come more talents, opportunities and potentials.

Another intriguing character of Tianjin resides in its humanly kindness. The city has never lost the original love and passion to others and to life itself. Every morning before going to work, people would gather in front of breakfast stands, waiting for a bite of Jianbinguozi and a sip of hot soy milk. Food for Tianjin people is beyond the need of survival, they savour it for joy and for the enthusiasm to start a new day. On the way home late at night after work or study, if you choose to take a taxi, the driver would always start a caring conversation : "Where are you going? It's already late, you must be exhausted. It's good for young people to work hard, but don't forget to take care of yourself." Simple as it is, these words are surprisingly powerful—that I was never alone and never a stranger to this city. Tianjin stays welcoming for everyone, reassuring one's soul with the notion that the place you strive would be the place you thrive. It is now my second hometown.

In 2019, I came back to Nankai University to pursue my MA degree in English Language and Literature. Six years has gone by and I have had my ups and downs. What remain unchanged is my love and zeal for this land. Everything in campus is marching forward with grace: spring water glints with sunshine in Xinkai Lake; thick tall plane trees throw a shade on stone steps of the old library; students rush in between classes, teaching staff hold books and computers under their arms. We are all launching on a better tomorrow. In this better tomorrow, our horizon is taking a leap over words and expressions, beyond appearances and phenomena. We read works of Edward Said and Homi Bhabha, seeking for diversified discourses in post-colonial era. We explore the mechanism of human language, revealing the overturns in thinking modes. We study the history of equal right movements, in sake of a harmonious and fraternal future for mankind. We practice translation skills, building the bridge of communication with our own efforts. We will be ready, I believe, to articulate for the rising generation who would create and tell new stories of the world. Right at this moment, we are the youth of Tianjin, we are also the youth of the world.

Liu Yin

Liu Yin, is an associate professor at the School of Medicine, Nankai University. He obtained his doctorate from Nankai University in 2007, then started his teaching career there. He has long been engaged in the teaching of medical microbiology and the research on the new detection technology for pathogenic organisms. Over the years he has published more than 10 journal articles regarding the detection of pathogens, and is now in charge of the Virtual Reality Laboratory for Microorganism Detection in Clinical Samples. In the fight against the Covid-19 global pandemic, the research result of project he participated in has been successfully applied to the frontline of epidemic prevention.

Fighting Covid-19 Tianjin in Action

The sudden outbreak of the Covid-19 global pandemic poses a major test to the governance system and governance capacity of each city. It reflects the wisdom and responsibility of those in charge of the urban management. In today's fight against the virus, Tianjin has not only played the role of "moat" for Beijing, the capital of China, it has also safeguarded lives and health of its citizens. From a public health perspective, actions taken by Tianjin municipality are undoubtedly satisfying.

Tianjin's fight against the epidemic can be researched and analyzed as a typical prevention and control of infectious diseases, providing professional experiences in controlling the source of infection; cutting off the transmission route; and protecting the high-risk group. Zhang Ying, deputy director of Tianjin Centers for Disease Control and Prevention, is referred to as "Holmes" when things were at their most serious. This is due to the fact that she has successfully figured out the source and transmission route of the virus. It also demonstrates people's praise for public health experts who are devoted to this fight against Covid-19. After the local spread of Covid-19 had been brought under control, Tianjin was designated as the first point of entry for international flights, undertaking a large number of inbound flights from Beijing. Tianjin Customs thus became the focus of epidemic prevention. Even for healthy incoming passengers, anti-epidemic personnel have to work for hundreds of hours in sampling, testing, transfer, quarantine and disinfection. Thanks to their unremitting efforts, every source of infection could be quickly detected, patients could get timely treatment, and more importantly, security could be radically guaranteed for the entire city.

The transmissibility of the new coronavirus is beyond everybody's expectation. Without professional protective equipment, whoever exposes to the virus may be infected. Therefore, it requires extensive effort to cut off its transmission route. Within a short period of time, the city of Tianjin has made all possible efforts, including temporarily closing the intersections, scientifically guiding the movement of people, securing the supply, and dispatching government officials to local communities. On the second day of the Spring Festival, the city was in action to cut off the spread of the virus with unprecedented measures. At this critical moment, another vital safeguard came from citizens in Tianjin.The careful and humane prevention measures of government, together with the understanding and support from the public, helped effectively control the spread of the epidemic, forming a stable and harmonious control mechanism throughout the city.

Nankai University, a century-old prestigious school situated in Tianjin, also made every endeavor to play a key role in the prevention and control of the epidemic.

Teachers and students from Nankai University fought on the front line, racing against virus to save lives. They are heroes in harm's way with practical actions.

After being informed to rally medical teams to assist Hubei, all health workers from the Affiliated Hospital of Nankai University signed up with warmheartedness. Finally, through layers of strict selection, four outstanding representatives of Nankai University joined the treatment for the coronavirus patients in the Second Hospital of WISCO, winning a good reputation for Tianjin. Over 20 alumni from

Nankai University School of Medicine also made their contributions to support Wuhan, interpreting the Nankai spirit of "Dedication to Public Interests, Acquisition of All-round Capability, and Aspiration for Progress with Each Day" with their actions. They bravely shouldered heavy responsibilities in times of crisis and lived up to the Hippocratic oath. After the domestic spread of Covid-19 had been brought under control, the focus of epidemic prevention was shifted to inbound infections. At this point, Nankai University organized 43 voluntary translators to assist airport staff with multilingual services for foreign inbound passengers. They are all heroes in harm's way.

When an epidemic breaks out, a command is issued. In answer to the national call, Nankai University acted immediately. Advanced research teams in biology, medicine, statistics and data science, as well as other disciplines are quickly gathered, conducting researches on vaccine development, biopharmaceuticals, diagnosis and treatment methods, prediction based on epidemiological models and anti-epidemic teleoperation robot. Due to the lack of research assistants, many professors fought at the forefront themselves and raced against time. They made great achievements in developing test kits for coronavirus antibody and strategies for epidemic control, which has provided important support for epidemic prevention and control. The enrichment detection system of new coronavirus particles in ambient air, developed by Nankai University School of Medicine, is used for customs inspection. Nankai University has successively organized two batches of emergency projects for scientific researches, fighting against the epidemic in various fields. We firmly believe that in the near future, more research achievements of Nankai University will be applied to the frontline of epidemic prevention.

To successfully overcome the pandemic, Tianjin and Nankai University spared no effort!

Jeanne Riether

Jeanne Riether, an American author, humanitarian worker and teacher, is a co-founder of the Healing Young Hearts Project. Living in Asia for the past 40 years, she is presently working at Tianjin's Cathay Future Children's Center. In collaboration with Chinese and foreign psychologists, Jeanne creates materials focusing on emotional resilience, training volunteers to conduct activities for children in local communities, hospitals, orphanages and schools, as well as disaster zones. In 2017, she was nominated for Tianjin's Haihe Friendship Award for contributions to China's social development.

If You Want to Change the World, Come to Tianjin

"Excuse me, do you have a moment?" A young Tianjin University student approached me after my presentation. As an appointed student volunteer mentor at the Tianjin University College of Management and Economics, I thoroughly enjoy my interaction with students I meet several times a year for training.

"Certainly," I answered, and we found a quiet corner in the

auditorium away from the other undergraduates in the Public Welfare and Volunteerism elective course. "I was very touched by the photos of Sichuan you showed in your lecture," the student told me. Part of my presentation on effective volunteerism describes my experiences in 2008, working with teachers from the Wenchuan earthquake zone, helping children find emotional resilience after disaster. "You see," he explained, "my hometown is in Mianyang", a city in the quake zone. "You helped my teachers, and then they helped me. Now I'm a student here in Tianjin, and that's why I signed up for this course. I want to learn how to help others too."

There may be many problems in the world, but there are also many people seeking to be part of the answer. Another such student is Duan Deng (段登峰), who volunteered to work with Hatch Action (破壳行动 Po Ke Xing Dong), a Tianjin University service project reaching out to children left behind in rural communities by parents working in cities. Hatch Action asked me to show volunteers how to use games and activities to forge bonds with the children, and boost their confidence and self-esteem. According to Duan, "The children are usually brought up by their grandparents and sometimes are lonely. Education resources can be very limited in some poor areas of China. Campus bullying happens sometimes in the school, leaving some students in a psychological shadow."

When I asked him his vision for the program he explained, "We can talk to them as an elder brother, sharing our experiences when we were their age. We can show them some knowledge they can't learn from normal classes, show them more possibilities in this world, encourage them to be positive and fight for a better future. And after our trip, we can still connect on the internet and keep in touch with them, showing constant support whenever they need." Talking to Duan left me feeling that the future of China is in good hands.

"What can I do to help?" is the question I hear more than any other in my line of work. I've been asked this by talk-show hosts, newspaper reporters, business leaders, and individuals old and young. People want to help. The standard of living in China has risen, and it's no longer enough to just make a living; people want to make a difference as well. Apparently people have been asking this question for centuries, for the ancient Greek philosopher Aristotle had something to say on the subject: "At the intersection where your gifts, talents and abilities meet a human need; therein you will discover your purpose".

So I usually encourage people to assess their deep interests – their passions – and put them to use. The best volunteer projects successfully match volunteers with programs they feel passionate about. There are many programs to choose from, judging from the number of diverse nonprofits organizations springing up across China. As of 2018, over 810,000 social organizations (社会组织, *shehui zuzhi*, the Chinese term encompassing foundations, membership associations and social service groups) had registered with China's Ministry of

Civil Affairs and it's local bureaus.

I am a teacher at the Cathay Future Center in Tianjin, and serve as a public welfare advisor for the Cathay Future Culture and Art Foundation. Of the foundation's many varied projects, one that is particularly dear to my heart is our work with children undergoing treatment for cancer, blood diseases, heart disease and other challenging chronic ailments. We created our Healing Young Hearts hospital activity backpacks in consultation with Chinese and international psychologists, so parents and volunteers can help children talk about their feelings. The story and activity booklets, toys, games and art supplies in them help children diffuse stress, cope with difficult emotions, and form a more positive outlook on their hospital experience.

I will always remember one little girl who spotted us arriving at the cancer hospital. Her mom was taking her out for some fresh air, but the child insisted they turn around and head back to the ward. "Normally she can't wait to get outside, but she really doesn't want to miss your activity," the mother explained. We spent a session teaching "warrior breathing" – deep breathing exercises to help kids manage pain and fear – and making paper animals together. We talked about the animals we sometimes feel like – a scared little fish, a sleepy tired bear, an angry grumpy lion, or a happy mischievous monkey.

When we initially dreamed up our backpack project, there simply wasn't a budget to cover it, but part of the magic of volunteerism is watching the local community pull together in time of need. In this case, the students and teachers of the Global Language Village School in Cathay Future Center came to the rescue by putting on a play, donating the proceeds to the cause. Fifty singing and dancing Chinese students and foreign teachers enacted a costumed version of Disney's 'Frozen', replete with snowmen, reindeer and trolls. "Teaching kids about helping others is an important part of education," says Liu Ran, the managing director of the Global Language Village School. "Kids can learn English while at the same time learning they can work together to do something good in the world." The school has gone on to involve young students in other charitable ventures, such as bake sales and holiday activities supporting animal rescue groups, and book collection drives to help rural schools.

Watching the Healing Young Hearts Project grow, with help from the Tianjin community, has been both exciting and heartwarming. Secondary students at the International School of Tianjin asked to become involved, using their writing and art talent to create story content for future hospital booklets, then raising funds for printing. Fourth graders conducted collected high quality toys to be donated to kids in need. According to Katee Inghram, a teacher at the school, the kids were thrilled to help. "Students at IST are engaged in service within and beyond their community. The school takes an active role in promoting responsible action and service learning, from Nursery to Grade 12."

Jason Stinson, general manager of the Shangri-La Hotel, organizes community fundraising events to sponsor hospital backpacks, as well as other projects from our foundation and other charitable groups. Jason has a talent for bringing community leaders together to support worthy causes, particularly through sporting events which he loves. In 2019, the International Dragon Boat Racing Team, made up of a crew of Tianjin expats with Jason on board, raced in a city-wide competition. Over the past years the annual charitable Fun-Run, organized by the hotel, rallies major companies to support charities. In addition to holding charitable art exhibitions, gala dinners, blood donation drives, and other events, the hotel staff would regularly volunteer at the cancer hospital, helping conduct art and craft activities. Jason explained, "The programs are a special opportunity for our colleagues to bond through community engagement that makes us feel proud as human beings and as an organization. The real value has been in the ongoing long-term commitment to volunteer, raise funds and interact with those children and families that need extra support in Tianjin."

Many people across the international community are keen on working together to make Tianjin – and the world - a better place. Peter Dijkstra, from France, is an associate of Tianjin Link, an accounting company, as well as owner of the Tianjin restaurant Le Loft, and co-founder of the social media platform, GoExpats. He uses his presence here to promote environmentally friendly 'green' swap-meets encouraging recycling, trading, and donating used items to social organizations. These, and other charitable fundraising events, have become popular amongst the foreign community who enjoy the chance to socialize while helping a good cause. He explains that while not everyone can volunteer fulltime, we can all do what we can. "A thousand people, giving 0.1% of their time, is the same as one person giving 100%".

Local Tianjin mothers have also heard the volunteer call. Wang Hui, an energetic Chinese mother of two, started the volunteer group Tianjin Mingde Shegong (天津明德社会工作事务所) upon realizing that 23 elderly persons lived alone in her neighborhood, a growing social issue in China. "We organize community volunteers to help each other," she explained. She registered her social organization several years ago. "I have a good organization now, my professional educated colleagues are with me."

Thanks to these enthusiastic voluntary organizations and increasingly professional elderly care services, as well as the intelligent and smart elderly care measures launched by the Tianjin government, I believe that the elderly living in Tianjin are very happy!

As their work expanded beyond elder care, their members began helping families with special needs children, such as autism. "When mom got sick, we used college students and social volunteers to help with childcare seamlessly."

There simply is not enough space to name all that passionate volunteers are accomplishing. Wonderful things are happening, so if you want to help change the world, come to Tianjin!

Samaranch Memorial	Samaranch Memorial, situated in Tianjin, was established by IOC member Mr. Wu Jingguo. The memorial is the only venue in the world authorized by the Samaranch family and approved by the International Olympic Committee to commemorate Mr. Samaranch and promote the Olympic spirit. As a member of the International Group of Olympic Museums and the Chinese Museum Association, it is currently listed as an AAAA National Tourist Attraction in China. More than 16,000 items from Mr. Samaranch's personal collection are now kept in the memorial.

Samaranch Memorial in Tianjin

Tianjin, hailed as "the cradle of modern sports in China", is one of the birthplaces where the Olympic Games laid its root in the country and where many firsts in China's history of sports were created.

Samaranch Memorial, situated in the Health Campus in the western part of Tuan bo New Town, Jinghai, Tianjin, covers an area of about 36 acres, with a construction area of around 19000 square metres. Established by IOC member Mr. Wu Jingguo, the memorial is the only venue in the world authorized by the Samaranch family and approved by the International Olympic Committee to commemorate Mr. Samaranch and promote the Olympic spirit.

Back in 1908, Mr. Zhang Boling, the founder of Nankai High School, brought the novel term "the Olympic Games" back to China. On July 13, 2001, at the 112th Plenary Session of the International Olympic Committee in Moscow, the President of the International Olympic Committee, Mr. Samaranch, announced to the world that Beijing, China won the right to host the 29th Summer Olympic Games. From 1908 to 2008, China has finally realized its century-long Olympic dream.

Without the support and assistance of Mr. Juan. Antonio Samaranch, the honorary president for life of IOC the 2008 Beijing Olympic Games couldn't have been such a great success. For many years, Mr. Samaranch was the witness to the development of China and guide to Chinese sports, promoting the internationalization of China's Olympic movement. He once said that: "I have had many titles in my life, but my favorite one is 'a good friend of the Chinese people'."

On December 18, 2018, Juan Antonio Samaranch was honored with China Reform Friendship Medal by occpc and the state council on the grand gathering celebrating the 40th anniversary of the country's reform and opening-up.

The friendship between Mr.Wu Jingguo and Mr.Samaranch is

well known within the IOC. During the 1980 Moscow Olympics, they left a very deep impression on each other and felt like old friends at the first meeting. In 1982, Mr.Samaranch founded the Olympic Philately, Numismatic and Memorabilia Commission. Mr.Wu Jingguo, who shares the hobby of collecting, was recruited as a member. Afterwards, these two with similar backgrounds became friends regardless of age difference. Together with Mr. Wu, Mr. Samaranch watched the 2009 Boxing World Championships held in Milan. During this period, he came up with the idea of donating his lifelong collection to Wu, who can be entrusted to share this Olympic treasure with the entire world, thereby inspiring the future generations with the Olympic spirit.

After Mr.Samaranch passed away in 2010, more than 16,000 items from his personal collection were donated to Mr. Wu Jingguo with the help of the Samaranch family. It has since then become an imperative mission for Mr. Wu to pass on the love and legacy through the establishment of Samaranch Memorial.

Locating the Samaranch Memorial in Tianjin is also a deliberate choice. First of all, as early as 1908, Tianjin's famous educationist Zhang Boling deplored"Why can't Chinese host the Olympic Games". Tianjin is also home to Chinese basketball, known for "Five Tigers of Nankai". This phase of history is a solid proof of Tianjin as the birthplace of Chinese sports. Secondly, the foundation, culture, and thoughts of sport are widespread in this city. Meanwhile, due to its proximity to Beijing, Tianjin has witnessed the glory of the 2008 Beijing Olympic Games and have had multiple Olympic teams training here, which kindled in the city a profound admiration for the Olympic games and for Mr. Samaranch. Finally, Mr. Samaranch was deeply attached to Chinese traditional culture. Building the memorial in Tianjin can not only perpetuate Mr.Samaranch's legacy worldwide, but also promote the traditional culture in virtue of Tianjin's advantages.

Thanks to the full support from Tianjin Municipality and the government of Jinghai district, Samaranch Memorial is eventually inaugurated in Tuanbo New Town of Jinghai, Tianjin.

On April 21, 2013, which was also the third anniversary of the death of Mr. Samaranch, the memorial was officially opened to the public. As the only venue in the world to commemorate Mr. Samaranch, it is currently listed as an AAAA National Tourist Attraction in China. Samaranch Memorial has also officially joined the International Group of Olympic Museums and the Chinese Museum Association. Following the footsteps of Mr. Samaranch, the memorial has established cooperation with over 100 schools, building Co-construction Bases of the Olympics. There, students can learn Olympic knowledge and young Olympic talents can acquire training. On the 6th anniversary of the museum, together with Tianjin Jinghai Post Office, the Memorial inaugurated the Samaranch Memorial Post Office, where people can mail postcards and letters to every corner in the world.

Since its establishment, the Samaranch Memorial has actively responded to the government's promotion of the public fitness program. Every year, a variety of events themed in the Olympics take place on regular basis, so as to convey the uplifting sportsmanship to the public and promote the idea of healthy living. These events enjoy great popularity among citizens and adolescents, and have attracted more people to take active part in physical exercises, letting them bask in the fitness and happiness brought by sports. The Samaranch Memorial sees it as its role to carry forward the Olympic spirit, to promote the Olympic culture, and to cultivate young Olympic talents. With Tianjin's diverse local culture and its status as the origin of China's modern sports, the memorial is determined to promote the sportsmanship and Olympic spirit to the whole country and to the world.

Shin Kwang-Yong

Shin Kwang-Yong is Professor and Doctoral Tutor of Business Administration at Business School, and teaches as adjunct professor at the College of Chinese Language and Culture,Nankai University. He holds doctorates in Comparative Management and Chinese Philosophy. In his academic career, he has published over 10 Chinese and English monographs in fields of integrated marketing communication, comparative management, and management philosophy, etc., together with 125 research papers published in Chinese, English, Korean and Japanese. He has also worked for the National Unification Advisory Council of South Korean Government, and as Vice President for the Tianjin Korean Association and Chamber. Now he lives in Tianjin with his family.

Korean Scholar in Tianjin: I also Deeply Love Nankai and Tianjin

It has been 28 years since I first set foot on the land of China. Back in October 1992, I was an oversea student in Nagoya, Japan. Hearing about the official establishment of diplomatic relations between China and South Korea, the feeling occurred to me that China, the vast and magical country, would surely give birth to huge space for development. Undoubtedly, this was also a major opportunity for me. Without hesitation, I took the plunge and left for China. My journey took off in December 1992. It was a cold winter and my heart was fulfilled by expectations and anxiety. With two cases of books on both my hands and shoulders, I embarked on my academic career as a student and then a teacher.

I was major in management during my undergraduate and graduate studies in South Korea. Curious about how researches in this field were conducted in China, I was looking forward to seeing it for myself. At that time, there were only three Chinese universities entitled to confer doctorate degrees of management: Nankai University, Renmin University of China and Fudan University. From its establishment in 1919, Nankai University has put forward the idea of "govern the country with culture, strengthen the country with science, and enrich the country with business", thus forming a solid triad of liberal arts, science and business. The establishment and construction of business studies in Nankai met the needs of the economic and social conditions at that time, which exerted a great influence both at home and abroad. As the only institution of higher learning that specialized in business administration back then, Nankai University was the pioneer in the domestic study of management, equipped with top-notch faculty and fruitful scientific researches. Business School of Nankai University is also one of the earliest business schools in Asia, occupying an authoritative position in the academic world. Nankai University, the center of business studies, has naturally become my first choice; and Tianjin, where Nankai University is located, has become my second hometown for studying, working and living.

In the first week of my arrival, I started with the outer ring road and explored along the way towards the city center. Tianjin was then a city with the sense of both history and modernity, that contemporary city landscape and modern western architecture complemented each other; the bells of carriage and the whistle of Mercedes-Benz cars rang one after another; and the strong urban atmosphere was mixed with unconcealable rustic customs. This complete strange city's resemblance to Korean cities of the 1960s and 1970s evoked in my heart a sense of deja vu and nostalgia.

Three is my favorite number. This number has been with me for a long time in my life. I pursued my master degree in Daegu, the third largest city in South Korea; and Nagoya, where I continued my education, was the third largest city in Japan. When I first arrived in China, Tianjin was also the third largest city of the country. I had a vague feeling that this was meant to be, and I believed that Tianjin would be the place where I would thrive.

To better fit in the learning environment of China, I spent a whole year studying Chinese at the Center of Chinese as a Foreign Language. In September 1994, I successfully passed the entrance exam and was enrolled in the first batch of doctoral students of the newly-organized

Department of International Business Management, affiliated to Nankai University Business School. The moment I stepped in the campus of Nankai University, I was indulged into its atmosphere of rigour and simplicity. Thanks to the cordiality radiated by the quaint architectures and the tranquil landscape, I was quickly involved into the campus life and met many new friends. My doctoral supervisor is Professor Chen Bingfu, a well-known management scientist in China. Mr. Chen nourished my academic career with his rich accumulation of over 60 years as a scholar, along with his full devotion to teaching. I benefited greatly from his valuable insights to management, namely " the combination of the ancient and the modern; of China and foreign countries; of different disciplines and schools of thoughts; as well as that of macrocosm and microcosm". Under the careful guidance of Professor Chen, in December 1997, I successfully gained my PhD degree in management, which is also the first batch of management doctorate awarded nationwide after China's professional degree system reform.

I did not leave China after having obtained my degree. Instead, I chose to continue my exploration to deeper and wider unknown fields in Nankai University. In March 1998, with the strong recommendation of Mr. Chen Bingfu, my supervisor, I was hired to teach at the Business School of Nankai University. I was thus enabled to pass on Mr. Chen Bingfu's academic ideas and achievements to the next generation; to contribute more to the field of management; to realize the value of my life and to pay back to Nankai University. In 2000, I was hired as associate professor and qualified as master's tutor in the Business School of Nankai University. In 2007, I was promoted as professor and qualified as doctoral supervisor. Since then, I have trained more than 150 master and doctoral students, offering specialized courses including Integrated Marketing Communications Strategy Management; Management Studies; and Enterprise Ethics and Social Responsibilities to students who are thirsty for knowledge. In order to deeply analyze and examine management theory, I have worked as a researcher at the Entrepreneurship and Innovation Research Center and SME Research Center of Nankai University for more than 20 years. During this period, I have participated in 17 national, provincial and ministerial level research projects. I have also hosted and took the charge of important research projects including Integrated Marketing Communication; Management of Non-Profit Organization, Enterprise Knowledge and Technological Innovation, and so on. When teaching the EMBA and MBA courses, in order to create lectures with higher quality that connect theory to practice, I studied for and obtained another doctoral degree in Chinese philosophy from the Philosophy Department of Nankai University.

For Beijing's successful hosting of the 2008 Olympic Games, Tianjin has opened a new chapter of urban construction and made tremendous changes. The city's international development strategy has made Tianjin, where there was a rich history atmosphere, put on a brand-new look. At the same time, Nankai University also ushered in the new stage of international development, welcoming aspiring youngsters from all over the world to obtain knowledge. My international academic background exactly catered to the new needs of the oversea students, so I was appointed as visiting professor at the College of Chinese Language and Culture, teaching International Marketing Management, International Business Negotiation and other professional courses.

It is China that imparts nourishment to my academic career, and I feel obliged to contribute to China's development of management studies. To repay my beloved Nankai University, I have published over 10 Chinese and English monographs in fields of integrated marketing communication, nonprofit organization management, management philosophy, etc., together with more than 100 research papers published in Chinese, English, Korean and Japanese. In a sense, my life is also a kind of "integration". The process of establishing rational connections between things that are evidently or implicitly related, and of exploring their synergies, is just like my journey in China, that I incorporate my existing knowledge with what I have learned outside South Korea, so as to meet the challenges in management science and make today's achievements. Undoubtedly, "integration" is by nature mutually beneficial. China and South Korea is expecting closer relations in the future, and it is my sincere wish to bring efforts to the development of China-ROK cooperation. Therefore, I worked as consultant on China issues for the prime minister's office of the Korean government, bridging the exchange and cooperation in the China-Korea Free Trade Zone. In addition, I also took the position of vice president and consultant in the Tianjin Korean Chamber of Commerce, actively coordinating and meeting the educational and cultural needs for Koreans living in Tianjin to provide them with better conditions to work and to live, thereby promoting the economic and social development of Tianjin.

Tianjin is home to me. The big family of Tianjin endowed me, my wife and three daughters with a loving and happy life together. No matter where I go in the future, I will always return to my second hometown, Tianjin. There are only few years left before my teaching career ends. I will do my utmost and leave no regrets.

Living in Tianjin and holding China and South Korea in heart, I am very proud to be a part of Nankai University. When Premier Zhou Enlai, a distinguished alumnus of Nankai University, he once said to his classmates "I deeply love Nankai". And what I want to say is "I also deeply love Nankai and Tianjin".

Jason Stinson

Having worked globally and travelled for the past twenty years as an international hotelier, Jason Stinson is now the General Manager of the Shangri-La Hotel Tianjin. From then he has developed a deep and on-going fascination for the history, people, geography and culture of this city.

Destination Tianjin – Inspiring Travel

Travel presents exciting opportunities and new adventures that can enrich us as human beings. By experiencing new cultures while exploring landscapes we may come to see the world through a fresh lens. Through travel we can pause to appreciate, to celebrate the diversity of this amazing world. Connecting with people can often help communities in a variety of meaningful ways.

Having worked globally and travelled for the past twenty years as an international hotelier, I was fortunate to commence my current assignment as General Manager of the Shangri-La Hotel Tianjin in

November 2017. From then I have developed a deep and on-going fascination for the history, people, geography and culture of this city. I am pleased to share with you some of my experiences of this destination.

Tianjin is more, it is a city offering world class, indeed inspiring travel experiences.

Infrastructure Second to None

By plane, train or car reaching Tianjin is incredibly convenient! Tianjin Binhai International Airport (TSN), approximately 40km from the city centre, handles both international and domestic flights smoothly through its modern, well equipped terminals. My preferred mode of travel is by high speed train. China's first such service, travelling at over 300km/hr ran between Beijing and Tianjin in 2008.Today the journey a mere 35 minutes, offers an exhilarating experience and insight into contemporary China travel. The city also boasts an extensive, inexpensive and easy to navigate metro system.

Tianjin city offers an overall infrastructure for visitors that is second to none. Throughout the metropolitan area there are world class hotels; events venues; shopping centers; historical sites; entertainment options; emerging arts scene; restaurants; bars and much more.

The Heavenly Ford

Tianjin, a city of ancient origins, whose name literally translates as 'Heavenly Ford', today presents itself as a 21st century international metropolis. Its lifeblood, its economic driver, has been through the people who developed as traders. Many emerged as middlemen overseeing movements between ocean vessels and the Grand Canal connecting to Beijing. Tianjin has long been the capital's maritime outlet to the world. The Haihe River continues to act as a centre piece and reminder of the city story as a transshipment point. However, today the river is an environmental corridor for locals and visitors to enjoy. The imposing 120m high "Tianjin Eye", a ferris wheel, spans the width of the Haihe atop Yongle bridge. In recent years the riverside has been extensively transformed with connecting walkways, illuminated bridges, public gardens and parks - excellent areas for the local community converging for relaxation, exercise and socialising. Modern Tianjin is both a "City of Bridges" and a "City of Lights".

As an avid sportsperson, passionate about cycling and running, I have delighted in exploring the rivers systems of Tianjin. From the doorsteps of our hotel stretches one of the world's most scenic river walkways. A stroll, jog, run or cycle run is highly recommended as an opportunity to discover the people of Tianjin. From early in the morning to late in the evening all walks of life including fisherman, walkers, singers, musicians & dancing troupes gather by the banks as a community coming together.

Welcome to join our Shangri-la 5km River Fun Run, a community based annual event organized in August. The event has raised more than RMB150000 for Cathay Future's healing young hearts program supporting children and their families receiving cancer treatment at Children's hospital of Tianjin University.

For the experienced cyclists extensive half-day and full day adventure courses are also possible. They include exploring the southern reaches of the Haihe, Xinkai, Tsuya and Yongding rivers. The "TTT" or Tianjin Tuanbohu International Triathlon and Tuanbo Sprint Cycle classics annual events are also recommended for those would like to compete. A community based cycling group BTAC "Biking Tianjin Adventure Club" have enthusiasts who will always be happy to share their experiences and courses.

If you prefer to just relax then enjoy a Tianjin River Cruise, both day and evening, features many spectacular sites appreciated from the comfort of your vessel!

Dragon Boat Festival

Bringing thrilling experiences to the city, The Tianjin Dragon Boat Association in September 2019 invited more than 1,000 paddlers from around China and the world to participate in this annual race. A colorful spectacle, it took place again on the Haihe literally on the doorstep of the Shangri-La Hotel. A boat crew, organized through the hotel, included guests, local business leaders and community members. Together they paddled hard again raising much needed funds for the Healing Young Hearts foundation.

Foreign Concession Architectural Treasure

A personal preference is to wander the older streets through the British and French Concessions. Jiefang Bei Road or the "Old Bank Street" historically was Asia's first Wall Street. One of the legacies of the foreign concessions is the beautifully maintained and restored architecture area of mainly European design dating from the late 1800's and early 1900's. Leading south from Jiefang Bridge near the railway station, a gentle wander through this area is like stepping back in time. There is so much to see including Tianjin Post Office Museum, the Church of St Louis and the Custom's House.

For lunch or dinner it's hard to beat the international cuisine available in the Five Avenue's precinct in and around Minyuan Stadium. Eric Liddell, subject of the 1981 Oscar winning movie *Chariots of Fire*, represented the United Kingdom in athletics and rugby. He was raised in Tianjin and returned in later years to assist in the construction of Minyuan Stadium which is at the center of the Five Avenues. After lunch or dinner you can still enjoy a run or walk around the stadium track, a favorite meeting point for locals!

Beyond this the former Italian, Japanese, Austro-Hungarian and German concessions are also interesting precincts worthy of exploration. Good coffee and tea houses can be found throughout Tianjin.

Ancient Culture Street

To step back into China's history and explore more deeply the culture then visit the Ancient Culture Street. It features authentic folk arts including the Zhang clay figurines portraying exaggerated personalities and postures of their subject. Traditional kites, instruments and all manner of street food are available throughout the district which has been recreated in a traditional architectural style. For local culture, enjoy Xiangsheng, "crosstalk" shows performed in ancient tea houses where traditional snacks reminiscent of the Qing Dynasty are served. Beautiful places of worship abound including the Heavenly Queen, Dule and Dabei Temples along with Tianjin Great Mosque.

Tianjin Cultural Centre

This relatively new precinct is home to the Tianjin Grand Theatre, Tianjin Museum, Natural History Museum, Tianjin Art Gallery Museum, Tianjin Library, Zhonghua Theatre and Tianjin Science & Technology Museum. It is a peaceful area to meander and easy to immerse yourself for an entire day or more in the topic of your choice. Please do remember to bring your International Passport or Chinese ID to ensure easy access to museums and other tourist sites!

Further Afield - The Great Wall

If time allows head north 150km to picturesque Jizhou a part of

Tianjin municipality but so different to downtown. You can climb Pan Mountain or trek the Huangyauan section of the Great Wall. This is a stunning location to both escape the city and connect with nature. A multitude of bed & breakfast and country style inns are available for overnight stays. There is even the possibility of exploring wild sections of the Great Wall with the support of local guides.

Tianjin is indeed an inspiring world class destination that has so much to offer.

Andrea	POPESCU ANDREEA-LOREDANA(Andrea) was born in
Anna	Romania in 1994. She graduated from the University of Bucharest
David	with a bachelor's degree in Chinese and English translation. Then she

POPESCU ANDREEA-LOREDANA(Andrea) was born in Romania in 1994. She graduated from the University of Bucharest with a bachelor's degree in Chinese and English translation. Then she continued her education as an exchange student in the Chinese Department of Shanghai International Studies University. Since 2018, she has been studying for a double master's degree in International Relations at Nankai University's Zhou Enlai School of Government and in East Asian Studies at the University of Bucharest.

Аня Мельникова (Anna) is from Ulan Ude, the Republic of Buryatia, a country in Eastern Siberia. At the age of 16, she came to China to pursue advanced study in Chinese at Tianjin University, and was enrolled in Nankai University's College of Chinese Language and Cultureone year later. In 2020, she obtained her master's degree in Teaching Chinese to Speakers of Other Languages.

David Sipos(David)'s journey in Tianjin started in 2014, after winning his first Chinese Government Scholarship. He was admitted to Nankai University where he studied 2 years of Chinese language, then started a Master's degree in Tourism Management. Studying in this city for almost 6 years made it possible for him to immerse himself in the city's history and culture.

Joint Interview of Foreign Students in Nankai University

How long have you been living in Tianjin? How does it feel like to be a "Tianjinese"?

David: 2014 August, I still remember the day I've arrived to

Tianjin for the very first time, I knew right away that this city will earn a special place in my heart. This is my 4th year in this enormous coastal metropolis, and I can confidently say that these 4 years are among the most beautiful and meaningful periods of my life. This city has been the main contributor to my personal and professional growth, and it had a significant role in building the foundation of my future. During these 4 years I was lucky enough to have the opportunity to be an international student at Nankai University, make lifelong friendships, deepen my understanding of Chinese language and culture, and I was able to have as many "Jianbing Guozi" and "Goubuli Baozi" as I wanted. Life in Tianjin can be very pleasant for foreigners, we can enjoy the vibrant life of the city, meanwhile it is also possible to find tranquility and have a break from the hustle-bustle of Tianjin.

Anna: I have already been living in Tianjin for seven years since 2013. Tianjin is now my second hometown. At the beginning I could not fully adapt to the language, food and climate here. But now I feel like a part of the city and I am deeply in love with my life here. Tianjin people are warm and hospitable, the way they treat me gives me a sense of belonging. Also I am attracted to the special snacks and beautiful scenery of all four seasons in Tianjin, which makes it hard for me to leave the city.

Andrea: I have been living in Tianjin for almost two years. Experiencing a new life in a new environment is fulfilling in every sense, and these two years in Tianjin has been extremely rewarding.

The first step is the hardest. I have met my bottleneck when I first enrolled in Nankai University. Because of the lack of related academic background, I could barely understand anything and wished to return home every day. Then three things in life that helped change my mind. The first thing happened during a dinner with my classmates. The class monitor told us: "From now on, we are no longer Chinese students and you are no longer foreign students. We are all international students." It was for their assistance and support that I grew into a stronger person. The second thing happened when I took my exam in the campus. The security guard stopped me at the gate of the institution building, asking where I was from. I answered cheerfully: "I'm from Romania." Before I had the chance to tell "Romania is a country of Eastern Europe." like always, he interrupted me: "The capital city of Romania is Bucharest, am I correct?" I was very surprised and touched. Here in Nankai University, I met my lifelong friends and teachers I truly look up to. I have also found my way to the future. The third thing happened in a subway station of Tianjin. A group of elementary school students were raising money for poor kids in rural areas. Worrying I couldn't speak Chinese, they talked to me in English and invited me to paint a picture.

According to your professional knowledge, what are Tianjin's advantages?

David: As a European person I can say that Tianjin is a very interesting city with an exceptionally unique historical background. My major is tourism management, and I believe that Tianjin has a much bigger potential in terms of tourism, than most people would think. China is one of the biggest countries in the world, but still – most foreigners could only mention the most famous and "mainstream" cities like Beijing, Shanghai and Hong Kong. Tianjin, with its proximity to the capital can be easily accessed by those tourists whose main destination is Beijing. Thanks to the high-speed trains that are operating between the two cities, people can get to Tianjin from Beijing in just a little bit more than half an hour. After Tianjin was forced to open its borders to foreigners for trading in the 1800s, several western countries established their concessions in the city and Tianjin still has a lot of architectural reminders of this era, such as churches and villas.

Anna: My major is Chinese International Education. In this field, Tianjin's advantage resides in the language environment. My Chinese is making great progress in the communication with local people. Secondly, Tianjin is an international metropolitan, where there are students from many countries. I am thus given the chance to make new friends from all over the world and soak myself in the world culture.

Thirdly, Tianjin is home to many language training institutions, which provides us easy access to practice our knowledge in internships. Additionally, Tianjin is a city with rich educational resources. Except for Nankai University and Tianjin University, there are other academies like Tianjin Foreign Studies University and Tianjin Normal University. Many libraries in Tianjin also open free to the public. This is a very favorable environment for my professional studies.

Andrea: In comparison to other international cities in China, Tianjin's rich opportunities provide an enormous platform for foreigners to seek further development. Meanwhile, there are several academic competitions hosted in Tianjin. Last year, I participated in the 5th Tianjin College Student Reading Contest and the 2019 "Foreign Students in Nankai" activity. Every student in Tianjin has the chance to show their advantages, to grow, and to make progress.

In your opinion, what are Tianjin's potentials in future development?

David: As I mentioned earlier, thanks to its easy accessibility from the capital, Tianjin has high potential to become a secondary destination for those international tourists whose main goal is to visit Beijing. Tianjin doesn't just have a unique history and culture, but also a wide variety of delicacies that can be very appealing for those food lovers who are planning to visit this region. I believe that Tianjin should invest more resources into its tourism industry, it wouldn't just result in urban development, but also economic and social development. Since Tianjin is a port city, its potential for cruise industry in the Bo hai Sea area could be also utilized on a higher scale. By emphasizing and promoting these aspects of the city, Tianjin could be a more important destination not just for Chinese but for international tourists as well. Another aspect of Tianjin that can be very important for future developments is its Eco-city. This project could become a great example for other countries and cities that are also determined to tackle the sustainability issues we are facing these days.

Anna: Except for its proximity to the capital city, as the biggest coastal city in north China, Tianjin is competitive with its abundant touristic, educational and human resources, as well as numerous policy advantages. I believe Tianjin has great potentials in economy, politics and culture. In addition, Tianjin and Russia have maintained close contacts in recent years. For example, Russian President Vladimir Putin visited Tianjin together with President Xi in 2018. Therefore, from the perspective of Sino-Russian cooperation, Tianjin is also expecting a promising future and can provide good employment environment and development platform for Russian speakers.

Andrea: I think Tianjin people will embrace a smarter lifestyle in the future. As far as I'm concerned, Tianjin's development would be multi-faceted, including a harmonious integration of economy, culture and natural scenery. Moreover, environmental pollution will be greatly alleviated by shutting off productions that cause ecological damage. Together with other areas, Tianjin will contribute to a greener world.

Tomorrow

Jean-Philippe Raynaud	Jean-Philippe Raynaud is a seasoned executive who is deeply committed to leading business strategies and operations worldwide associated with environmental preservation, energy transformation and urban sustainable development. He has held executive positions in global utility and energy service companies, being involved in the sectors of gas, energy management, clean environment, low CO_2 and smart city in France, U.K., Korea, United Arab Emirates, Japan, Egypt. He was more recently the CEO of a multinational energy company in China, where he has been living for 4 years and where he enjoys to return frequently. During his stay in China, Jean-Philippe Raynaud developed a peculiar interest in Tianjin. The urban energy projects that he drove in Tianjin led him to keep a special affection for the city.

Tianjin, a Smart City for Inspiring a Global and Complex World

Tianjin is a city I love because its future is inspired by its history.

For those who recognize that future is built on the long history, Tianjin is an example of those large cities that are the pillars of a nation on the move. To the foreign observer, the footprint of Tianjin may seem more discreet than that of Shanghai or Guangzhou, not counting Beijing, with which it has a relationship of complementarity and, one could say, sisterhood. Placed strategically on the mouth of the Huang He, the Hai He and the confines of the Grand Canal, Tianjin was the gateway connecting the interior and the Pacific when the world traveled on the sea. Its influence aroused the interest of foreigners who wanted to discover the real China, as well as the lusts of foreign powers which triggered the vicissitudes of history. Thus, Tianjin had a prime role in shaping the current geography of Northeast Asia but also in being a cluster expanding an intellectual and cultural influence towards the rest of the world.

Tianjin, in my opinion, is above all a city of encounters and ideas. While the opening of other Chinese cities was mostly leveraged by trade, Tianjin attraction was also based on cultural and scientific interests. Already far in history, Tianjin brought together intellectuals, thinkers, artists and humanists from around the world. More recently, it was at the heart of the movement that established the founding principles of China's opening towards new economy and prosperity.

Among the personalities that the particular identity of Tianjin inspired, I would name Pierre Teilhard de Chardin, who radiated this inspiration to the rest of the world. His thoughts on mankind and the evolution of the world take all their meaning in the modern China and its ambition for the 21st century. In his own way, Teilhard de Chardin was already defining the societal foundations of smart cities that Tianjin has the ambition to become and to inspire an increasingly global and complex world.

At the 4th World Intelligence Conference held in Tianjin this year opened on the "cloud", various new scenarios, technologies and models have been displayed and applied in turn, and the shots in science fiction blockbusters have promptly entered the lives of modern people. It can be said proudly that intelligence has become Tianjin's new business card.

Together with Binhai, Tianjin is for me the Greater Bay Area of northern China. Today it hosts leading industries and research institutes which are the seat of major advances in the technological and scientific fields. By virtue of its peculiar place in political institutions [1], it is called to play a fundamental and pivotal role in the economic and social integration of Beijing-Hebei-Tianjin area. That will certainly expand further its radiance and recognition to a much wider scale. But it would be a mistake to see Tianjin only as the industrial and technological hub which has been one of the main engines of Chinese growth over the past twenty years.

Tianjin carries a new urban model whose exemplarity should not be limited to a technological city. It is important that it also has a societal, environmental and civilizational dimension, encompassing all the components and values that make a society harmonious. I also think that it must claim high its historical vocation of universality and fraternity. I trust Tianjin will be recognized worldwide as a reference model if it manages to bring forward human and environmental values as much as material prosperity.

Key challenges are the accelerated pace and the sustainability. Key assets are history and its population who trigger the vision, skills and inspiration needed to meet a destiny. Tianjin has a chance to become an exemplary model of transition from a quantitative economy to a qualitative and sustainable ecosystem, where creativity and intelligence enhance the creation of value, and the circulation of value reaches efficiently all walks of life in the society. Tianjin as a smart city should be an ecosystem where the circulating values are not only monetary, but also cultural, based on skills, sharing and personal accomplishment. I believe smart cities should fundamentally encompass the human traditional activities that are educating, producing, trading, entertaining, caring and enjoying... Smart cities must be inclusive, should care for kids, families, elderly people... and not only see the individual as a worker, a consumer or a commuter, and that is certainly what I find in Tianjin.

I see Tianjin as a land of talent. The openness and broadness of its universities, among them the prestigious Tianjin University and Nankai University, create a powerful stream of initiatives. Their international recognition is a source of stimulation for a large community of students, researchers and scientists. Their success was to understand that education should not only focus on elite but should encompass all domains which bring value and accomplishment to the people in their daily life. Talent is the right concept to associate to a city which has been reinventing itself over the last two decades without scraping its historical identity. I remember the long and friendly dinners where my Chinese hosts who had brilliant backgrounds in engineering, law, human sciences, geology... could exchange relevantly about European literature and arts.

Smart is also the ability to communicate, to share, to connect... not only in terms of mobility, logistics or information but also minds connection, maybe also heartful connection! To me, Tianjin has a soul and a heart, such as we talk of the soul of Paris and the heartbeat of Rio de Janeiro. It has an identity, which is an asset to capture intelligence and talents and to have its model recognized and replicated. Tianjin project should include culture, because culture carries the sense of social identity, endeavor, ownership, responsibility, commitment and social link that are necessary to pursue a global vision in time as much as building a cohesive community.

In the prospective of huge transformations and challenges that human societies have to face, I believe that Tianjin has a true civilizational dimension in inspiring a new sustainable model of city that could be extended to many populated and growing areas in Asia, Latin America and Africa where such new urban model is dramatically needed, in the spirit of Teilhard de Chardin.

Sun Xuan

Sun Xuan is Professor at Zhou Enlai School of Government at Nankai University, and also works as the head of public administration laboratory, director of digital city governance laboratory. He took a post-Doc position with University of Glasgow, UK. His main research interests comprise urban modeling, urban computing, digital city and smart city. He is hosting a national scientific research foundation project of China (NSFC) and several open foundation projects sponsored by Universities and the Chinese government. Dr. Sun's awards and honors include the second prize of Public Security Ministry of China for technical innovation at fundamental departments, and the innovative talent of Tianjin. He has published more than 30 papers on SCI/SSCI/EI/CSSCI journals, taking the responsibility of anonymous reviewer for over 10 of high grade journals.

Smart Tianjin

1. Introduction

In order to cope with the challenges brought about by urban development, and to realize the efficient, fair and sustainable urban governance and public services, a growing number of technical methods are applied to all aspects of economic and social life, so as to enhance management efficiency and people's life experience. In the context of continuous development and improvement of informatization, digitization, and intelligent technologies, the concept of smart city has been proposed and received active responses worldwide. According to the data released in 2018 by Deloitte, an international strategic consulting firm, now there are more than 1,000 cities across the world in construction of smart city, including more than 500 in China, accounting for over 50% of the total. As one of the four municipalities directly under the Chinese Central Government, as well as an important economic center and shipping logistics center in north China, Tianjin has become in the past decade a pioneer in the exploration and construction of smart cities in China.

2. The Development of Smart City

To lead the way towards a safe, efficient, convenient and green city, in 2011, Tianjin pointed out its direction of development as "Smart Tianjin", and for the first time distinguished the concepts of digital city, intelligent city and smart city, thereby clarifying the idea, notion, path, main tasks and policy proposals upon which smart Tianjin would be built. The city's planning scheme was highly rated by experts at the review meeting of "Building Smart Tianjin: Strategies and Policies" held in Beijing.

Since 2012, Tianjin has been vigorously constructing

communication infrastructure and the digital urban management system. On the one hand, through the fiber-to-the-home project, the city's capability to provide information service is largely improved; on the other hand, by promoting the mode of grid management throughout the city, the visibility and refined management of urban spatial elements are fully realized.

From 2013 to 2015, the Ministry of Housing and Urban-Rural Development, together with the Ministry of Science and Technology of the People's Republic of China, has successively listed three groups of cities as national pilot projects of smart city, including Tianjin's Jinnan District, Sino-Singapore Tianjin Eco-City, Wuqing District, Hexi District, Beijing-Tianjin Cooperation Demonstration Site of Binhai High-tech Zone and Jinghai County. At the same time, Tianjin Economic and Information Commission has formulated and issued the *Action Plan for the Development of Tianjin's Information Service Industry (2014-2016)* and the *Action Plan for Tianjin's Smart City Construction (2015-2017)*, putting forward 10 smart city construction projects, which include broadband Tianjin, e-government, smart grid, smart transportation, smart emergency response, smart social security, smart education, smart community, smart tourism, and smart port. Five action plans were also proposed in regards to facilitation of service for public benefits, refinement of urban management, intelligentization of infrastructure, high-end development of smart economy, and network information safeguard. At this point, the focus of Tianjin's smart city construction was further clarified.

In 2016, the Summit about Construction & Development of Smart City was held in Tianjin, China. There were four exhibitions themed on the path and innovation in the construction of new smart city; new industries and new cities; development and prospects on integrated development of advanced manufacturing; as well as big data and big future, around which experts in related fields, business leaders and government officials conducted in-depth communication and exchanges. It marked the beginning for Tianjin to reflect and explore the path of smart city construction. Meanwhile, Tianjin Industry and Information Technology Commission planned the *Thirteenth Five-Year Plan for Smart City Construction*, which officially ushered in a new stage of smart city development with multi-agent cooperation and integration of industry, education and research.

In 2017, the first World Intelligence Congress was held in Tianjin. More than 1,200 politicians, entrepreneurs and scholars from 17 countries across the globe had extensive discussions on the new changes, applications and challenges brought about by the development of technology, especially that of artificial intelligence. Since then, Tianjin's construction of smart city has gradually integrated with the world, and the city began to seek communication and cooperation on a broader platform.

Now, the World Intelligence Conference has been successfully held for 4 years, and many well-known high-tech corporations have taken part in Tianjin's construction of smart city, ranging from Huawei, China Aerospace Science and Industry Corporation, Digital China, IFLYTEK, JD, Unicloud, Taiji Computer, Qihoo 360 Technology, Beijing eGOVA, General Electric to Keppel Group. From strategy, technology, innovation to ecology, Tianjin has embarked on its own development path of smart city construction.

3. Ecology and Smart City, two wheels of a cart

In addition to the Data Lake project in Jinnan, the visual decision-making system in Hexi, and the "1+2+N" and "1+4+N" smart city application systems in Jinghai and Binhai New Area, Sino-Singapore Tianjin Eco-City's "two-wheel drive", a development model serving both ecological and smart-city purposes, has also become a shining name card of Tianjin's smart city construction.

In terms of daily life, smart technology is applied everywhere in the smart community of the Eco-City, such as the tagging system of cars & owners, detection on objects thrown from tall buildings, waste sorting & recycling and pneumatic conveying, the Internet Plus Livelihood Services, smart meters, smart security, etc. The green, smart and livable concepts are thus integrated into all aspects of residents' lives. *The Guidelines for Sino-Singapore Tianjin Eco-City Smart Community Construction* released in June 2020 also entailed the country's first evaluation system for the smart community construction.

As for culture and education, except for establishing smart classrooms and online courses for elementary and middle schools, the Eco-City has also introduced 34 robots of six different kinds to public libraries. The robots can provide readers a full range of services including automatic consultation, voice search and navigation for book search. The National Maritime Museum of this area also offers visitors a panoramically immersive experience through virtual reality, augmented reality and other technologies.

In regard to urban management, the smart transportation system, composed of smart signal lights, driverless buses, traffic information broadcast and emergency command and control module, is one of the core application platform to ensure optimal operation of the city. In addition, there are other direct manifestations of the Eco-City's capability of smart urban management, consisting of smart waste disposal, environmental monitoring based on various sensors, and emergency dispatches. Nonetheless, behind all these applications, it is the data collection by the city brain, state recognition and analysis, as well as the coordination between departments that play the vital role.

Representing the integration of ecological protection and smart city, the "zero-energy cabin" has recently been inaugurated in the Eco-City. It realizes a self-sufficient green lifestyle by means of photovoltaic power generation, energy-saving construction, and energy consumption management, etc. Through dynamic adjustment of temperature and humidity, it can also meet the personalized needs of comfortable living and working. In the context of energy conservation and livability, the construction and promotion of "zero-energy cabin" perfectly reflect the smart use of energy in the Eco-City.

4. Looking forward to the future: the 5G era

Today, with the advent of the 5G era, data communication has become more real-time, comprehensive, and extensive. The connections between people, objects, and that between people and objects are getting closer. For Tianjin, the construction of smart city is about to be brought to a new level.

At present, governments of counties and districts are in collaboration with enterprises to explore application scenarios as follows: 5G unmanned driving, 5G smart port, 5G virtual reality museum, 5G smart medical service, 5G police patrol, and 5G smart transportation, etc. As planned, as of 2022, more than 40,000 5G outdoor base stations will be established, achieving 100% coverage of the population in Tianjin's jurisdiction, and the speed of network communication will be nearly 20 times faster. By then, 5G Plus Industrial Internet, 5G Plus social public services and applications in other fields will be further developed, making economic and social life more intelligent in Tianjin.

Filip Caeldries	Filip Caeldries is Professor of Strategy and Organization at TIAS School for Business and Society at Tilburg University in the Netherlands. As a leading European figure in the field of corporate strategy and change, Filip has also a vast experience in the business world. The executive MBA program at TIAS School for Business and Society, where he works as the global academic director, is academic partner to the College of Management and Economics at Tianjin University. He has visited Tianjin many times and is closely connected to numerous local enterprises of the city.

The Tianjin World Intelligence Congress Global Conversation (一): Filip Caeldries

David Gosset: Filip, welcome to the Global Conversation on the World Intelligence Congress. This important international gathering takes place in Tianjin. And I know, Filip, that you have intense connections with Tianjin.

FC: First of all, thank you David, for inviting me on the occasion of the World Intelligence Congress. Yes, I know and I like Tianjin. You know that I'm the global academic director for our executive MBA program at TIAS School for Business and Society in the Netherlands. Tianjin University, its College of management and Economics is one of our academic partners. It is a great cooperation. It is very inspiring for me to work with our Tianjin colleagues and to exchange with the very dynamic Tianjin business community. It is for me always a pleasure to go back to the city because it is changing so fast and evolving into a Smart City. It is not a coincidence if the World Intelligence Congress is associated with Tianjin. I see the World Intelligence Congress as a symbol of a new Tianjin.

DG: I can see, Filip, that we share the same passion for Tianjin! Yes, Tianjin is being transformed into a Smart City as it deepens its integration with Beijing and Hebei. It is important for China, for Northeast Asia and also for the world. You are an expert in corporate strategy and transformation. It makes therefore great sense to ask you why Artificial Intelligence (AI) matters so much for our cities and our societies.

FC: When I address the issue of Artificial Intelligence with my students, I'm always starting with a statement by the CEO of Google Sundar Pichai in which he argues that AI as a project is more important than fire.

He labels it the most significant project humanity will ever work on. AI is a transformative technology that you can add to a product, to a service, to a process. It makes that process faster, more efficient and of better quality.

DG: At the World Intelligence Congress another issue which is discussed is obviously 5G which is going to mark 2020.

FC: I would not separate AI from 5G. For me, 5G is really one of the technologies that is going to make AI work. By the way, I think it is a two-way street. So, 5G will enable AI, but AI will also enable 5G. Another key point for our cities and our societies: what 5G allows us to do? It basically allows us to really move into the direction of the Internet of Things (IoT).

DG: You are telling, Filip, that we live already in a world of exabytes, -big data-, and a world of algorithms – Artificial Intelligence. Of course, they are infinite or almost infinite interactions between these two. So, this is today's situation. Let us now try to anticipate. When you think about tomorrow, what is going to be the most important story. Cloud? Robotics? Biotech? Something else? In other words, what is the next disruption?

FC: That's a very interesting question. A possible way to answer it, is to look at the big, fundamental challenges that societies are confronted with. One talks a lot about FinTech. People talk about EdTech. But I believe that AgriTech is definitely something to really monitor in the coming future. Also, if changes are driven by the challenges one needs to solve, we can very well expect disruptions in the field of energy but also healthcare.

DG: What you say about AgriTech is especially relevant for a country like China with such a large population. It is even relevant for Chinese mega-cities. You are a corporate strategist, but you are also an educator. I address this question to the educator. How do we foster innovation?

FC: Another big question, David. When I work with companies, when I work with my executives, I always like to start with the customer. And to be more precise, what are the needs of the customers? This is a question one needs to ask again and again. By the way, the customer can be an individual consumer such as you and me. But it can be an institution also.

More generally, one needs to do a much better job of removing some of the barriers to innovation. My experience with companies across the world tells me that there is absolutely no shortage of talents. There are many talented people. The problem is that they're running up against a number of barriers that prevent innovation.

So, I would reformulate your question. The question should not be "how to foster innovation" but "how to remove what prevents innovation".

When I think about this conversation, be it on AI, 5G or innovation, I would like to say that China is doing very well.

DG: Thank you so much, Filip, for your insights and for your support to the World Intelligence Congress. When you hint at the dynamism of the Chinese companies, I notice that once again, we converge. To me, the World Intelligence Congress, its incredibly rich content, is a confirmation that China is already an innovative power. The Chinese capacity to innovate is clearly an important aspect of the Chinese renaissance. I wish the world can pay attention.

FC: Absolutely! Yes, the world should pay attention in a constructive and productive way, because "together we stand, divided we fall". We can learn so much from each other. This is why I like to come to China again and again. I like to learn from the Chinese way of doing things, to listen to the Chinese colleagues and the Chinese business executives.

I would also like to thank you for playing an instrumental role in bridging the East and the West. I know that you're not going to say that yourself. But allow me to say that. It is because of people like you that East and West can synergize.

DG: Thank you Filip. Indeed, innovation matters, but a collaborative mindset is also key for the progress of mankind.

Mats Magnusson	Mats Magnusson is Professor of Product Innovation Engineering at KTH Royal Institute of Technology in Stockholm and a leading expert on research, development and innovation. He is also a business leader involved in industry, green energy and digital transformation. He has previously worked as Director of the Institute for Management of Innovation and Technology in Sweden, and as visiting professor at LUISS Guido Carli University, the University of Bologna, and Aalborg University. His research, teaching, and consultancy activities cover a wide range of topics in the fields of innovation management, product development, R&D management, and strategic management.

The Tianjin World Intelligence Congress Global Conversation (二): Mats Magnusson

DG: Mats, welcome to the Global Conversation on the World Intelligence Congress. You know Tianjin. And you know that Tianjin is evolving rapidly into a Smart City. You understand that this is not a coincidence to have the World Intelligence Congress associated with

Tianjin. And really, we are so happy to have you at the World Intelligence Congress, because you're a professor of technology and a famous expert on innovation. At the heart of the World Intelligence Congress we have Artificial Intelligence (AI). Why AI matters so much?

MM: Also, thank you very much, David, for this opportunity to talk to you. You are right, Tianjin is an important city. The integration of Beijing, Hebei and Tianjin will have also many implications. I am fully aware, as many outside China, of the importance of the World Intelligence Congress.

Let me answer your question in a way which is relevant for Tianjin, China but also our world. Why AI is so important? It is significant first because it is a general purpose technology.

But the other thing, which I think is even more important, is that artificial intelligence, and in particular, the intelligence of deep learning machines, is actually an invention that changes the way we invent.

And to just give the idea of how important that is, we can compare it with the optical lens. You remember that the optical lens changed how we perceive the world. And the same revolution is happening with AI. AI does not "see" what is small, AI does not "see" what is far, AI allows us to see and apprehend patterns.

This combination is a true revolution, we need to talk about this revolution and the World Intelligence Congress is the ideal platform to discuss this revolution.

DG: As the Tianjin's World Intelligence Congress illustrates, we live in a world of 5G. What is your view on this change?

MM: We mentioned big data and artificial intelligence. And we should see that in order to really reap the benefits out of this new technology, we really need three things. We need data. We need intelligence to make sense of a data. But we also need connectivity because the data has to travel, if I may say. It is why 5G matters.

And the interesting thing there, I think, is that we need to understand that this technological development is exponential, not linear, but exponential.

DG: We understand this fascinating triangle, data, algorithms and connectivity. And there are also other changes probably connected with this triangle in biotech, applications of quantum physics, and so on. So, I wish to ask the expert about innovation, in a world which is already disruptive, what are the next disruptions you see in the horizon? It is important to anticipate.

MM: Thank you. That's a very interesting question because we have for some time now been talking a lot about disruptions. And if I reflect upon what we just talked about, the potential of artificial intelligence, it has the potential to change very many industries. Very many parts of our society. And we will probably see a lot of disruption. And the key thing with disruption, because there are many different understandings of what that means, is of that it changes an existing system so that it actually becomes very different from before. But remember that disruption can also be seen as an outcome.

In that sense, we might be surprised with the emergence of new values or purposes. For example, sustainability. Here, China and Europe, once again, converge.

DG: I have a very last question if you allow me. We spoke about AI and you have introduced this fascinating idea of a new power of the vision of things, not smaller things, not for the things further away in space, but the vision and comprehension of patterns. If we can see patterns, in a individual, in a city, well, we can better anticipate, and we can better manage. Then we discussed the triangle' data, algorithms and connectivity. But how do we make sure that more people around us develop the right innovative mindsets. People coming to the World Intelligence Congress have an innovative mindset, but I am now addressing the relations between the young people and innovation.

MM: This is a key question, "how to foster innovation?". We could spend long hours addressing this problem, but for me the key word is education and to be more precise, the access to knowledge.

In other words, the more knowledge we have, the greater the probability to come up with innovation.

There is a fascination for the inventor or the entrepreneur. But here I would like to affirm that large scale innovation is not done by isolated minds, innovation is powerful when it is connected with collaboration.

DG: Mats, thank you for accepting to share your ideas. The World Intelligence Congress presents innovation which has become a part of our lives but can be in itself a source of innovation. One needs platforms for people to exchange, to create value and to collaborate. Tianjin, its World Intelligence Congress, can be seen as one of these key platforms where collaboration and innovation synergize.

Frederick du Plessis

Frederick du Plessis, business leader and international strategist, is a citizen of the world having lived in South Africa, the UK, Germany, Saudi Arabia, and the United Arab Emirates. He has worked with businesses and governments in more than 40 countries around the world.

The Tianjin World Intelligence Congress Global Conversation (三): Frederick du Plessis

David: Fred, thank you so much, and welcome to the Global Conversation on the World Intelligence Congress. You know China very well, you know Tianjin, and you know the importance of the World Intelligence Congress. And you know very well that this Congress is about technology, various dimensions of technology, technological change, what it means for us, for the society, for the business. But one very important element of the world Intelligence Congress is Artificial Intelligence. And I wanted to ask you, Fred, why

AI matters so much?

Frederick: David, Artificial Intelligence is a really important topic for us today, because we live in an increasingly complex world, and this means in real time, we need to be able to make decisions, we need to be able to control and manage transactions, and we need to be able to manage systems. We have this tremendous amount of data, and so much happening around that data that it is very difficult for humans to be able to manage that.

So, we need very complex algorithms, and we even need learning algorithms. In order to do that, we need some kind of way that our computer systems can do this for us. So, Artificial Intelligence to me is that key component. Let me give you an example, when we think about, for example, the integration of renewable energy with existing traditional conventional energy. Today we have lots of small producers of renewable energy. You can have a solar panel on your roof, and that means you are producing energy and you are also consuming energy in your house. We also have this intermittency from weather and from night and day and solar and wind don't always work. So, in order to manage this, on a country basis or even on a city basis, we need some intelligent system that can continuously forecast, predict, adapt to what we need. So, this to me is a very exciting part of where AI can be used.

David: Fascinating, fascinating! You know very well, Fred, that the world is talking a lot about the Greater Bay Area. It happens that Tianjin is in the North of China, and the World Intelligence Congress takes place in Tianjin. And there is this idea of the integration of Beijing, Tianjin and Hebei in a gigantic smart conurbation. But of course, when you think about smart conurbation, you think about smart cities. I wanted to ask you, what is your vision of a smart city?

Frederick: I think, David, smart cities are still in the embryonic stage. We are seeing cities attempting to define and attempting to develop into smart cities. But really the driver behind this is that we have a growing population in the world and at the same time, this population is urbanizing at a fantastic rate. China will probably be the country with the most megacities. Megacities are cities with over 10 million people. When you think about how a city conducts its activities, how do the authorities manage that city, how do the people actually live in that city and get around and do this efficiently and do this in a convenient way and enjoy living in that city, you would need to have a lot of information, and you would need to have a lot of collaboration.

How do you do this without having all of the people in the city and the authorities and all of the different service providers, say healthcare, energy, waste management, for example. If these people are not connected in some way, it could be quite chaotic. So, to my mind, the smart city is here. It's something that's going to be our future. It's the only way we're going to be able to live in a meaningful and comfortable way in a city in the future.

David: I understand. So, we spoke about AI, which is at the very core of the World Intelligence Congress. We spoke about smart cities or smarter cities. But I wanted also to ask you because clearly, we live in the world of change for many reasons. You spoke about demography - this is very important. But also because of many technological changes, AI, data, the cloud, biotech, gene editing and so many other progresses and changes. But in your mind, in your vision, as a global business leader, Fred, what are the things we need really to look at in terms of technological changes, the technological dynamics?

Frederick: I think we could spend a long time talking about this because there are so many different needs that society has for technology. But for me, what's really important in this new connected world that we are going to live in, as we mentioned in the case of a smart city, is that we do have a real-time, high-speed network, that's available to us for all of our devices. So, these could be our computers, our telephones, whatever devices that we have, for example, measuring equipment for temperatures we've seen in COVID-19, traffic control, GPS navigation, information systems that big cities need, that people need, that the health care system needs. So, 5G, 5G plus, 6G, whatever we come up with.

You know it's really exciting to see that today, and it's my belief that China leads the way in this area, recognizing that the future of our society is dependent on really good networks. I think there are some other areas. We talked about AI earlier, but I think the real clue and the secret to the success of AI are how we can build intelligent algorithms. The real heart of AI, being able to forecast, to predict, to be able to come up with solutions, and help us with our decision making, is dependent on those algorithms. So, I feel that is really important.

The final one that I'd like to put out there that I feel is really important is that robotics will be part of our life. However, I don't think robots are just going be about speed and about precision and about volume. We also need to think about how we come up with robots that can do intelligent adaptation, that can take what we are thinking about and convert that into some value for society. Now, that sounds a little bit utopian, but I believe that robots have more potential than just being guard dogs or being machines on a production line.

David: Absolutely. Fred, it is really important, what you said about the impact of 5G. I think not enough people anticipate how we are going to use 5G, the use of 5G and the effects on our societies. I share with you that, be it in AI but clearly in 5G, China is at the avant-garde of the change. I think we are going to see also a lot of robots at the World Intelligence Congress, and robotics is certainly something we need to look at. Fred, a very last question. We spoke about AI, Smart City, 5G, robotics, but when I was listening to your presentation, I was always thinking about the key notion - certainly to prepare the future - of innovation. At the World Intelligence Congress, one cannot not to think about innovation. In your mind, with your experience, your knowledge of the world, your knowledge of the global business, what fosters innovation in the 21st century?

Frederick: David, it's really a question that's very dear to my own heart, because I feel that the human race has become such a successful species because of our curiosity. And we cannot be innovative if we are not curious. So, to my mind, the importance of innovation is not just having some system in your company, or in your business, or in your business school, or in your university, for how we come up with some innovative ideas. It's really creating an innovative mindset in people, bringing their curiosity to the surface.

So, to my mind, in our education system, it starts there and it starts when our children are young, to really start to stimulate their curiosity, to get them to think critically.

And I think we have a big responsibility in our schooling system and in our university system to think about STEM, to think about Science, Technology, Engineering, Mathematics in our education, because it is the sciences and arts that drive people to become innovative thinkers. So, to my mind, innovation is critical to the success of AI, critical to the success of smart cities.

David: I will remember from these very rich conversations, if you allow me to do so, two major concepts. One - because you use it and I think it is very powerful - is collaboration, and the other is innovation, but not as objective system, but as a mindset. I think if we can combine collaborative and innovative mindsets, I am sure that we are on a path, for all of us at the level of mankind, a path of progress. Thank you very much for this conversation, Fred.

Frederick: You're welcome, David. I think that really is true. That would be where we create the real magic, if we can have collaborative innovation.

Romano Prodi

Romano Prodi, born in Scandiano in 1939, is a former Italian Prime Minister. He is honorary citizen of Tianjin and he is a visiting professor at Nankai University.

The Tianjin World Intelligence Congress Global Conversation (四): Romano Prodi

David: President, welcome to the Global Conversation on the World Intelligence Congress. It is a great honor for me to have this exchange. This event is taking place in Tianjin. Tianjin is being transformed into a Smart City while we see the growing integration between Beijing, Hebei and Tianjin. You are very familiar with China, but you know Tianjin especially well. Before we discuss technology, could you please tell us more about your relationship with Tianjin?

Romano Prodi: Well, you know, my relations with Tianjin go back to the last century! Seriously, it is a very interesting story that I would like to share with you today.

I have been the Chairman of a publicly-owned Italian company, the biggest government-owned, named in Italian Institute per la Ricostruzione Industriale (IRI), the Institute for Industrial Reconstruction. We were very active, topping the world in many fields, transportation, energy, construction, industry and others.

We had a request by the USSR to build a seamless pipe plants in a city close to Volgograd. Two years after Moscow's request, we had an invitation by the Chinese government to establish a twin plant in Tianjin. It was in the 80s, four decades ago. I went to Tianjin and I found there a truly extraordinary energy. We finished the twin plant in China first, and our younger Chinese colleagues helped us to finish the Soviet plant. I understood then that China and the Chinese people were different!

DG: Incredible story!

Romano Prodi: Another point on this story, a vivid memory. I will never forget the colorful inauguration of the plant with hundreds of children with a flag, Italian and Chinese flags, singing, dancing, smiling. There are still pictures of this inauguration. You would understand that through the years, I have established very good relations with Tianjin. At some point, I was offered to be an economic advisor to the Municipality, but I started to enter politics in my country, Italy, so I could not accept Tianjin's government kind offer.

But, you know, in a sense, to this day, Tianjin remains my city.

DG: Beautiful! You say that Tianjin is your city, it means that Tianjin really means a lot to you. I add that you are an honorary citizen, actually, of Tianjin. You are also a visiting professor at the prestigious Nankai University that you visited many times. You are associated as an academic with Nankai's Zhou Enlai School of Government. President, the World Intelligence Congress is about technology, and especially about Artificial Intelligence. Why do we need to pay special attention to the dynamics surrounding AI?

RP: Please, you have to remember that I am not an expert in that field, nor a mathematician able to create and develop algorithms. I will answer your question as an economist. The economic and social consequences of AI are, of course, very important.

Let us say that artificial intelligence brings enormous change in the production process. Factories have been transformed because of AI, and marketing is now so connected with data and analytics.

Remember that we live in a world of big data, and, I would argue that the people who manage the data are in a dominant position.

In this field, we live in a world dominated by the United States of America and China. If you look at the world top 20 companies in the area of AI, only one firm is from Europe. I am happy for the US and China, but this situation raises some problems from a European perspective.

DG: AI occupies a central position in our economies. But we live in a world in which we observe an acceleration of technological changes. Change and speed of change are two different things. With your experience and with your expertise, could you share with us which changes matter the most? Would it be 5G, robotics, biotech, the cloud, the applications of quantum physics, or another change?

RP: This is not about one particular story, one isolated development. You have a series of simultaneous changes in different fields and what makes the difference is the connection or synergy among these changes. Think about the connection between data and medicine, industry and 3D printing.

But you are right to mention 5G because 5G is at the intersection of two major elements: connectivity and speed. Given the importance of 5G, it is not surprising that it is very often in the news.

DG: Thank you for sharing these ideas on technology on the occasion of the World Intelligence Congress. And, thank you for sharing with us what makes your relationship with Tianjin so special. We know that you will visit Tianjin again many times and that you will be happy to see it developing into a 21stcentury Smart City.

Acknowledgment

While we would like to thank the authors who crafted these 25 essays, we would like also to acknowledge all those who supported the realization of *Inspiring Tianjin*.

Many personalities of the Tianjin Municipal Government have been actively supporting *Inspiring Tianjin* during its making. Their trust has been a constant encouragement.

It has been a great pleasure to work with the Tianjin's People Publishing House. Without the support of its leadership and its experts this book would not exist in its present form.

Li Lu, who penned the beautiful *Youth of Tianjin, Youth of the World* has also coordinated a great part of the preparation leading to this publication. Her perceptiveness combined with her energy and her precision made an obvious difference.

Adeline Fan, Li Defei, Iris Cao, Nathan Rockwood and Zhang Lili made sure that each text was translated into three languages: Chinese, English and French. When needed, we all benefited from the linguistic skills and advice of Long Haiyan.

A significant part of the communication around *Inspiring Tianjin* in the social media has been made possible thanks to the skills of Deng Hang and Adeline Fan. We would like also to thank Zheng Dan for her talents in the field of design.

Bruce Connolly, one of the authors, has been generous with words but also with images. His photos capturing Tianjin's urban and human richness have been a significant part of the *Inspiring Tianjin* global social media campaign.

When needed, the almost unlimited intellectual resources of Nankai University, were always available to support our collective work. It is why we would like to express our gratitude to Nankai's authorities, faculty, staff and students. The Nankai school of medicine, the Nankai college of foreign languages and Nankai's international affairs office have had a direct contribution to *Inspiring Tianjin*.

Last but not least, Lin Keyao's talents, professionalism and character have been important elements in the making of this book.

David Gosset

Tianjin en perspective(s)

Pour en savoir plus sur
Tianjin, scannez le code QR

Préface

Tianjin en perspective(s) a été un véritable travail collectif
réunissant des personnalités ayant au moins deux choses en commun :
une véritable passion pour Tianjin et le désir de partager leur amour de
la ville avec des gens du monde entier.

Cependant, les auteurs de cette collection d'essais ont des
origines et des cultures différentes. Les points de vue de quatorze
nationalités sont représentés dans ce livre, une telle diversité offre un

large éventail de perspectives sur la ville du nord de la Chine, son riche passé, son dynamique présent et son avenir plein de promesses.

Liu Chun (Chine), Mandi Sturrock (Royaume-Uni), Sun Zhongqi (Chine), Letizia Vallini (Italie), Henri Vullierme (France) présentent une ville essentielle à la compréhension du processus de modernisation de la Chine aux 19e et 20e siècles.

Radek Cais (Canada), Yvan Collet (France), Bruce Connolly (UK), Michael Harford (Nigéria), Michael Hart (Etats-Unis), Li Lu (Chine), Anna Melnikova (Russie), Andrea Popescu (Roumanie), Jeanne Riether (États-Unis), Shin Kwang-Yong (Corée), David Sipos (Hongrie) et Jason Stinson (Australie) expliquent ce qui rend les réalités présentes de Tianjin si attrayantes.

Tianjin en perspective(s), c'est aussi l'avenir d'une mégalopole au cœur de l'Asie du Nord-Est. Ce n'est pas un hasard si le World Intelligence Congress, sommet important sur l'intelligence artificielle, a lieu à Tianjin. Filip Caeldries (Pays-Bas), Mats Magnusson (Suède), Frederick du Plessis (Royaume-Uni), Jean-Philippe Raynaud (France) et Sun Xuan (Chine) réfléchissent à une ville intelligente en devenir dans le cadre d'une grande région de plus en plus intégrée - région de Pékin-Tianjin-Hebei, également connue sous le nom de Jing-Jin-Ji. En 2022, lorsque les Jeux olympiques d'hiver se dérouleront au sein de cette vaste région, le monde entier mesurera pleinement son importance.

Tianjin en perspective(s) a bénéficié du soutien de deux

personnalités exceptionnelles. L'ancien Premier ministre italien, Romano Prodi, dont la relation avec Tianjin est unique, a toujours été un guide généreux et empli de sagesse.

Une autre personnalité européenne a également aimablement accepté de se joindre à nous : Laurent Fabius, l'actuel président du Conseil constitutionnel de la République française mais aussi ancien Premier ministre français. Familier de Tianjin, Laurent Fabius est venu plusieurs fois sur les rives de la rivière Haihe depuis 2009.

Nous espérons sincèrement que notre travail contribuera à une visibilité internationale encore plus grande de Tianjin et que certains continueront d'approfondir la recherche sur ce qui est véritablement une source d'inspiration.

Malgré tous nos efforts, les lecteurs pourraient bien rencontrer quelques inexactitudes ou défauts dans ce qui suit, je suis le seul responsable de ces imperfections.

David Gosset, sinologue, fondateur du Forum Europe-Chine.

Table des matières

Hier

David Gosset

Né à Paris en 1970, David Gosset est un sinologue et est le fondateur du forum Europe-Chine. Il est l'auteur de *Limited Views on the Chinese Renaissance* (2018). Il s'est rendu à Tianjin pour la première fois en 2006 et est professeur associé à l'université de Nankai.

Le Hoangho Paiho : un accès à la poésie du monde

Il y a sur le large territoire de la municipalité de Tianjin enserrée entre la province du Hebei et le Golfe de Bohai, un lieu bien vivant où convergent l'histoire, la science, le dialogue des cultures et la quête spirituelle.

Les faits qui entourent la construction, puis l'évolution de ce lieu tout au long des cents dernières années ont souvent été présentés. Jésuite et homme de sciences, le Français Emile Licent (1876-1952) arrive à Tianjin en 1914 et y établit un musée d'histoire naturelle, le musée Hoangho Paiho. Un autre personnage français dont l'oeuvre littéraire a marqué le siècle passé, le diplomate et écrivain Paul Claudel (1868-1955), avait lui quitté le grand port du nord de la Chine en 1909.

Emile Licent ne fut pas le premier membre de la Compagnie de Jésus qui contribua au développement des sciences naturelles dans le monde chinois. Avant lui, Pierre Marie Heude (1836-1902) avait rassemblé, dans le quartier de Zikawei à Shanghai, une collection au dimension certes modeste, mais déjà au service d'une volonté de compréhension systématique de la nature.

Plus généralement, les jésuites furent souvent des passeurs de connaissances scientifiques suivant l'exemple de leur illustre prédécesseur Matteo Ricci (1552-1610), dont l'apport dans le domaine de la cartographie ou des mathématiquesa enrichi les relations entre l'Europe et la Chine.

Le nom évocateur de Hoangho Paiho vient de ce que les recherches de Licent et de ses collaborateurs couvraient la zone géographique du bassin du Fleuve Jaune (Huanghe en pinyin), et le bassin de la Rivière Blanche (Paihe), inséparable de la ville de Tianjin. Le musée dont il sut poser les fondations est aussi appelé le « Beijiang » c'est-à-dire « des frontières du nord ». Le Hoangho Paiho, bien qu'il soit situé aujourd'hui au sein de l'Université des langues étrangères de Tianjin (à l'origine l'Institut des Hautes Etudes Commerciales), fait maintenant logiquement partie du musée d'histoire naturelle de la ville.

En 1939, après 25 années passées en Extrême-Orient, Licent

retourna dans une Europe qui allait bientôt être déchirée par la Seconde Guerre mondiale. Il n'aura plus jamais l'occasion de revenir en Chine, un pays, du moins pour ses territoires du nord, qu'il avait parcouru comme très peu avant ou après lui l'ont fait.

C'est en 1928 que le musée Hoangho Paiho ouvre pour la première fois ses portes à un plus large public. Son architecture, sa prise en compte des moindres détails pour l'exposition et la préservation des spécimens, la qualité ainsi que la diversité de ses collections en firent un musée de tout premier plan pour l'époque.

200,000 spécimens de plantes, d'animaux, de roches et de fossiles contribuaient à éclairer le plus lointain passé géologique, biologique et humain. Un musée pour mieux comprendre la Terre donc, ses transformations, et puis l'émergence progressive de la vie végétale, animale et humaine.

Au-delà de son immédiate matérialité, le lieu est aussi une intersection où de multiples perspectives se croisent. Il faut commencer à les suivre.

C'est, tout d'abord, une invitation à réfléchir sur ce qu'on peut appeler, à la suite du travail d'Edward Said (1935-2003), des variations sur le thème de l'orientalisme. Construit dans la concession française de Tianjin (1860-1946), le musée est l'un des chapitres de la triste histoire du colonialisme dont la Chine fut la victime à la fin de la dynastie Qing et à l'époque de la République de Chine.

Toutefois, Emile Licent n'a pas souhaité envoyer le fruit de toutes ses recherches en Europe. Pour reprendre ses propres termes, « ce qui est extrait du sol chinois doit rester sur le sol chinois ». Le centre de sa géographie mentale n'était donc pas seulement Paris, mais aussi le nord de la Chine qu'il a patiemment exploré et étudié pendant de nombreuses années. Son ouvrage *Vingt deux années d'exploration dans le Nord de la Chine, en Mandchourie, en Mongolie et au Bas Tibet* publié en 1935 est évidemment un témoignage de son engagement, et un document précieux pour tous ceux intéressés par le monde chinois.

D'autres perspectives intellectuelles offertes par le Hoangho Paiho sont liées à un second personnage remarquable. Il s'agit de Pierre Teilhard de Chardin (1881-1955), lui aussi jésuite, mais également paléontologue, théologien et philosophe.

Envoyé par le Muséum national d'histoire naturelle de Paris, il arrive à Tianjin pour la première fois en 1923. A 42, ses solides études, la qualité de ses recherches et son expérience de la Premiere Guerre mondiale en font déjà un homme d'exception. Emile Licent avait fait la demande d'un tel soutien à Marcellin Boule (1861-1942) dont le nom reste associé à l'étude de l'Homme de Néandertal.

En 1921, le premier fossile humain de l'Homme de Pékin avait été exhumé sur le site de Zhoukoudian par l'Autrichien Otto Zdansky (1894-1988), et les scientifiques français ne souhaitaient pas être laissés à l'écart de telles percées sur la voie d'une meilleure compréhension de l'hominisation. Après son passage au Hoangho

Paiho, Teilhard de Chardin a en effet beaucoup travaillé sur le site du *Sinanthropus pekinensis.*

Se souvenir d'Emile Licent, du Hoangho Paiho et de Teilhard de Chardin, c'est évidemment souligner la richesse du dialogue entre la Chine et la modernité occidentale. On imagine les échanges stimulants et bienveillants entre Teilhard et Weng Wenhao (1889-1971), l'une des sources de la géologie moderne chinoise, Yang Zhongjian (1897-1979), le père de la paléontologie chinoise des vertébrés, ou Ding Wenjiang (1887-1936), autre haute personnalité liée aux sciences de la Terre.

Le visiteur du Hoangho Paiho doit aussi se représenter le lieu comme un laboratoire d'idées où l'on tenta d'articuler le christianisme et sa tradition de la Création telle qu'elle est présentée dans la Bible, avec les théories de l'évolution que Charles Darwin (1809-1882) avaient génialement mis en évidence dans *L'Origine des espèces* parut en 1859.

On peut aisément comprendre pourquoi Teilhard se sentait fort bien en Chine. Tentant de réconcilier science et religion, il subissait de Rome et de sa hiérarchie de très grandes pressions, et il lui était d'ailleurs interdit de publier. Ses publications post-mortem seront encore condamnées par le Saint-Office, l'institution initialement instaurée pour combattre les hérétiques. Dans le monde chinois, non seulement Teilhard se sentit libre d'aller au bout de sa philosophie, mais cette ancienne civilisation assise sur un vaste continent lui permit aussi de mieux définir les contours de sa pensée.

« J'ai pour la Chine, devenue mon pays adoptif, une grande reconnaissance... Elle a contribué à élargir ma pensée, à l'élever jusqu'à l'échelle planétaire » affirme Teilhard — cité par Claude Rivière dans *En Chine avec Teilhard,* 1968.

Avec le temps, le Vatican va peu à peu reconnaître la valeur d'une oeuvre profondément originale pour qui « l'Homme ne saurait se voir complètement en dehors de l'Humanité ; ni l'Humanité en dehors de la Vie, ni la Vie en dehors de l'Univers », comme l'écrit Teilhard dans *Le Phénomène humain (*1956), un texte dont on n'a pas fini d'explorer la richesse.

Après plus d'un siècle d'existence, ayant traversé des bouleversements majeurs dont une guerre et une révolution, on peut bien s'étonner que le Hoangho Paiho soit encore si bien conservé.

Cette heureuse conservation peut être interprétée comme un symbole de l'espérance qui traverse toute la vie et l'oeuvre de Teilhard. Ayant eu sous les yeux les horreurs du front pendant la Première Guerre mondiale, contemporain des folles destructions de la Seconde Guerre mondiale, Teilhard n'en demeurait pas moins convaincu que du point de vue de l'Univers, de la Vie et de l'Humanité, c'est malgré tout un chemin de progrès et d'élévation qui se déploie.

Dans *Le phénomène humain*, Teilhard nous invite à voir la beauté en mouvement de « l'Homme, non pas centre statique du Monde, - comme il s'est cru longtemps ; mais axe et flèche de l'Évolution, - ce qui est bien plus beau. »

Pour qui sait accueillir et déchiffrer les signes qui s'y concentrent, le Hoangho Paiho introduit bien aux infinies merveilles que recèle la grande poésie du monde.

David Gosset, sinologue, est le fondateur du forum Europe-Chine.

Liu Chun

Liu Chun, né à Tianjin en 1960, est titulaire d'une licence en langue chinoise et d'un titre senior en édition. Au fil des ans, il s'est engagé dans les recherches et les codifications concernant les chroniques locales, l'histoire du Parti communiste chinois et les récits historiques d'événements passés.

Une courte introduction à l'histoire et à la culture de Tianjin

La ville de Tianjin, connue sous l'abréviation de Jin, est une ville relevant directement de l'Etat de la République populaire de Chine. En tant que centre économique au bord de la mer Bohai, elle est l'une des premières villes côtières qui sont ouvertes à l'étranger. Elle constitue une base nationale de recherche et de développement de la fabrication de pointe, une zone centrale pour le transport maritime international du Nord de Chine, une zone de démonstration d'opérations d'innovation financière et une zone avant-gardiste de réformes et d'ouvertures. De plus, elle est une ville hôte du Forum économique mondial de Davos.

Tianjin, situé à 38,34~40,15 degrés de latitude nord, à 116,43~118,04 degrés de longitude est, se trouve dans la zone du 8ème fuseau horaire international à l'est. Sa superficie totale est de 11966,45 kilomètres carrés, et son périmètre est de 1291,149 kilomètres, dont le littoral est de 153,669 kilomètres et la frontière terrestre est de 1137,48 kilomètres. Tianjin se trouve sur la côte ouest de l'océan Pacifique, sur la plaine de Chine du Nord, en aval du bassin du fleuve Haihe, bordant la mer Bohai à l'est et la montagne Yanshan au nord. Il a pour voisins limitrophes la capitale Pékin au nord-ouest, la province du Hebei au nord, au sud et à l'ouest. Situé au confluent des cinq affluents du fleuve Haihe sur la plaine de Chine du Nord, il est connu comme « la pointe inférieure des neuf rivières » et « le point principal de communication entre les rivières et les fleuves ». Le fleuve Haihe, fleuve mère de Tianjin, traverse la ville. Son climat est celui de mousson continental semi-humide et tempéré.

Tianjin est riche en ressources naturelles dont 35 ont été découvertes. Il y a plus de 20 minéraux métalliques : bore, manganèse, or, tungstène, molybdène, cuivre, etc, et ses minéraux non métalliques comprennent principalement le ciment, le calcaire, la barytine, la stromatolite etc, qui ont tous une valeur minière particulièrement élevée. Sa zone maritime est riche en ressources pétrolières et gazières, et ses champs de sel couvrent une superficie de 338 kilomètres carrés, ce qui en fait l'une des plus grandes zones productrices de sel de mer en Chine. Ses ressources géothermiques sont riches en réserves, avec un enfouissement peu profond et une eau de qualité, c'est le plus grand champ géothermique à température moyenne-basse en Chine. En plus, Tianjin possède une quantité de ressources halieutiques.

Le nom de Tianjin signifie « le gué où passa l'empereur », et cette ville possède encore d'autres noms tels que Jingu (les Eaux Jin) et Jinmen (la Porte Jin). Sanchahekou, la zone de confluence des trois rivières, est le berceau de Tianjin. Sous la dynastie des Tang, Tianjin est devenu un débardère terrestre et maritime pour le transport des céréales du sud vers le nord. Sous la dynastie des Jin, On y a créé le « village Zhigu » et sous la dynastie des Yuan, la « ville Haijin », tous les deux sont une base militaire importante et un centre terrestre et maritime pour le transport des céréales de l'époque. Au cours de la deuxième année de Jianwen sous la dynastie des Ming (1400), Zhu Di a conduit son armée pour s'emparer du pouvoir en traversant la rivière au sud par Zhigu et a changé le nom national en Yongle en 1403. En tant que lieu militaire important et hautement stratégique, Tianjin est devenu officiellement une ville de garde fortifiée en novembre de la deuxième année lunaire (décembre 1404) sous Yongle. C'est la seule ville de la Chine ancienne à avoir un enregistrement de l'heure exacte de sa fondation. L'année suivante, on a fondé une autre ville de garde à gauche, puis l'année d'après, encore une à droite. Ce n'est qu'à la neuvième année de Shunzhi des Qing (1652), ces trois villes de garde ont été fusionnées en une, d'où vient le nom de « la ville de garde de Tianjin » d'aujourd'hui. Tianjin fête déjâ sa 616 anniversaires depuis 1404, deuxième année de Yongle des Ming jusqu'en 2020. Après la création de Tianjin en tant que port de commerce en 1860, les puissances occidentales y ont établi des concessions. Tianjin est devenu l'avant-garde de l'ouverture de la Chine du Nord et la base du mouvement d'occidentalisation de la Chine moderne. Grâce à sa modernisation des affaires militaires et à son établissement des chemins de fer, de télégraphes, de téléphones, de services postaux, des mines, de l'éducation moderne et de la justice etc., Tianjin est rapidement devenu une ville pionnière de tout le pays, la deuxième plus grande ville industrielle et commerciale de Chine et le plus grand centre financier et commercial du nord de cette époque-là. Après la fondation de la Nouvelle Chine en 1949, Tianjin, en tant que municipalité relevant directement du gouvernement central, a poursuivi son développement économique et la construction de ses programmes sociaux, consolidant davantage son statut de base industrielle complète importante et centre des affaires en Chine. Depuis la réforme et l'ouverture en 1978, Tianjin, en tant que ville portuaire côtière, n'a cessé de renforcer ses atouts. Ses échanges avec l'extérieur sont devenus de plus en plus importants et ses diverses entreprises ont fortement prospéré.

Tianjin possède un riche patrimoine historique et culturel, avec de nombreuses reliques culturelles précieuses, des bâtiments et des îlots urbains de style traditionnel. En 1986, Tianjin a été approuvé par le Conseil d'État en tant que le deuxième groupe de villes historiques et culturelles nationales. La ville centrale compte 14 quartiers historiques et culturels. En 2008, la ville de Yangliuqing, dans la banlieue de Xiqing, a été classée par le Conseil d'État comme le quatrième groupe de villes historiques et culturelles célèbres en Chine. En 2010, le célèbre village de Xijingyu dans le district de Jizhou a été classé par le Conseil d'État comme le cinquième groupe de villages historiques et culturels célèbres chinois. La section Tianjin du Grand Canal et l'ancienne Grande Muraille de Jizhou sont des éléments importants du patrimoine culturel mondial. La ville compte 1 894 vestiges culturels non mobiliers, 283 patrimoines culturels immatériels de tous les niveaux et 1,034 bâtiments de protection divers.

Tianjin est riche de ses ressources touristiques. Les attractions touristiques de niveau A sont les suivantes : la Rue de l'Ancienne Culture de Tianjin (ville natale de Jinmen), la Montagne de Panshan, le Manoir Shuigaozhuang, le Lac Tianta, le Port de Dongjiang, le Parc sur l'Eau, le Quartier italien, la Station Guanggu, le Mémorial de Samaranch, le Mémorial de Zhou Enlai et Deng Yingchao, le Lac Nanhu, le Fort Dagukou, les Cinq Grandes Rues etc.

Le superbe site naturel de Panshan est situé dans le district de Jizhou, dans le nord de Tianjin, à 110 kilomètres du centre-ville, et il est un site naturel panoramique national de niveau 5A. Comme Panshan est situé à l'est de Pékin, il a la réputation de « la première montagne à l'est de Pékin ». Dans les premières années de la République de Chine, le site Panshan était répertorié comme l'un des 15 meilleurs sites touristiques de Chine avec le Mont Tai, le Lac de l'Ouest et la Cité interdite. L'empereur Qianlong de la dynastie des Qing a été frappé d'admiration quand il s'est promené pour la première fois à Panshan, et il n'a pas pu s'empêcher de dire : « Si j'avais connu Panshan, je ne serais pas descendu à Jiangnan ! » Il a ordonné aux gens de construire un grand palais « Jingjishanzhuang » littéralement « la paisible villa de la montagne » dans l'est de Panshan. L'empereur Qianlong y est venu 32 fois. Pendant la guerre contre l'agression japonaise, la région de Panshan était l'une des bases révolutionnaires de Jidong. Bien que de nombreux temples bouddhistes de Panshan aient été détruits par les flammes de la guerre, les magnifiques paysages de Panshan, ses alternances de bleu-vert et son brouillard clair font toujours rêver.

Wudadao, une grande zone fixe, contient cinq rues célèbres, d'où le nom de Cinq Grandes Rues. Wudadao compte plus de 2,000 maisons avec jardin construites dans les années 1920 et 1930 dans des styles architecturaux anglais, français, italien, allemand, espagnol etc., couvrant une surface bâtie de plus de 600,000 mètres carrés, pour une superficie totale de plus d'un million de mètres carrés. Parmi eux, il y a plus de 300 superbes lieux et résidences de célébrités, qui ont été approuvés et reconnus comme exposition internationale de l'architecture, caractéristique unique de Tianjin. Chaque ancien mur de briques renferme le souvenir de la vie quotidienne des gens de la République de Chine du siècle dernier et laisse s'échapper un peu de cette atmosphère particulière passée dans ces rues.

Dix sites pittoresques de Jinmen comprennent le Cycle central Cailian, la Forteresse Jibei, l'Ancien village Haimen, le Coucher du soleil de Gushui, la ville natale de Jinmen, l'Aurore du Temple Dule, les Plantes vertes dans l'Étang Dragon, la pluie au crépuscule Sanpan, Le Clair de lune Shuangcheng et le Nuage flottant de Tianta.

Les principales spécialités culinaires sont les petits pains farcis cuits à la vapeur Gobuli, les torsades de pâte frite de la 18ème rue ou Guifaxiang, les gâteaux fourrés frits de Erduoyan, les gâteaux séchés de Tianjin, les crêpes, les rouleaux de printemps aux légumes et la soupe au thé etc. Ses spécialités locales se composent notamment de figurines colorées peintes en argile, de papiers découpés, de cerf-volants Wei, de peinture de Yangliuqing, de sculpture sur bois, de tapis de Tianjin, etc... Sa fleur symbol est la rose chinoise.

Créés en 1858 (la période de Xianfeng de la dynastie des Qing), les petits pains farcis Gobuli ont une histoire de plus de 100 ans. Ils sont connus comme le premier des « Trois Musts de Tianjin » et sont l'une des anciennes marques de la fabrique chinoise. La farine, la farce et la garniture des petits pains farcis Gobuli sont soigneusement sélectionnés et le processus de fabrication est strictement respecté. Les petits pains farcis donnent une belle apparence, en particulier leurs plis sont bien proportionnés, et chaque pain ne doit pas avoir moins de 15 plis. Les petits pains farcis Gobuli fraîchement cuits sont bien parfumés, non gras, et délicieux. Il y a en tout 6 catégories et 98 variétés de farces, tels que de viande fraîche, du porc aux fruits de mer, du porc au condiment de soja fermenté et aux légumes, etc. En novembre 2011, les petits pains farcis Gobulis, grâce à leur « art et technique de fabrication artisanale », est approuvé par le Conseil d'État dans le troisième lot de listes nationales du patrimoine culturel immatériel. C'est un mets de renommée mondiale.

Tianjin est une ville d'où sont originaires de nombreux arts folkloriques : Tianjin Shidiao, le rythme allegro de Tianjin, le tambour Jingdong, le tambour Jingyun (histoires contées avec l'accompagnement musical d'une grosse caisse) et d'autres formes artistiques, l'Opéra de Pékin, le Hebei Bangzi (genre d'opéra régional), le dialogue comique, le Pingju (genre d'opéra régional), la Narration d'histoires, le Danxian (instrument à une corde), les tambours Meihua, les tambours Xihe, etc. ont prospéré et se sont développés à Tianjin. Le théâtre moderne est le fruit représentatif le plus proéminent de la rencontre de la culture chinoise et occidentale, et de l'intégration de cette dernière à Tianjin. En 1906, Li Shutong a fondé « Chunliu Society » et a mené la première représentation de « La Traviata », marquant le début du théâtre morderne en Chine. Li Shutong a également été précurseur et promoteur dans la diffusion de la musique occidentale en Chine.

Tianjin a toujours été « la ville de l'exposition internationale de l'architecture », et possède à la fois des poutres sculptées, des bâtiments anciens élégants et simples et de nombreux bâtiments occidentaux nouveaux et uniques. De nombreuses célébrités modernes ont laissé leurs empreintes ici. Pendant la République de Chine, on compte parmi les célébrités qui ont vécu à Tianjin le gouverneur général Zeng Guofan de la province Zhili (comprenant Pékin, Tianjin ainsi qu'une grande partie du Hebei, du Henan et de Shandong), Li Hongzhang, pionnier du mouvement d'occidentalisation, le dernier empereur Pu Yi, le président Yuan Shikai, le seigneur de guerre Zhang Xun, Gu Weijun, premier ministre du gouvernement du nord, le président Feng Guozhang, le président américain Hoover etc. Dans la nouvelle période, Tianjin a construit de nombreux bâtiments de styles différents tels que Tianta, la Place Jinwan, le Musée de Tianjin, etc. Il existe plus de 100 ponts différents tels que le pont Jiefang et le pont Jingang.

Tianjin gère actuellement 16 arrondissements, avec 126 villes, 3 cantons, 120 rues, 3556 comités de village et 1657 comités de quartier. Les juridictions municipales comprennent les arrondissements : Binhai, Heping, Hedong, Hexi, Nankai, Hebei, Hongqiao ; les banlieues : Dongli, Xiqing, Jinnan, Beichen ; et les districts : Wuqing, Baodi, Jinghai, Ninghe et Jizhou.

À la fin de 2018, la population permanente de Tianjin était de 15,5596 millions d'habitants. 53 minorités ethniques, soit un total de 313,300 personnes vivent dans cette ville, ce qui représente 2,56% de la population totale de la ville. Les dix principales minorités ethniques sont : les Hui, les Mandchou, les mongols, les coréens, les Tujia, les Zhuang, les Hmong, les Ouïghours, les Yi et les tibétains. Il y a un canton ethnique et 53 villages ethniques.

En 2019, le PIB de Tianjin a augmenté de plus de 4,5% ; les recettes du budget public général ont augmenté de 14,4% ; les investissements en actifs immobilisés ont augmenté de plus de 12% ; les nouveaux emplois ont dépassé pour la première fois le chiffre record de 500,000, le taux de chômage selon les enquêtes urbaines était inférieur à 5,5% et le revenu moyen par habitant a augmenté de 7%. Le développement coordonné de Beijing-Tianjin-Hebei se fait de manière rapide et soutenu, avec un développement de haute qualité ; l'environnement commercial et écologique a été considérablement amélioré ; la réforme et l'ouverture ont été continuellement approfondies ; la stratégie de revitalisation rurale a été régulièrement mise en œuvre ; les entreprises sociales ont connu de grands progrès et la sécurité des moyens de subsistance des populations a été continuellement renforcée. Tianjin a fait prospérer sans cesse ses secteurs de logiciels et de services informatiques. Avec la mise en pratique du « Projet de cinq renommées de Tianjin » : ville, parc industriel, entreprises, produits et exposition, Tianjin s'efforce de développer ses secteurs de pointe. Actuellement, Tianjin fait partie des neuf premières villes d'essai en DCMM élues au cours de la Réunion nationale d'évaluation de la Maturité de la Capacité de Gestion des Données (appelée DCMM). On a créé une Alliance industrielle pour l'innovation dans les applications des technologies de l'information. Le Groupe d'ensemble industriel de la sécurité de l'information de Tianjin a gagné la Course préliminaire de fabrication avancée organisée par le Ministère de l'industrie et de l'information en 2020, ce qui a renforcé la position leader de Tianjin dans le pays dans l'industrie de la création d'informatique.

Tianjin, une ville combinant harmonieusement les cultures chinoise et occidentales, mélangeant l'ancien et le moderne, a déjà entrepris un nouveau voyage et devient toujours plus resplendissant. Tianjin, terre du nord de la Chine longeant le fleuve Haihe et perle de la mer de Bohai, resplendit de jeunesse et brille d'un nouvel éclat.

Mandi
Sturrock

Mandi Sturrock a commencé à apprendre le chinois en 1979, et son premier emploi en Chine a été professeur d'anglais dans une université de Beibei, qui fait maintenant partie de la mégapole de Chongqing. En 1983, elle s'est inscrite à un cours de langue à plein temps et a poursuivi ses études à l'Université de Pékin, après quoi elle a trouvé un emploi dans le commerce entre le Royaume-Uni et la Chine, dernièrement en tant que PDG adjointe de la CBBC de 1991 jusqu'à ce qu'elle crée PanCathay en 2003, en se concentrant sur la ville de Tianjin. C'est alors qu'elle a commencé son profond intérêt pour la ville et a représenté TEDA et TPRE au Royaume-Uni pendant de nombreuses années jusqu'à sa retraite en 2015.

Les traces anglaises dans la ville de Tianjin

Les relations du Royaume Uni avec Tianjin sont anciennes. Tianjin est une ville, aussi bien qu'une municipalité dont le statut administratif est équivalent à une province. Elle est considérée depuis longtemps comme l'une des villes chinoises stratégiquement les plus importantes. C'est non seulement un port majeur mais aussi une base de production d'une denrée alimentaire clé – le sel. Aujourd'hui, la ville a aussi le pétrole, l'industrie pharmaceutique, le secteur bancaire, l'aéronautique et beaucoup d'autres industries essentielles.

Bien que les relations avec les Anglais se développèrent après la Seconde Guerre de l'Opium – un début de mauvais augure – , les relations ont évolué et ont donné lieu à une symbiose difficile à anticiper.

Ce fut peut-être en raison des industries et des idées occidentales – les chemins ferroviaires, le journal local, le service postal et les écoles, qui sont établis avec le Royaume Uni et les autres puissances occidentales.

Donc, faire une promenade de nos jours autour de l'ancienne concession anglaise, c'est se sentir dans un environnement familier. Les rues sont étroites et bordées d'arbres. Dans la rue de Victoria devenue rue de la Libération de nos jours, l'on trouve le vieux district bancaire avec beaucoup d'édifices de beau style victorien.

Une banque dans la rue de Victoria depuis l'époque de concession; et maintenant le bâtiment de HSBC

Standard Chartered avait un bâtiment impressionnant dans cette rue – le bureau de poste aujourd'hui – tout comme Swires and Jardines.

Flâner sur le Parc Victoria (comme il était appelé) et vous sentez comme si un kiosque à musique devait être vue à n'importe quel moment. En fait, il y avait un beau pavillon chinois où des musiciens jouaient alors que les gens se promenaient le dimanche ou les jours ferriés. Justement d'un côté est le Gordon Hall où se situe le bureau de l'industrie. L'Ancien Club des Anglais (maintemant le Congrès Populaire de Tianjin) ressemble beaucoup aux clubs de gentlemen que vous pouvez voir le long de la rue Saint James à Londres. L'Hôtel Astor, en face du parc, où beaucoup de célèbres visites ont eu lieu (entre autres J. Edgar Hoover) donne encore une impression victorienne. Un musée intéressant peut se visiter dans le sous-sol de l'hotel .

Dans un certain nombre de rues aux alentours, vous pouvez voir les terraces des belles maisons qui ressemblent à celles des rues en banlieue anglaise des années 1930. Maintenant elles sont restaurées: 55, rue de Chongqing, comme le panonceau à l'extérieur vous raconte, c'était l'ancienne résidence de Zaizhen, un des derniers princes de la dynastie des Qing. Il était lié à Puyi, le dernier empereur. Dans la nouvelle République, il occupa la fonction de ministre du commerce. Il a visité le Royaume Uni et assista au couronnement du Roi Edward VII en 1903. Il vivait ici jusqu'à son décès en 1947. Le Palais du Prince

Qing est aujourd'hui un hôtel et restaurant très classique. La beauté de l'intérieur a été bien maintenue. Il a été soigneusement conservé durant des années quand il était le Bureau des Affaires Étrangères du gouvernement de la ville.

Si vous traversez la rue, vous pouvez trouver l'ancienne maison d'Eric Liddell, champion de renom des Jeux Olympiques. Liddell, fils des missionnaires écossais, lui-même missionnaire, a gagné le 400 mètres hommes des Jeux Olympiques en 1924. Si vous vous promenez plusieurs pas derrière sa maison, vous arrivez à traverser la piste où il s'entraînait. La maison est maintenant un centre commercial et un espace de loisir haut de gamme en plein air ; mais elle est encore reconnaissable. Je suis sûre que tout le monde connaît le film *Les chariots de feu* inspiré de sa vie.

Il a passé une grande partie de sa vie en Chine et, malheureusement, fut emprisonné pendant la guerre anti-Japonaise à Weixian dans la province du Shandong. Il a été enterré ici, sa tombe et une stèle commémorative sont bien préservées.

Certaines activités de loisir étaient importantes pour les puissances occidentales qui occupaient cette zone des concessions. Les courses de chevaux par exemple. La rue des courses, comme elle est appelée encore Ma Chang Dao en chinois, a son origine au centre de la ville et descend en direction du sud-ouest. Depuis le dernier étage de l'Hôtel Crystal dans la rue de l'Amitié vous pouvez encore voir le contour de la piste qui est maintenant un lac et jardin à l'intérieur de l'Hôtel d'Etat. C'est dans ce jardin que se dresse le Club anglais.

Sur le plan de l'histoire et de la culture, Tianjin est un endroit surprenant. La ville elle-même donne une impression familière pour les Européens car Tianjin est devenue un port commercial en 1860 et une zone de concessions de neuf pays. La concession anglaise était la plus grande – les Américains ont donné leur zone aux Anglais.

L'Église de Tous-les-Saints, il semble qu'elle a été transposée d'un petit village de l'Angleterre. Elle n'ouvre pas au public mais a été largement restaurée. Quand j'ai visité Tianjin pour la première fois elle était alanguie derrière un mur et était utilisée pour une usine électronique, mais elle a été ressuscitée de l'oubli – ce qui est une réalité pour beaucoup de constructions dans la zone des concessions. Elle n'est pas aussi impressionnante que l'Église Catholique Xikai dans la zone de la concession française mais donne facilement un sentiment de chez soi dans la zone de la concession anglaise.

Une personnalité dont le nom est Hang Ying a fait un travail admirable pour la conservation des concessions à partir des plans d'expansion des planificateurs urbains de plusieurs générations désirant un champ de grattes-ciel. Son petit musée dans la rue de Hebei (anciennement rue de Wellington) est un hommage à l'atmosphère unique de Tianjin au tournant du 20ème siècle. Dans une des maisons originales de la rue, elle a collectionné des livres, des photos et d'autres souvenirs de l'époque des concessions. C'est une source de connaissances sur les bâtiments variés qui existent encore.

L'Église de Tous-les-Saints

En réalité, Tianjin dispose aussi de reliques intéressantes de sa propre histoire chinoise. A peu de distance du centre ville est une découverte vraiment fascinante. Yang Liuqing est la résidence conservée d'un riche fonctionnaire marchand du 19ème siècle. Construite autour d'une cour traditionnelle, cette résidence est complexe comme un labyrinthe avec les salons de peinture, les salles à manger, les chambres et les cours intérieures. Elle a même ses propre école et théâtre. Tianjin a aussi une rue culturelle qui ressemble beaucoup à Liulichang de Beijing, rétablie dans son style initiale. Il y a également des temples traditionnels et un marché d'antiquités en centre ville qui mérite une visite – notamment si vous arrivez tôt le matin !

En 1984, Brian Power s'est souvenu du gué céleste – le sens des deux caractères chinois « tian », « jin ». Brian est né à Tianjin en 1918 et y a grandi jusqu'au départ en 1936 pour poursuivre les études. A cause de la Seconde Guerre Mondiale, il n'y est jamais retourné. Il vivait à Londres quand je suis allée boire le thé avec lui en 2005. Il gardait une mémoire vive de son enfance à Tianjin. Il y est retourné une seule fois avec un groupe de touristes dans les années 1970. Il voulait vivement revoir la ville de son enfance. Ce fut un moment très spécial quand nous sommes allés ensemble à Tianjin en 2005. Son ancienne maison, les rues qui l'entouraient soulevèrent chez lui une riche collection de souvenirs. Il a écrit un compte rendu autobiographique très touchant et émouvant sur l'époque de la concession anglaise à Tianjin.

Autour de 2006 j'ai commencé à remarquer les énormes mutations de cette grande ville du nord. Nouvelles constructions et intenses trafics alors que les Jeux Olympiques de 2008 se profilaient. Tianjin a organisé les compétions majeures de football comme elle disposait de deux stades parfaitement equipés pour l'occasion. Ainsi le transport a été amélioré pour répondre aus besoins des visiteurs internationaux. Il fallait autrefois environ deux heures et demie de Pékin à Tianjin. Grâce au service des nouveaux trains à grande vitesse, le trajet prend seulement aujourd'hui 29 minutes. Ce seul changement a révolutionné la ville et signifiait qu'une visite d'une journée à Tianjin était parfaitement possible. La zone des concessions bénéficia des transformations de cette époque faite aussi de rénovation et de conservation.

Depuis la réouverture de Tianjin aux investissements d'outre-mer, un nombre d'entreprises anglaises y ont implanté des opérations importantes. Unilever, Standard Life, BP, Shell, ainsi que HSBC et Standard Chartered ont tous investi ici. L'école de Wellington y a établi une éducation de style anglais dans un bâtiment qui ressemble a s'y tromper a son original !

En son centre, tout à Tianjin est à taille humaine, il est donc fort agréable de s'y promener. A pied ou a bicyclette, l'on peut decouvrir une histoire, s'en inspirer, et approcher des réalités que l'on ne retrouve nulle part ailleurs dans ce grand pays qu'est la Chine.

Sun Zhongqi	Sun Zhongqi, né à Baicheng, dans la province du Jilin, vit à Tianjin depuis six ans. Il a étudié à l'Université de Tamkang en tant qu'étudiant d'échange et est actuellement étudiant diplômé de la Faculté d'histoire de l'Université de Nankai. Sa principale direction de recherche est l'histoire des échanges en Asie de l'Est dans les dynasties Ming et Qing et a remporté le 11e Prix national de jeune chercheur exceptionnel en études d'histoire. Au cours des dernières années, il a participé à plusieurs forums universitaires, avec des articles publiés dans le Journal de Science Historique (*Journal of Historical Science*), le Journal des études d'histoire maritime (*Journal of Maritime History Studies*) et le Journal de l'Histoire Qing (*Journal of Qing History*).

Le vieux Tianjin aux yeux du monde extérieur

Sur les vastes et fertiles plaines de l'Est, la grande civilisation chinoise s'est développée. Entre mer et terre, le port septentrional de Tianjin est particulièrement remarquable. La ville de Tianjin a été nourrie et élevée par le Grand Canal Pékin-Hangzhou. Durant les dynasties des Ming et des Qing, Tianjin était la gorge des routes céréalières de la Chine. Après la colonisation progressive de l'Occident vers l'Extrême Orient, elle est devenue la passerelle maritime de la capitale et garde la porte de l'empire du Milieu. C'est ce contexte historique qui donne à Tianjin à la fois le charme d'un empire traditionnel et la vitalité des villes occidentales.

Depuis les temps modernes, de nombreux missionnaires, académiciens, diplomates et militaires sont venus à Tianjin. Leur minutieuse description de Tianjin nous a laissé un beau souvenir de la ville d'il y a un siècle. En 1907, avec le sinologue français Edouard Chavannes, le célèbre sinologue russe Alekseyev a mené une enquête universitaire dans la région Huabei durant laquelle Tianjin lui a laissé une profonde impression. En tant que folkloriste, Alekseyev est entré à Yang Liuqing, où il y avait les estampes du nouvel an qui l'intéressaient le plus. Il a écrit dans son journal : « Ici, les thèmes des estampes du Nouvel An sont très riches. À vrai dire, je ne sais pas quel peuple dans le monde, autre que les Chinois, peut s'exprimer pleinement avec des images aussi humbles et modestes ... L'allure des estampes, la netteté des images, la continuité de la tradition de 3,000 ans, les couleurs merveilleuses et les conceptions extraordinaires m'ont laissé surpris. » Aujourd'hui, les estampes de Yangliuqing demeurent toujours une référence de Tianjin ; on y voit le bonheur de vivre du peuple local. Ce bonheur de vivre appartient aussi au monde entier. Alekseyev a également vu l'hospitalité du peuple de Tianjin : « Où que l'on soit et à n'importe quelle heure, le concierge est toujours aussi poli et sympathique. Il nous offre du thé sans vouloir accepter de pourboire ». C'est exactement ce que disait Confucius : « C'est toujours un plaisir d'accueillir un ami venu de loin ». Les vertus du peuple de Tianjin étaient si vivement décrites par l'écrivain russe il y a cent ans.

Le Tianjin de la Chine et le Tianjin du monde coexistent dans un même espace temporel. En 1899, l'historien japonais Naito Konan est venu à Tianjin, et a décrit la ville de Tianjin sous un autre regard : « Depuis que Li Hongzhang, Gouverneur général de Zhili et ministre du Commerce et de l'Industrie, y a déménagé son bureau de Baoding, la ville s'efforce d'apprendre les nouvelles technologies de l'Occident pendant plus de 20 ans. C'est pourquoi il y a beaucoup d'écoles et d'usines à Tianjin ». Li Hongzhang est considéré par les Européens comme le Bismarck chinois, et Tianjin, le Hamburg de la Chine. L'Arsenal de Pei Yang était, à l'époque, la plus grande usine de fabrication de tours, de chaudières et d'armes à feu dans le nord de la Chine ; les entreprises à destination civile telles que le China Merchants Steamship Navigation Company, le Kaiping Mining Bureau, le Huayang International Post et l'Administration télégraphique impériale chinoise, prospéraient également dans la ville de Tianjin. L'Université Beiyang, la première université moderne de Chine, se trouvait également à Tianjin. Plus tard, Naito Konan a également rencontré Yan Fu, Wang Xiuzhi, Chen Jintao et d'autres uiversitaires, qui vivaient tous à Tianjin. En parlant de Yan Fu, il disait :

« son anglais est excellent. Il a traduit l'*Evolution and Ethics* d'Aldous Huxley et l'a publié sous le titre de «天演论». Il a un souffle d'héroïsme dans son regard, et ses discours francs ne craignant rien l'ont distingué des autres pendant cette période délicate après le coup d'État». Comme le disait Naito Konan, Tianjin, en tant que carrefour des cultures chinoise et occidentale, est toujours la ville avec les liens les plus forts entre la Chine et le reste du monde et la plus familière avec les règles occidentales. C'est aussi la ville la plus ouverte et la plus diversifiée en termes de pensées.

Pour cette raison, beaucoup d'étrangers résidèrent à Tianjin. Brian Power est un Anglais né à Tianjin. De 1918 à 1936, il a passé les 18 premières années de sa vie à Tianjin. Ses mémoires « Concession Life - An English's Childhood in Tianjin » rappellent la vie quotidienne dans la concession de Tianjin. Il vivait près de Victoria Park (renommée aujourd'hui Parc Nord de la Libération) et a grandi avec des amis chinois et occidentaux. Le marché de la concession britannique reflétait le mieux l'harmonie où vivaient les personnes venues du monde entier : « Des centaines de Chinois sont restés à l'intérieur, ils parlaient et riaient. Les marchands chantaient leurs marchandises. L'air était rempli de diverses odeurs, on y sentait la terre fraîche collée sur les salades vertes, le fenouil, l'ail, le soja ... À côté du marché se trouvait le haut mur de la grange. Des acrobates, conteurs, magiciens et jongleurs y sont tous rassemblés pour jouer ». Il était fasciné par les figurines d'argile, artisanat traditionnel de Tianjin. Ses mémoires étaient remplis de scènes de vie comme celle-ci. Dans son livre, il apparaissait souvent avec sa mère dans l'église de Zizhulin, traversait avec les enfants des femmes de ménage la rivière gelée en hiver pour jouer dans la concession russe, ou encore, allait à l'école avec ses amis français dans la concession française. Après avoir quitté Tianjin, son séjour à Tianjin lui manquait jour et nuit. En 1973, en 1991 et en 2005, l'auteur s'est rendu à Tianjin à trois reprises. L'infrastructure de Tianjin, le port de Tianjin, les entreprises internationales et la tour de radio-télédiffusion de Tianjin l'ont beaucoup surpris. Le patrimoine de la période de concession est devenu des ressources culturelles de Tianjin. « La jeune génération en Chine a ses propres valeurs et rêves. Elle regarde le monde extérieur du point de vue des Chinois et se dirige avec confiance vers l'avenir. »

Tianjin, décrit par trois étrangers, présente des caractéristiques distinguées : celles de l'empire traditionnel, de la ville portuaire et du centre industriel. Après un siècle, même si le monde a bien changé, ces caractéristiques de Tianjin demeurent. Tianjin, debout à la jonction de la terre et de la mer dans le nord de la Chine, écrira sa propre histoire encore plus colorée à l'ère de la mondialisation.

Aujourd'hui, nous nous trouvons sur un nouveau point de départ : le peuple mène une vie d'une aisance paisible, dans un environnement agréable, et pleine d'espérance. Nous sommes convaincus que Tianjin, ce « Bateau Rivière Haihe » gagne le large en avançant fermement contre vent et marée pour écrire une nouvelle page encore plus éclatante dans une époque de globalisation.

Letizia Vallini

Letizia Vallini a obtenu sa maîtrise en culture et langue italiennes pour étrangers après avoir obtenu son diplôme de l'Université de Bologne en 2013. Cette même année, l'Institut Confucius lui a accordé une bourse de deux ans pour s'inscrire au Master d'enseignement du chinois aux locuteurs d'autres langues au Collège de langue et de culture chinoises de l'Université Nankai. En 2015, après avoir obtenu son diplôme, Letizia a commencé à travailler au bureau des relations internationales de l'Université de Nankai, où elle a coordonné plusieurs projets académiques entre NKU et de nombreuses universités italiennes et européennes. En 2017, elle a rejoint l'équipe du département italien de l'Université de Nankai, où elle enseigne actuellement la langue et la culture italiennes. En mai 2020, Letizia a reçu une mention spéciale du Prix de l'amitié Haihe de la municipalité de Tianjin pour le développement de relations amicales entre la Chine et l'Italie.

Tianjin : deux pays, un coeur

Les relations entre l'Italie et la Chine ont une très longue histoire qui remonte au marchand vénitien Marco Polo et aux missionnaires Matteo Ricci et Matteo Ripa, pour ne citer que quelques-uns des personnages historiques les plus célèbres. Lorsque nous parlons des échanges commerciaux et culturels entre les deux pays, il est impossible de ne pas mentionner la Route de la Soie, ce couloir sans fin qui a commencé à Chang'an, l'ancienne « ville de la paix perpétuelle » et s'est terminée à Rome, la légendaire « ville éternelle ». Il serait également impossible de parler de l'amitié entre l'Italie et la Chine sans mentionner la soie, les épices et tous ces produits qui ont permis à la Route de la soie de devenir une légende et de laisser sa marque dans le monde.

La soie semble être le fil de l'amitié entre l'Italie et la Chine. Si nous voulons nous rapprocher de notre époque sur une chronologie imaginaire, les relations entre l'Italie post-unification et l'empire chinois ont officiellement commencé en 1866, lorsque le capitaine de frégate Vittorio F. Arminjon a été invité à se rendre en Chine et au Japon en mission diplomatique. Le but principal de cette mission était de fortifier les entreprises commerciales italiennes, à commencer par l'industrie de la soie, l'industrie éponyme qui a donné son nom à la Route de la Soie.

Dans le contexte des relations commerciales internationales, Tianjin a toujours joué un rôle important dans l'économie de la Chine du nord pour trois raisons principales, la première étant sa fonction stratégique en tant que port commercial et militaire, fonction qu'elle a conservée jusqu'à maintenant. Un autre facteur qui a permis le développement de la ville est sa proximité avec la capitale, surtout après que les Britanniques ont ouvert le premier chemin de fer à Pékin en 1897. Enfin, le passage de la section nord du Grand Canal dans le centre-ville : sa construction a commencé pendant la dynastie des Sui, et son existence a même été mentionnée par Marco Polo, qui a personnellement visité Tianjin et l'a nommé la « ville céleste ». Le Grand Canal était, et est toujours, le plus long canal artificiel entièrement navigable au monde. Par conséquent, il a joué un rôle crucial dans le transport des marchandises du port de Tianjin vers le reste de la Chine, en particulier vers la capitale, située à 160 kilomètres de la mer. Par conséquent, la ville de Tianjin est particulièrement importante aux yeux de ses partenaires et amis italiens, puisque l'Italie est célèbre dans l'imaginaire collectif en tant qu'une « nation de navigateurs ».

Au début des années 1900, Tianjin était une ville très connue, à tel point que nous pouvons trouver des descriptions et des appréciations dans les écrits de nombreux militaires, marchands et voyageurs italiens. Il y a quelques années, par intérêt personnel, j'ai décidé d'approfondir la recherche sur les Italiens qui ont vécu à Tianjin. C'est ainsi que j'ai découvert les lettres de Giuseppe Messerotti Benvenuti, médecin militaire et lieutenant envoyé en Chine pour ouvrir un hôpital italien à Pékin. Le lieutenant Messerotti Benvenuti, né dans la province de Modène, comme moi, avait visité Tianjin, la ville où je vis depuis de nombreuses années, plus de cent ans avant moi. Que pouvait-il penser de cette ville ? Messerotti Benvenuti connaissait bien Tianjin avant d'y arriver : « Tianjin est une ville beaucoup plus grande et plus belle que Pékin, alors que cette dernière n'atteint pas 500,000 habitants, Tianjin en passe 900,000 ». Au début de son voyage, le lieutenant en savait peu sur la Chine, son peuple et sa culture. Pourtant, l'année passée entre Tianjin et Pékin a sans aucun doute été d'une grande aide pour découvrir sa beauté et sa grandeur. À plusieurs reprises, il a répété que les Italiens avaient beaucoup à apprendre auprès des Chinois.

Au fil des siècles, combien d'Italiens ont ressenti les sentiments de respect et d'amour décrits par le lieutenant ? Ce nombre est sans doute inestimable, et ce n'est certainement pas un hasard : au fil du temps, Tianjin a été le centre de l'amitié entre l'Italie et la Chine. L'une des principales raisons de cette amitié se trouve dans l'ancienne concession italienne de Tianjin.

La concession italienne, fondée en 1902, était connue localement comme la « concession aristocratique » grâce aux grands efforts de Vincenzo Fileti, administrateur entre 1912 et 1920, et de ses successeurs. Célèbre pour ses villas majestueuses et ses jardins verdoyants, ainsi que l'un des lieux de résidence préférés de nombreux intellectuels et personnalités chinoises. De nombreux bâtiments montrent les traits typiques de l'architecture italienne de la première moitié du XXe siècle. Grâce à l'aide du gouvernement chinois, nous pouvons encore aujourd'hui admirer ces magnifiques bâtiments.

L'ancienne concession italienne, désormais rebaptisée « Zone au

Style Italien », a retrouvé son ancienne gloire grâce au processus de restructuration entamé en 2004 par le gouvernement chinois et le groupe italien Sirena. Le projet italo-chinois a porté sur la rénovation d'une vingtaine de façades des 80 immeubles actuellement présents afin de donner un nouvel élan au commerce et au tourisme dans ce quartier de la ville. La visite du président de la République italienne de l'époque en Chine, Carlo Azeglio Ciampi, en décembre 2004, a également été essentielle, car il a eu l'occasion de visiter l'exposition Road to Tianjin : One Thousand years of relations between Italy and China (Chemin vers Tianjin : Un millier d'années de relations entre l'Italie et la Chine) qui s'est tenue à l'Institut italien de Culture à Pékin.

Grâce à ce nouvel élan et à l'étroite collaboration entre les gouvernements des deux pays, l'unique Zone au Style Italien est devenue un lieu populaire parmi les entrepreneurs chinois et internationaux. Même le célèbre réalisateur Giuseppe Tornatore l'a choisi comme décor pour ouvrir un club de cinéma nommé après l'oeuvre qui lui a valu l'Oscar du meilleur film en langue étrangère : Nuovo Cinema Paradiso.

Aujourd'hui, lorsque nous nous promenons dans les rues de ce beau quartier, nous nous sentons comme en Italie, sur le tournage d'un des films de Tornatore. La Zone au Style Italien est sans aucun doute l'un des points de repère du tourisme de Tianjin, un élément qui prend encore plus d'importance cette année. 2020 marque deux étapes importantes dans l'histoire des relations entre la Chine et l'Italie. Non seulement l'Année de la Culture et du Tourisme a été inaugurée le 23 janvier, mais les deux pays s'apprêtent également à célébrer leur 50e anniversaire depuis l'établissement des relations diplomatiques entre la République italienne et la République populaire de Chine plus tard en novembre.

En cette année particulière, tragiquement marquée par l'épidémie du COVID-19, pendant les longues journées de quarantaine, chaque membre de la communauté italienne de Tianjin pense à la Zone au Style Italien. Dès que les mesures de sécurité ont été levées, nous avons enfin pu mettre le pied dans cette Zone pour savourer ses couleurs, ses saveurs et ses parfums et retourner, ne serait-ce que pour une courte période, dans notre bien-aimée Italie. Quand ma ville natale me manque, comme les nombreux autres Italiens qui ont décidé de faire de Tianjin leur résidence permanente, je vais dans la zone de style italien. Ce lieu célèbre est un endroit apprécié des touristes et des résidents, qu'ils soient chinois, italiens ou d'autres nationalités : c'est l'endroit idéal pour manger une bonne pizza, savourer une tasse de café sur les tables en plein air ou admirer les beaux bâtiments. Il y a tellement de beaux endroits dans cette petite région qu'il serait impossible de choisir les plus beaux. Cependant, il y a un endroit à ne pas manquer : la Piazza Dante. Pourquoi cette « piazza » est-elle si unique ? Tout d'abord, pour son nom : le mot « piazza » suffit pour éveiller de beaux souvenirs dans le cœur de chaque italien, et si l'on ajoute l'hommage à Dante, notre grand poète national, le résultat est parfait. La deuxième raison est ce qui ressort au centre de la Piazza Dante : la statue de la Victoire ailée, reconstruite pendant le processus de restauration de la zone. La statue en marbre est merveilleuse, mais il y a un élément qui la rend encore plus spéciale et incarne la véritable essence de l'amitié entre l'Italie et la Chine : la déesse qui nous protège d'en haut porte une brindille d'olivier, symbole de paix par excellence. Y a-t-il un meilleur souhait que la paix ?

La Zone au Style Italien incarne parfaitement plus de 1000 ans d'amitié entre la Chine et l'Italie. Tout comme le missionnaire italien Giuseppe Castiglione est connu pour avoir fusionné l'Est et l'Ouest dans ses œuvres, la Zone au Style Italien de Tianjin combine l'architecture et le design de la région de Versilia avec la vibrante culture chinoise. Le résultat est l'exemple parfait d'une ville au profil inclusif, international et multiculturel. Inclusion, multi-culturalité et communication culturelle sont les valeurs fondamentales que nous essayons d'enseigner chaque jour aux étudiants du département d'italien de l'Université de Nankai, un autre des éléments qui relient Tianjin à l'Italie. Nous prenons notre mission très au sérieux car nous pensons que l'éducation est le moyen de construire un monde meilleur. Alors que nous racontons à nos étudiants l'histoire fascinante de l'amitié entre la Chine et l'Italie, nous les encourageons à devenir des ambassadeurs des deux cultures, précisément comme Tianjin l'a fait pendant plus d'un millénaire.

Henri Vullierme

Henri Vullierme, président et fondateur d'Uniligne, a étudié les mathématiques pures et la physique à Paris VI et a acquis une expérience diversifiée en tant qu'analyste en finance d'entreprise et commerce de détail.

La vie et les voyages d'un géomètre universel

Né en 1911 à Jiaxing, Shiing-Chen Chern, mort en 2014, était sans nul doute l'un des grands esprits mathématiques du XXe siècle et le père des mathématiques Chinoises modernes.

Les spécialistes le considèrent comme l'un des fondateurs de la géométrie différentielle, un domaine majeur qui remonte au calcul différentiel de Leibniz et Newton, puis aux travaux décisifs de Gauss sur les courbes et les surfaces.

Il serait difficile d'exagérer l'importance de cette branche des mathématiques dans l'ensemble de la science d'aujourd'hui. L'un des efforts principaux des mathématiciens du XXe siècle aura ainsi consisté à étendre les concepts de la géométrie différentielle et à en exploiter les résultats dans des champs qui étaient initialement sans liens avec elle, comme la théorie des nombres. Elle est non moins essentielle en physique, où elle est devenue le langage même de l'infiniment grand, à travers la Théorie de la relativité Générale, comme de l'infiniment petit, à travers le Modèle Standard de la physique des particules.

L'idée sous-jacente à la géométrie différentielle peut-être facilement résumée : il est de partir de conditions locales aisément calculables pour aboutir à des considérations globales qui, elles, ne sont généralement pas calculables. La simple mesure de la longueur d'une courbe, non « calculable » a priori au moyen d'une simple règle, est un problème typique de géométrie différentielle, auquel elle fournit pourtant une solution rigoureuse et satisfaisante, bien que la règle soit in fine le seul véritable outil de mesure du mathématicien. De la même façon, les mathématiciens se préoccupent de rendre « calculables » des phénomènes numériques complexes, alors mêmes qu'ils ne disposent au fond, que d'une simple calculatrice à quatre opérations. Cette approche est désormais généralisée en géométrie, et à travers elle, à de très larges pans de la mathématique toute entière. Il est plaisant d'observer que la géométrie elle-même, en tant que science, peut-être décrite, de l'extérieur, par ce genre de raisonnements. Elle est produite par des mathématiciens locaux, travaillant chacun dans son étroit domaine de spécialité, puis, des synthèses se produisent, qui font communiquer entre eux leurs travaux locaux, faisant apparaître des théories unifiées de portée globale. De ce phénomène, Shiing-Chen Chern est lui-même un bel exemple. Il n'y a plus aujourd'hui de mathématicien universel qui parvienne à connaître, d'un seul tenant, l'ensemble des développements de la mathématique. Mais il en est certains dont la contribution permet d'intégrer soudain des concepts séparément élaborés par d'autres mathématiciens travaillant dans les limites de leur spécialité étroite. Pour y parvenir, il faut posséder un esprit à la fois suffisamment rigoureux pour ne rien relâcher des contraintes très précises des concepts qu'il travaille, et cependant assez ouvert pour chercher des connexions avec le langage, la culture, les intentions d'autres mathématiciens contemplant des perspectives d'abord toutes différentes. Il faut qu'il ait la capacité et le désir de traduire des idées complexes dont la terminologie n'est pas encore entièrement fixée, à d'autres collègues qui travaillent souvent avec une autre terminologie dans des secteurs voisins ou éloignés, et leur faire valoir qu'il pourrait exister des liaisons cachées entre leurs recherches respectives, leur donnant l'envie de collaborer sur ce qui devient alors un même champ.

Contrairement à ce que le profane imagine souvent, la sensibilité d'un génie mathématique le conduit d'abord à discerner par intuition et à faire apprécier aux autres des beautés qui étaient restées jusqu'alors inaperçues. Par son intuition, sa délicatesse, son ouverture aux autres, sa patience à les comprendre et à leur expliquer Shiing-Chen Chern était l'un de ces hommes-là.

Les premiers pas

Les premiers contacts de Shiing-Chen Chern avec les mathématiques remontent à son plus jeune âge. Il a été scolarisé à domicile chez sa grand mère jusqu'à ses 9 ans, où il est alors entré à l'école en cinquième année. Il avait déjà développé de son côté une connaissance solide de l'arithmétique en résolvant seul tous les exercices qu'il trouva dans un ouvrage de mathématiques en trois volumes.

Son père, qui travaillait pour le gouvernement Chinois, s'est installé à Tianjin en 1922, où le jeune Shiing-Chen est ensuite entré au collège, où il poursuivit intensément son apprentissage autodidacte des mathématiques, lui faisant atteindre un très haut niveau pour son âge.

C'est ainsi qu'il réussit haut la main les examens d'entrée à l'Université Nankai à Tianjin, à l'âge de 15 ans.

Naissance d'un géomètre

Une fois admis à Nankai, Chern étudia quatre années au sein du département de Mathématiques fraîchement créé et dirigé par Lifou Jiang.

Lifou Jiang eut une influence très forte à la fois dans le rayonnement international de Nankai jusqu'à ce jour, et sur l'orientation de la carrière de Chern. C'était lui-même l'un des premiers mathématiciens chinois à avoir obtenu un doctorat à l'étranger, à Harvard, avant de revenir en Chine.

Il introduisit Chern aux travaux de W. Blaschke, un important mathématicien allemand, avec lequel Chern travailla à Hamburg.

Lifou Jiang était lui-même un géomètre, et un enseignant exigeant, ce qui correspondit parfaitement à l'appétit insatiable de Chern dans ce domaine. Jiang et Chern se comprenaient très bien et se faisaient confiance. Leur relation prit une autre forme, en 1946, lorsque le gouvernement Chinois chargea Jiang d'établir le département de mathématiques de l'Academia Sinica et qu'il nomma Chern parmi son comité.

Après avoir terminé sa maîtrise, Chern entra à l'Université de Tsinghua, qui était à l'époque l'un des seuls établissements pouvant faire bénéficier ses élèves de programmes d'échanges internationaux.

Dans ce contexte, il arriva à Hambourg en 1934, et termina son doctorat deux ans plus tard, sous la direction de Blaschke.

Pendant ce temps, Chern rencontra et travailla avec Erich Kähler, un autre mathématicien allemand important, l'un des pères de la géométrie différentielle complexe. C'était une occasion pour Chern de découvrir pour la première fois les travaux d'Elie Cartan, et son vocabulaire des formes différentielles et des repères mobiles jusqu'à aujourd'hui utilisé partout en mathématiques, mais qui à l'époque n'était pas encore bien compris des étudiants-mêmes de Cartan ;

amorçant ce qui allait devenir l'une des collaborations les plus fertiles des mathématiques.

Chern rencontra Cartan en 1936. Cartan était sidéré de la facilité avec laquelle Chern était en mesure de comprendre ses propres idées, ce qui créa instantanément une profonde intimité mathématique entre le prodige Chinois d'un côté et le mandarin français de l'autre. Très rapidement, à l'initiative de Cartan, ils avaient établi de se retrouver toutes les deux semaines chez Cartan pour discuter de mathématiques sans contraintes extérieures. C'est là que Chern s'est intensément imprégné des idées de Cartan et de son vocabulaire.

Le professeur

Cette collaboration a vite propulsé Chern au statut de principal collaborateur de Cartan. Il a, par conséquent, été rapidement nommé professeur à l'Université Tsinghua, en 1937, où il retourna et enseigna pendant 6 ans.

Tsingua avait alors formé un consortium important d'universités Chinoises, avec Nankai et l'Université de Beijing, basé d'abord à Changsha puis à Kunming au début de l'année 1938. 800 étudiants et personnels de la faculté avaient alors fui à Kunming les bombardements japonais de Changsha. A Kunming, le consortium prit le nom d'Université nationale associée du Sud-ouest (Lianda). Malgré le contexte tragique, Kunming ne tarda pas à rayonner en tant qu'institution scientifique de rang mondial, comptant déjà parmi ses premiers étudiants certains qui deviendraient les plus illustres savants de leur pays, comme le prix Nobel de Physique Chen-Ning yang (un étudiant de Chern qui s'était directement inspiré de la philosophie de Chern et du formalisme de Cartan pour révolutionner la théorie des champs en Physique).

En 1943, au point culminant de la Seconde Guerre mondiale, Chern a été invité par O. Veblen au prestigieux Institut d'Études Avancées de Princeton (Institute of Advanced Study).

Il a ensuite fallu une semaine complète à Chern pour atteindre les États-Unis, par avion militaire.

L'IAS est - encore à ce jour - l'institution scientifique la plus prestigieuse au monde. Son caractère unique, défini par la liberté absolue garantie à ses habitants, dans les conditions les plus paisibles et calmes possibles. Les plus illustres scientifiques du XXe siècle ont honoré l'IAS de leur présence, et leurs travaux ont généralement prospéré lorsqu'ils ont été élaborés dans l'enceinte de l'institution. Dans le cas de Chern, c'est là qu'il a produit deux de ses contributions les plus importantes et celles par lesquelles il est le plus acclamé à ce jour : la généralisation du théorème de Gauss-Bonnet et l'invention des classes Chern, un certain type de classes caractéristiques dans le cas complexe.

Le théorème de Gauss-Bonnet est un théorème fondamental de la géométrie différentielle et de la topologie, reliant la courbure géométrique d'une forme à ses aspects topologiques, dans ce cas, le nombre de trous éventuels que la forme contient. La topologie est une autre branche des mathématiques, inséparable de la géométrie différentielle, mais qui se concentre sur la classification des espaces ainsi que certains types d'équivalence tels que la capacité de déformer une forme en continu en une autre en l'étirant ou en la comprimant, mais jamais en la déchirant. Il a un point de vue intrinsèquement global.

Deux surfaces avec un nombre différent de trous ne peuvent pas être obtenues en se déformant : nous les considérons topologiquement différentes. Ces trous sont donc considérés comme d'importants invariants topologiques, appelés le genre.

Pour résumer les choses de manière assez peu rigoureuse : le théorème de Gauss-Bonnet relie la courbure d'une surface bidimensionnelle à son genre, et le théorème de Chern-Gauss-Bonnet assure ce même lien, mais pour toutes les formes de dimension supérieure.

Les Classes Caractéristiques sont l'un des concepts les plus importants en géométrie et topologie.

Ce sont aussi des invariants associés à des structures algébriques elles-mêmes globalement associées à certaines formes, appelées faisceaux vectoriels.

L'idée d'un faisceau vectoriel est d'assigner, sur chaque point d'une forme, par exemple à nouveau une surface bidimensionnelle, un certain type d'objet algébrique, appelé espaces vectoriels, dans lequel on peut faire quelques mesures.

Disons que nous voulons mesurer la température à chaque point de la terre. Nous aurions besoin à chaque fois d'un thermomètre capable de produire une mesure dans un certain système d'unités, Fahrenheit ou Celsius, et des informations sur la façon dont ces thermomètres sont liés les uns aux autres.

La collecte de toutes ces informations peut être considérée comme un certain type de faisceau vectoriel sur la sphère de la Terre (à savoir un faisceau de lignes). Et il y a bien sûr des faisceaux plus compliqués qui peuvent mesurer beaucoup plus de choses que la seule température.

En d'autres termes, classer ces informations, en essayant de savoir si deux faisceaux vectoriels ou systèmes de mesure sont équivalents, est une question fondamentalement difficile, mais extrêmement gratifiante, car elle donne un aperçu de la composition de la forme elle-même.

Les classes caractéristiques fournissent ces informations.

Après ces deux années fertiles à Princeton, Chern est revenu en Chine en 1946, à l'Academia Sinica de Shanghai, où Lifu Jiang avait été nommé président du comité d'organisation du nouveau département de mathématiques. Comme à Nankai, le département est devenu très rapidement de renommée internationale. Chern a occupé un poste d'enseignement, où il a insisté pour former personnellement les jeunes mathématiciens chinois les plus brillants sur les développements les plus récents de la géométrie différentielle et de la topologie. Il a créé toute une école de recherche, toujours active et influente à ce jour.

En 1948, Chern quitte l'Academia Sinica et retourne aux États-Unis, d'abord à Chicago, où il enseigne les mathématiques à d'innombrables étudiants, ce qui étend encore plus sa notoriété. Ses cours sur la géométrie différentielle étaient de renommée internationale et appréciés par les étudiants du monde entier.

En 1960, attiré par le climat plus favorable de San Francisco, peut-être las des grands froids hivernaux de Chicago, Chern est arrivé à Berkeley. Sa présence a catalysé le jeune département de mathématiques, qui a rapidement atteint une reconnaissance de classe mondiale, tout comme tous les autres premiers et jeunes départements de mathématiques que Chern a gratifié de sa présence. Il était l'un des membres fondateurs et directeur du MSRI (Mathematical Sciences Research Institute), un équivalent mathématique de l'IAS à Berkeley, et maintenant l'un des trois départements de recherche mathématique les plus importants du monde.

Dans la géométrie de la science elle-même les distances n'y sont pas celles que l'on mesure en mètres ou kilomètres sur un plan. Parce qu'il existe des courbures, des replis, les distances entre deux continents permet à deux points qui seraient très éloignés sur une surface plane d'entrer instantanément en contact l'un a coté de l'autre.

Il a montré une façon de faire qui ne s'arrete pas avec lui, que l'université X a pu a sa suite, jouer un rôle nodal grâce à xyz, et que le monde se réjouit que la civilisation la plus haute et la plus ancienne ait renoncé à se tenir à l'écart comme on le voit par de tels résultats.

Dans cette géométrie, à la différence des domaines plus accessibles à un large public, les acteurs de la mathématique sont peu nombreux ; d'autant moins nombreux qu'ils se répartissent en spécialités distinctes et leurs avancées individuelles se font dans des langages qu'ils inventent, chemin faisant, puisque tout leur travail consiste justement à les inventer, ce qui conduit constamment à des difficultés de compréhension, même à l'intérieur d'une spécialité. Il est très frappant que Chern ait su comprendre ce que Cartan avait à l'esprit, avant même que ses élèves plus familiers y parviennent. Il ne fait aucun doute que c'est la différence de conception qui a rendu plus claires des distinctions et des concepts que l'on abordait, par erreur, de façon trop familiere. La rencontre de la différence est essentielle, comme on le voit à la géométrie différentielle, mais elle est en réalité la clef du progrès des mathématiques. Bien souvent, la science ne se développe pas comme une succession de déductions logiques que l'on ferait de conclusions précédentes mais comme un immense système d'importation et d'exportations de biens conceptuels dont le meilleur client n'est pas nécessairement le premier artisan qui les a élaborés. Une idée venue de loin s'avère combler un manque qu'elle n'était pourtant ps initialement destinée à combler.

Aujourd'hui

Radek Cais

De nationalité canadienne d'origine bohème, Radek Cais vive avec sa famille à Tianjin et occupe actuellement le poste de directeur général de l'hôtel Ritz-Carlton de Tianjin, en Chine. Il a aussi géré le Ritz-Carlton de l'émirat d'Abu Dhabi et du Caire. Il a également travaillé pendant une dizaine d'années au sein du groupe hôtelier Carlson Rezidor, basé à Bruxelles, l'emmenant dans un voyage mondial desservant des destinations telles que Shanghai, Stockholm, Oslo, Amsterdam, Manama etc.

La ville des ponts

En approchant du centre-ville de Tianjin, votre cœur palpite. Les yeux explorent, la tête tourne de gauche à droite et de droite à gauche pour ne pas manquer d'admirer l'architecture contrastée à multiples facettes de la ville historique ; tout cela est inattendu: un merveilleux mélange d'architecture moderne, de style chinois ou européen de la fin du 19e et du début du 20e siècle. À certains égards, vous pourriez penser que vous êtes arrivé dans une ville américaine de la côte est.

Le Hai He, la magnifique rivière de Tianjin, serpente à travers la ville, créant le prochain repère visuel et émotionnel qui capture vos yeux et suscite vos émotions. Alors que vous traversez l'un des nombreux ponts de Hai He au désign spectaculaire et que vous contemplez la rivière, plusieurs autres ponts tombent en cascade. C'est bien là que commence ma narration ; car ce sont les ponts de Hai He qui parlent le mieux, qui expriment le mieux les nombreuses qualités et attributs de Tianjin.

En traversant le pont Baoding vers la zone Heping, vous êtes captivé par une collection de grands bâtiments en briques rouges de style néo-classique. Autour de ces bâtiments se trouvent d'autres structures européennes de la Renaissance, grecques, gothiques et éclectiques. Puis, plus loin, vous admirez les gratte-ciel modernes. C'est là que Tianjin relie l'ancien et le nouveau, le moderne et le classique.

Tournez à gauche sur Dagu North Road et vous approchez mon immeuble préféré de la ville. Mais j'ai des préjugés. Ce bâtiment magnifique et emblématique est le Ritz-Carlton, et c'est là que j'ai le privilège et l'honneur d'être le directeur général. Le grand style néo-classique de l'hôtel est séduisant et je n'ai aucun scrupule à dire, et avec conviction, qu'il est l'un des plus beaux hôtels, non seulement de Tianjin, non seulement de Chine, mais de la planète entière. Il témoigne également de la conviction des dirigeants de la ville de positionner stratégiquement Tianjin en tant que ville mondiale, afin de relier Tianjin au reste du monde.

Alors que l'hôtel emblématique a été conçu par l'Académie d'urbanisme et de désign de Tianjin, les intérieurs resplendissants ont été conçus par le designer hôtelier de luxe Pierre-Yves Rochon, reflétant de manière spectaculaire le patrimoine unique de Tianjin et les influences européennes. On peut passer une journée entière à découvrir la magnifique propriété. En l'honneur de la conception et de la collection d'œuvres d'art, l'hôtel organise quotidiennement un « Art Tour » (visite d'art) pour faire découvrir les belles œuvres d'art exposées dans la propriété.

Les intérieurs classiques sont juxtaposés à des restaurants modernes et lumineux conçus par Strikland ; un pont du classique à l'ultra-moderne. Une des caractéristiques de l'hôtel que je préfère est la magnifique et paisible cour. Respirez profondément son calme au cœur de la ville, ou mêlez-vous aux invités et aux résidents du Ritz-Carlton tout en admirant la grande architecture néo-classique, la fontaine et les arbres de saison en fleurs.

Le Ritz-Carlton sert de « pont » à plusieurs niveaux. Ce n'est pas seulement le style qui relie l'histoire de Tianjin au présent. Il relie les gens. La grande salle de bal de l'hôtel est un lieu célèbre pour les mariages à Tianjin. De ce fait, c'est un pont entre les couples et les familles dans leurs nouveaux parcours de vie. De même, les voyageurs internationaux viennent du monde entier pour faire le pont entre Tianjin et le reste du monde, et vice-versa.

Même les chefs culinaires de l'hôtel sont des créateurs de ponts.

Le « baozi » est un délicieux pain de levure cuit à la vapeur. C'est un régal agréable célébré à Tianjin. Les chefs du Ritz-Carlton ont trouvé un moyen de moderniser cette merveilleuse nourriture de confort et de la transformer en une délicieuse gâterie somptueuse utilisant des ingrédients de luxe de style occidental. Le pain cuit à la vapeur traditionnel est adapté en le remplissant d'ingrédients luxueux tels que le foie de canard avec du bœuf Black Angus ou des pétoncles australiens et des crevettes avec une riche sauce au fromage luxueusement crémeuse. Les combinaisons relient les aliments traditionnels de confort au luxe, ainsi que la tradition à une inventivité inspirée.

Le parc Victoria, face au Ritz-Carlton, a été inauguré le 21 juin 1887. C'est aujourd'hui le point de rencontre des « Tianjin Ren » locaux, ou des citoyens locaux de Tianjin, qui se réunissent pour chanter, jouer à des jeux et pratiquer le tai-chi ensemble. Le parc relie le passé au présent et est un pont d'activités partagées pour les habitants. La grande entrée du Ritz-Carlton, Tianjin est un pont vers la culture populaire de la ville au cœur du parc Victoria.

Les habitants de Tianjin sont à la fois joueurs et travailleurs. Ils sont fiers mais pas de manière ostentatoire, non c'est une humble fierté, une fierté pleine de confiance. Les habitants de Tianjin ont également un charme hypnotique subtil qui vous surprendra. Passez un peu de temps avec eux et vous vous sentirez flatté et charmé. Ce sont des spécialistes pour combler les cœurs.

Il n'y a pas de meilleure façon de décrire leur personnage que de partager une histoire de leur forme d'art populaire. Leur art du charme s'exprime à travers le Talkshow ou Cross-Talk, une tradition qui remonte à la dynastie impériale chinoise des Qing. C'est un spectacle où l'interprète crée un jeu de mots habile qui ressemble essentiellement à un type de rap ! Alors que les habitants de Tianjin apprécient ces performances dans les maisons de thé tout en sirotant du thé et en croquant des graines de tournesol, j'amène de temps en temps les artistes au Ritz-Carlton pour ravir nos invités à découvrir la culture locale. Une fois, nous avons eu un groupe de visiteurs de Hong Kong que nous avons plongé dans cette tradition. Pendant qu'ils dînaient dans notre restaurant chinois de Tian Tai Xuan, l'artiste de Cross-Talk est entré pour exécuter son art. Je ne comprends pas le chinois, donc je ne peux malheureusement pas partager le récit, mais je peux dire que j'ai vu le groupe de visiteurs de Hong Kong pleurer de rire.

Tianjin jette également un pont sur le monde à l'échelle industrielle. Trois des sociétés internationales les plus célèbres, Airbus, Toyota et VW, ont toutes de grandes usines ici. Et il existe aussi de nombreux autres partenariats mondiaux.

Je crois fermement que Tianjin a également un avenir radieux, les visiteurs peuvent se réconforter en découvrant cette destination avant qu'elle ne devienne connue. Permettez-moi donc de jeter un pont aujourd'hui vers l'avenir. Le cœur de Tianjin avec son mélange d'architecture européenne et moderne, le Hai He avec ses nombreux ponts inspirés, et décisivement ses charmants citoyens, est destiné à devenir une destination touristique ultra populaire. Je prévois le cœur de Tianjin regorgé de studios d'art, de boutiques et de restaurants internationaux ainsi que des restaurants locaux remplis de touristes du monde entier pour faire le pont de cette charmante ville et le reste du monde.

Yvan
Collet

Yvan, né à Paris, entre à la célèbre FERRANDI Paris, une école d'arts culinaires de renommée internationale, à l'âge de 15 ans pour apprendre les bases de la cuisine française. Il est arrivé en Chine à l'âge de 21 ans et a travaillé dans des restaurants renommés tels que Fusong à Pékin et Yong Foo Elite à Shanghai, après quoi il a ouvert son propre restaurant Chez Max à Guangzhou. Actuellement, il travaille en tant que chef exécutif au Shangri-La Hotel à Tianjin. Il a voyagé à Tianjin plusieurs fois dans le passé et est étroitement lié à cette ville.

La gastronomie de Tianjin

On dit que l'appétit vient en mangeant.

C'est encore plus vrai lorsque l'on se balade dans les rues sinueuses et bien desservies de Tianjin, offrant un extraordinaire choix culinaire à qui voudrait enrichir ses connaissances de gastronome.

La première spécialité qui nous vient à l'esprit - et à la bouche - lorsque l'on évoque la cuisine de Tianjin, c'est le fameux Mahua （麻

花）, une sorte de torsade de pâte de farine frite dans l'huile. Sucré, salé, croustillant, moelleux, il présente de différents goûts et de saveurs. Et le plus attirant en lui, c'est qu'en devinant une certaine texture ou un certain goût, on y trouve toujours quelque chose de surprenant et d'agréable.

Parmi les repas quotidiens, le petit déjeuner est probablement celui qui offre le plus d'originalité. Le matin, des échoppes ou des rues grouillent de monde qui s'affairent, prêts à affronter de longues files d'attente pour pouvoir apprécier quelques bouchées de ces spécialités traditionnelles locales.

Parmi elles, la crêpe Jian Bing Guo Zi (煎饼果子) de Tianjin est probablement le porte-étendard du petit déjeuner des Tianjinois. Une grande crêpe à base de pâte de farine de haricot mungo cuite sur une galettière, avec un œuf cassé qu'on saupoudre de ciboule, de sauce Mianjiang (面酱) et d'une autre sauce à base de tofu (腐乳), accompagnée d'un youtiao (油条) ou un baocui (薄脆). La crêpe est ensuite parsemée de sésames grillés, puis roulée. On y rajoute souvent de la sauce de piment. Un véritable délice mélangé de goûts et saveurs, croustillant et moelleux, pimenté et salé.

Le Zhagao (炸糕), est un beignet en forme d'oreille, à base de farine de riz et farci avec une pâte de haricots rouges, frit et servi très chaud.

Le Guobacai（锅巴菜）est une réduction de badiane, de clou de girofle, de grains de cardamome, de branches de cèleri, de poireau, d'ail, épaissie à la fécule de maïs servie très chaude et recouverte de croustilles de pois verts. On y rajoute enfin de la coriandre fraiche, de la pâte de sésame, de la sauce tofu et de l'essence d'ail haché.

Le Lao Tofu（老豆腐）est un plat à base de tofu frais. On y rajoute également de la coriandre fraiche, de la pâte de sésame, la sauce tofu, de l'essence d'ail hache et de l'huile de piment.

Le Baozi de Tianjin (天津包子), autre emblème culinaire de Tianjin, est un pain de farine de blé farci avec un hachis de porc et cuit à la vapeur. On peut le trouver farci de légumes, dans sa forme végétarienne. Il se déguste avec du vinaigre.

Le rouleau de légumes (天津素卷圈) est farci de haricots de soja, de coriandre fraîche et de carottes râpées, de pâte de tofu et parfumé aux cinq épices et à la crème de sésame. Il est frit et servi brûlant.

Le Chatang (天津茶汤) est un snack qui se compose de farine de sorgho, de poudre de grain de lotus, de sucre blanc et roux, de grains de sésame, de noix concassées, de raisins secs, de pignons de pin auquel on rajoute de l'eau bouillante, à l'aide d'une énorme théière en cuivre, ustensile très traditionnel de Tianjin.

Le Shuligao (天津熟梨糕) est un petit gâteau de riz cuit à l'aide d'un moule en bois, à travers lequel passe la vapeur à haute pression d'une cocotte-minute. Il est servi avec une marmelade de fruits, souvent de la fraise, du kiwi ou de la mangue

On peut également trouver à Tianjin des spécialités culinaires que l'on retrouve plus particulièrement dans les restaurants :

Le poisson à l'aigre douce (罾蹦鲤鱼) est enrobé de farine et de fécule de maïs puis frit, ce qui donne ce croustillant si caractéristique à ce plat. Il est ensuite recouvert d'une sauce aigre douce, qui procure au poisson tout son charisme.

Le Guotaliji (锅塌里脊) est une sorte d'omelette plate farcie de tranche de bœuf et recouverte d'une sauce à base de bouillon de volaille et de sauce soja.

Le bazhentofu (八珍豆腐) est un plat préparé avec huit différents ingrédients, comme son nom l'indique. On y trouve généralement du tofu, des abalones, des calamars, du concombre de mer, des noix de Saint-Jacques séchées, des crevettes et du poulet.

Le laobaosan (老爆三) est un sauté de rognons, de foie et de filet de porc à la sauce soja et aromatise à l'alcool de riz.

Une autre caractéristique de la cuisine de Tianjin : les légumes saumurés (天津冬菜), qui prennent jusqu'à six mois pour être réalisés, ce qui demande beaucoup de patience, car on met le chou chinois dans une saumure avec de l'ail pour qu'il soit fermenté longtemps. Il est surtout utilisé dans les soupes ou pour accompagner les poissons.

Le meilleur endroit pour découvrir ces délices est probablement la rue de la Gastronomie « Shi pin jie » (食品街). Vous y trouverez bon nombre d'offres culinaires, allant du simple marchand ambulant jusqu'au restaurant gastronomique, le tout dans une atmosphère vivante et animée.

Plus qu'une cuisine qui sait régaler, la cuisine de Tianjin est une cuisine qui sait rassembler; à témoin, la foule de personnes qui s'attable tous les matins dans les petits restaurants ou qui attend patiemment d'être servie pour ramener le petit déjeuner à la maison.

C'est cela aussi, Tianjin; le besoin d'être ensemble et de partager un instant, dans le calme et par tout temps, un repas en famille ou entre amis.

Paix et tranquillité, voilà le bonheur.

Bruce Connolly

Bruce Connolly est un photographe et écrivain écossais. Il s'est d'abord rendu en Chine en train en 1987. Ayant développé une forte fascination pour la Chine, il est revenu vivre et travailler à Guangzhou entre 1992 et 1993. Depuis, il a voyagé à travers le pays et réside actuellement à Pékin. Il a travaillé pendant de nombreuses années avec Radio Beijing et plus récemment avec China Daily, contribuant à de nombreux articles sur la Chine. Il a également une forte passion pour Tianjin et ses photographies de la ville sont exposées au Shangri-La Hotel à Tianjin. Bruce Connolly a été filmé à Tianjin pour la production de BBC « Scots in China ».

Tianjin, le « gué céleste », une ville à découvrir

Pour quiconque arrivant à Tianjin pour la première fois, la ville montre son aspect et son charme bien particuliers, très différents des normes urbaines chinoises. En sortant de la Gare de Tianjin, quelques minutes de marche mènent aux paisibles rives paysagères de la rivière Haihe, et non loin, se trouve le Pont Jiefang à l'ossature en acier, une icône historique, construit en 1927, qui se connecte à l'ancienne zone de la concession française. Ce pont et ses environs contrastent avec le profil de grande hauteur de la Place Jinwan et le brillant Centre Financier Mondial de 337 mètres de haut. Tous deux constituent les symboles contemporains d'une ligne d'horizon de plus en plus moderne.

Il vaut la peine de vous arrêter, comme je le fais régulièrement, près du Haihe, pour vous détendre un moment, et apprécier cette ville, son histoire, sa rivière et toute sa particularité. Évidemment, depuis des siècles, le Haihe attire le regard non seulement par sa beauté magnifique, mais aussi par son rôle de catalyseur dans la croissance économique et la prospérité de la ville. Tianjin, une ville bâtie sur de vastes accumulations d'alluvions fluviales, a, pour sa grande partie, une altitude très basse, à seulement quelques mètres au-dessus du niveau de la mer. En effet, remontant à plusieurs siècles, là où Tianjin se trouve aujourd'hui était autrefois la mer dans laquelle le fleuve Jaune déversait de lourdes charges de sédiments, formant le vaste terrain plat d'aujourd'hui !

Le Haihe, dont le nom se traduit par « rivière de la mer », a longtemps agi comme un chenal d'accès qui relie le golfe de Bohai et le Grand Canal. La première ville fortifiée s'est développée en un centre de commerce, un point de transbordement entre les transporteurs océaniques et le canal. Tianjin était l'endroit où une longue section de cette voie artificielle, datant du 7ème siècle, se connectait jusqu'à Hangzhou. Les céréales et les vivres étaient acheminés par des barges à voile, au nord des terres fertiles à l'aval du fleuve Yangtse. Une branche nord du canal relie de dessous la grande roue de Tianjin à Tongzhou, à la limite de Pékin. Tianjin n'a cessé de croître au fur et à mesure que Pékin se connectait à l'est de la Chine et au monde. Soit dit en passant, le chemin de fer reliant Tianjin et Pékin a été l'un des premiers en Chine.

Il vaut la peine de vous attarder dans cet endroit historique où se joignent Nanyunhe (canal sud) et Hai-he. De nombreux habitants s'y rassemblent pour pêcher, surtout en hiver lorsqu'ils s'assoient au-dessus des trous creusés dans la glace. Autour d'eux volent de nombreuses mouettes. Tianjin se trouve sur la route migratoire des oiseaux, qui se déplacent chaque année entre des régions plus froides de la Sibérie et de la Mongolie vers l'est de la Chine. Passant de longues périodes à se reposer autour des marécages et des lacs entourant Tianjin, ils viennent quotidiennement vers Haihe , le centre-ville.

La vieille ville de Tianjin bouillonnait de commerces. Jusqu'en 1404, elle était connue sous le nom de Zhiqu (« Port Droit ») mais a été renommé par l'empereur Yongle en tant que Tianjin ou « Gué du Paradis ». Une idée de son ancien aspect peut être trouvée autour de la zone recréée de Gulou (« tour du tambour ») et de l'ancienne rue culturelle. Les murs de l'ancienne ville ont disparu depuis longtemps, mais ses portes sont rappelées par des noms tels que Beimen et Dongmen, les Portes Nord et Est. Il y a un musée à la vieille ville sur la rue Gulou Est.

Tianjin attire l'attention internationale surtout par son emplacement. De nombreux pays occidentaux voulaient prendre pied en Chine et vers la fin de la dynastie des Qing, à partir du milieu du 19e siècle, plusieurs zones de concession étrangères ont été créées sur ce qui était alors principalement des marais ou des terres agricoles à l'est de la vieille ville. Le Pont Jiefang reliait les concessions russe et italienne. Au nord du fleuve se trouvaient la grande concession française et au sud, la concession britannique. Le secteur italien a été restauré ces dernières années en une zone de restaurants, cafés, magasins, populaire auprès des touristes.

Les anciennes concessions suscitent un intérêt considérable et rendent les promenades intéressantes. Tianjin était connu sous le nom de «wanguo jianzhu bowuguan» c'est-à-dire « musée d'architecture d'une myriade de pays ». Chaque quartier a évolué de manière assez différente des normes traditionnelles de la disposition urbaine chinoise, influencé davantage par les styles architecturaux et les concepts d'aménagement de leur pays d'origine. Se promener dans ces rues anciennes, on a l'impression de se promener tantôt en Italie, tantôt en France ou en Grande-Bretagne.

Certaines des plus belles architectures de cette période se trouvent le long de Jiefangbei Lu, au sud du pont. Des entreprises internationales, fortement impliquées en Asie, étaient autrefois basées dans ces grands bâtiments au style classique. Aujourd'hui, ils sont logés par des banques d'État, des bureaux et des musées. C'était une rue bien animée et prospère. Jiefangbei Lu, qui était alors connue sous le nom de « Rue de Paris », était considérée comme le premier Wall Street d'Asie. En effet, la réputation commerciale historique de Tianjin aide aujourd'hui la ville à retrouver sa place en tant que centre de commerce et de finance international.

Les zones de concession abritent certaines belles églises de style européen de la ville de Tianjin. Cette zone entière a de nombreuses allées et ruelles dignes d'être explorées où des bâtiments, construits dans une variété de styles occidentaux, étaient autrefois des clubs, des bureaux administratifs et des résidences à l'époque de la concession et ces bâtiments sont maintenus toujours en bon état.

Si vous voulez vous rappeler le style des constructions des anciennes concessions de la fin du 19e siècle, il faut aller voir l'Hôtel Astor dans la concession britannique, également sur Jiefangbei Lu. L'un des plus anciens hôtels de Chine, l'Hôtel Astor reflète bien l'histoire de Tianjin. Son musée au sous-sol ne raconte pas seulement son histoire et celle de la région, mais rappelle un éventail d'individus célèbres et infâmes qui sont passés par l'étroite porte battante de l'hôtel dont Puyi, le « dernier empereur », pendant son séjour à Tianjin de 1925 à 1931, qui venait régulièrement danser à l'Astor. Avec ses couloirs bordés de bois, ses chambres avec lits à baldaquin et le premier ascenseur en Chine, l'hôtel ressemble plus à un lodge de campagne britannique.

En face de la porte de l'Astor se trouve le Parc Jiefang. Les habitants y vont tous les jours pour faire de la musique, danser, chanter et faire des exercices physiques. Une fois, au moment où je me détendais là-bas, on m'a demandé d'où je venais. « Écosse », je lui ai répondu. Immédiatement, une salutation de bienvenue a été reçue. Un compatriote écossais, le défunt Eric Liddell, est en quelque sorte un héros local. Coureur de la médaille d'or olympique en 1924 et rendu célèbre à travers le film « Chariots of Fire » de 1981, il est né à Tianjin, de parents écossais. Liddell vivait à proximité à Wudadao (« Cinq Grandes Avenues »). Un quartier principalement résidentiel où les visiteurs pouvaient penser qu'ils se promenaient dans des parties de la banlieue londonienne. Wudadao, un quartier d'excellents cafés et restaurants, abrite le stade Minyuan, une zone de loisirs populaire. Liddell a participé à la conception du stade d'origine et a encouragé le développement d'une équipe de football locale.

À l'ouest de Wudadao se trouve Xiaobailou (« petite maison blanche »). Autrefois une zone de ruelles étroites encombrée de restaurants locaux, certains y restent encore. C'est là que demeure la Patisserie Kiessling, une célèbre boulangerie européenne, un rappel aux temps des concessions, mais aujourd'hui, elle ne siège plus dans le même bâtiment d'origine. En tant qu'un favori des occidentaux vivant à Tianjin de l'époque dont Eric Liddell, elle continue d'offrir d'excellentes pâtisseries. Presque juste en face se trouve un bâtiment patrimonial, une synagogue de l'ancienne communauté juive de

Tianjin. Tianjin est vraiment une ville à découvrir.

Contrairement à Shanghai, les berges de Tianjin n'étaient pas bordées de sa plus belle architecture européenne. Les bancs de boue de chaque côté du Haihe étaient destinés à des activités commerciales et fluviales. Au fur et à mesure que ces activités s'estompent, les remblais ont été négligés pour être restaurés au cours de ces dix dernières années ou plus dans un charmant couloir de passerelles et de jardins sans circulation. Un couloir linéaire profitant à la population locale.

Tianjin, jadis une ville de l'industrie lourde, s'est réinventée dans une architecture moderne et un environnement de plus en plus écologique. Les parcs, grands ou petits, font partie intégrante de la scène urbaine, offrant aux visiteurs de nombreuses opportunit é s d'observer les activités quotidiennes des habitants de Tianjin. Le vaste parc aquatique de Shuishang est réputé pour son mélange de lacs, de jardins botaniques et du zoo de Tianjin établi de longue date. Ningyuan près de la gare du Nord est superbe pour son atmosphère architecturale traditionnelle chinoise.

Tianjin est plus qu'une ville compacte, c'est une municipalité couvrant une vaste zone allant de la mer de Bohai aux montagnes du nord traversées par la Grande Muraille. Pour apprécier la ville loin du noyau urbain, je prends souvent la ligne 9 du métro ou un train à grande vitesse jusqu'à Binhai, la zone littoral de haute technologie en développement et qui abrite plusieurs grandes entreprises internationales. En effet, c'est là qu'on apprécie une partie de l'architecture futuriste de la Chine, y compris un vaste centre culturel récemment ouvert incorporant la bibliothèque Bin-hai dont on parle beaucoup. Le centre financier de Chow Tai Took, haut de 530 mètres, est devenu un point de repère récent.

La gare de Binhai (Yujiapu) a ouvert ses portes en 2015. Elle se trouve profondément sous terre, mais son extérieur futuriste en forme de coquille ovale au milieu d'un parc paisible crée plus l'ambiance d'une salle de concert qu'un terminus ferroviaire interurbain.

Une courte promenade depuis la gare mène aux rives du Haihe, proche de la mer. Un lieu attrayant où les bateaux emmènent les groupes de touristes devant la magnifique ligne d'horizon au bord de la rivière, un aperçu de la Chine du 21e siècle. En aval, l'un des plus grands terminaux à conteneurs du monde, en amont, le premier port de Tanggu qui reliait autrefois Tianjin et Pékin avec le monde.

Un trajet de quinze minutes en train reconnecte avec le centre-ville. Le soir, c'est l'occasion de découvrir la célèbre gastronomie de Tianjin dans l'un de ses nombreux restaurants fascinants ou de visiter l'un des marchés nocturnes de la ville et de grignoter des collations locales.

Aujourd'hui, quand je revois Tianjin, la ville est si différente de ce que j'ai vécue en 1996. A l'époque, je ne pouvais la voir qu'au niveau du sol, mais maintenant je peux l'admirer du haut d'un gratte-ciel. Que ce soit depuis le dernier étage du Centre financier ou d'un cafétéria de l'Horizon Club de l'hôtel Shangri-La, je me réjouis de l'apprécier à travers les anciennes zones de concession historiques vers l'horizon de plus en plus moderne. Quelle spectacle manifique ! A cause de l'épidémie Covid-19, j'ai pu avoir plus de temps libre pour apprécier cette ville qui, grâce à ses mesures de prévention strictes prises, est de nouvesu pleine de vitalité, une ville accueillante, pleine d'avenir.

Tianjin, une ville de ponts, une ville de lumières, une ville grouille de monde. C'est aussi une ville étroitement liée à la rivière Haihe - une rivière au cœur de la ville. Tianjin, le gué céleste sur la rivière de la mer est une ville à découvrir.

Laurent Fabius

Né à Paris en 1946, Laurent Fabius a été Premier Ministre et est actuellement le Président du Conseil Constitutionnel de la République française. Il a reçu un doctorat honoris causa de l'Université de Nankai.

Discours à l'occasion du centième anniversaire de l'université de Nankai

M. le secrétaire du parti de la municipalité de Tianjin, Messieurs les représentants du gouvernement central,

Cher président de Nankai

Chers professeurs, chers étudiants, Mesdameset Messieurs,

C'est un plaisir et un honneur d'être ici aujourd'hui avec vous pour célébrer le centième anniversaire de l'université de Nankai

Tout au long de son histoire, l'université de Nankai a été à l'avant-garde de la modernisation du système éducatif chinois.

L'éducation est essentielle pour chaque individu, mais aussi pour une nation dans son ensemble. L'histoire de l'université de Nankai est liée à l'histoire de la Chine moderne.

Comme l'a démontré la visite du président Xi Jinping à l'université de Nankai au début de l'année, le centième anniversaire de l'université de Nankai est un anniversaire très important.

J'ai moi-même un lien personnel avec cette université. J'ai l'habitude de venir régulièrement à Tianjin et à l'université de Nankai, où j'ai déjà eu l'occasion de donner plusieurs conférences à la prestigieuse « Zhou Enlaï School of Government ». Je suis honoré d'avoir reçu le titre de docteur honoris causa de l'université de Nankai.

Aujourd'hui, lors du centième anniversaire de Nankai, nous célébrons une grande université mais nous célébrons également la renaissance d'une civilisation. Faisons en sorte que cette renaissance chinoise s'accompagne d'une amitié profonde et pacifique entre nos civilisations, nos cultures, nos pays et nos peuples.

Comme son ancien élève le plus célèbre, le diplomate chinois Zhou Enlaï, l'université de Nankai a toujours été ouverte sur le monde. L'ouverture est une qualité majeure exigée des enseignants à qui je veux rendre hommage et des étudiants, garçons et filles, hommes et femmes qui grâce à leurs études peuvent donner le meilleur de leurs capacités. L'ouverture est essentielle pour avoir une vision globale du monde et une capacité à communiquer entre différentes cultures.

La France, en particulier, se tourne vers Nankai, notamment grâce au grand artiste et maître Fan Zeng. Je voudrais saluer ici sa précieuse action pour l'amitié entre la France et la Chine.

Ces dernières années, les échanges d'étudiants chinois et français se sont très bien développés. Les échanges d'étudiants sont une opportunité que chaque étudiant doit saisir. Voyager à l'étranger, discuter avec de nouvelles personnes, découvrir de nouveaux pays ne peuvent qu'être enrichissants. L'organisation des échanges et les relations que cette université entretient avec de nombreuses universités et institutions universitaires internationales sont deux exemples de l'ouverture de Nankai au reste du monde.

Selon moi, c'est un élément clé de « l'esprit Nankai ». Littérature, histoire, philosophie, enseignement et art mais aussi droit, économie, gestion, sciences, ingénierie et bien d'autres : l'université de Nankai offre à ses étudiants un large éventail de disciplines et est à la fois un centre d'enseignement et de recherche académique. Comme l'a dit le célèbre philosophe grec Socrate, « admettre que nous ne savons pas tout est la première étape de notre voyage vers la connaissance ». L'argent peut être volé, la santé et la force peuvent manquer, mais ce qu'un individu apprend lui appartient pour toujours.

Aujourd'hui plus que jamais, il est important d'être créatif et innovant et de viser une éducation de haut niveau. L'université de Nankai a excellé non seulement dans les sciences mais aussi dans le domaine des sciences humaines. Toutes les disciplines et les sciences humaines en particulier, sont essentielles pour surmonter les défis du

21e siècle. Parmi les plus grands risques de nos sociétés se trouve le défi environnemental qui n'est pas une simple possibilité pour un avenir lointain ou un produit de notre imagination mais un fait réel. C'est l'un des défis majeurs du 21e siècle et nous avons tous en commun de construire un monde durable et résistant, luttant contre le changement climatique. Les scientifiques du monde entier ont prouvé que nous vivons une nouvelle période où de nombreux secteurs de nos sociétés sont menacés. Nos traditions, nos cultures et nos antécédents juridiques sont différents. Mais pour faire face aux défis de ce siècle, nous avons besoin d'une alliance de forces et de connaissances.

Elle est très bien résumée par la devise de l'école de l'université de Nankai : « dévouement à l'intérêt public, acquisition de capacités globales et aspiration quotidienne au progrès. »

En ce siècle, je suis sûr que l'université de Nankai continuera d'être un lieu d'excellence. Au siècle prochain, deux cents ans après sa création, j'espère que l'université de Nankai continuera à éduquer les citoyens et les dirigeants de demain, les citoyens et les dirigeants pour la paix, la durabilité, la sagesse, la justice et la prospérité partagée.

Merci.

David Gosset

Né à Paris en 1970, David Gosset est un sinologue et est le fondateur du forum Europe-Chine. Il est l'auteur de *Limited Views on the Chinese Renaissance* (2018). Il s'est rendu à Tianjin pour la première fois en 2006 et est professeur associé à l'université de Nankai.

Echos de Tianjin

Une relation personnelle relativement ancienne avec Tianjin explique ma contribution à *Tianjin en perspective(s)*, un livre qui, je l'espère, suscitera un intérêt encore plus grand pour cette ville unique.

Puissent ces « échos de Tianjin » introduire à l'idée que cette ville du nord de la Chine n'est pas seulement une étape en route vers d'autres lieux, mais que c'est une destination en soi qui doit être appréciée pour ses caractéristiques propres.

Comme beaucoup de ceux qui ont reçu une éducation en France, j'ai vu mentionné le nom de Tianjin bien avant de visiter la Chine pour la première fois à l'été 1996. Les étudiants français, en particulier ceux qui s'intéressent à la littérature et à la poésie, connaissent Paul Claudel (1868-1955) et, par conséquent, ils se souviennent de ses liens étroits avec la Chine et ont imaginé les années qu'il a passées à Tianjin - ou Tientsin comme on l'appelait alors - entre 1906 et 1909 en tant que diplomate.

Pierre Teilhard de Chardin (1881-1955) est une autre personnalité française de premier plan associée à jamais au port du nord de la Chine. Il a soutenu les travaux d'Emile Licent (1876-1952), le fondateur du Musée d'histoire naturelle de Tianjin, connu sous le nom de Musée Hoangho Paiho, et a par la suite joué un rôle majeur dans le développement de la paléontologie chinoise.

Cependant, c'est non loin de la mer Noire, en Bulgarie, que ma relation personnelle directe avec Tianjin prend sa source. En 2006, j'ai pris la décision d'organiser le Forum Europe-Chine à Sofia, un lieu que je considère très pertinent pour discuter des questions liées aux continuités eurasiatiques. J'avais créé le Forum Europe-Chine quatre ans plus tôt dans le but de contribuer à une meilleure compréhension mutuelle entre l'Europe et la Chine. Ce travail s'est poursuivi jusqu' à ce jour!

Lors de la préparation de l'évènement international de 2006, j'ai eu le privilège de rencontrer Yu Zhenqi, alors ambassadeur de la République populaire de Chine en Bulgarie. Ce fut une belle et mémorable rencontre qui débuta par une appréciation de *Sur la Falaise*

Rouge pour évoquer le passé de Su Dongbo (1037-1101) dont la reproduction calligraphiée était accrochée au mur de la salle à manger de l'ambassadeur: «Le grand fleuve vers l'Est s'en va...», et l'ambassadeur Yu m'accompagna généreusement jusqu'à «la lune reflétée par le fleuve».

Lors d'un dîner composé d'exquis plats chinois, l'ambassadeur Yu Zhenqi exprima sa surprise lorsque je lui dis que je n'étais jamais allé à Tianjin, une ville qui comptait beaucoup pour lui. Il m'a dit que ce serait une erreur alors que l'on aspire à l'étude de l'histoire et la culture chinoise de ne pas connaître l'Université de Nankai et sa tradition de recherches académiques.

J'ai pris le conseil de l'ambassadeur très au sérieux et je ne le regrette pas. L'histoire de Tianjin, indissociable de Puyi (1906-1967), Yuan Shikai (1859-1916), Zhang Xueliang (1901-2001) ou Liang Qichao (1873-1929) reste l'une des meilleures introductions aux grandes transformations chinoises du 20ᵉ siècle. On peut affirmer que c'est à Tianjin que l'on trouve certaines des sources de la modernité chinoise.

C'est en novembre 2006 que j'ai pu visiter l'Université de Nankai pour la première fois. J'ai découvert sa riche histoire depuis sa fondation en 1919, son lien avec Zhou Enlai (1898-1976) et le dynamisme de sa vie intellectuelle. Je me souviens d'une conversation des plus agréables et fructueuses avec son chancelier d'alors, le professeur Xue Jinwen.

Trois ans plus tard, à l'occasion de la célébration du 60e anniversaire de la fondation de la République populaire de Chine, j'ai eu l'occasion de coopérer avec la municipalité de Tianjin pour l'organisation d'un rassemblement de haut niveau réunissant à Tianjin des personnalités européennes de premier plan, tels l'ancien Premier ministre français Laurent Fabius et l'ancien chancelier allemand Gerhard Schroeder.

Comme l'illustre l'architecture de la ville, l'Europe et la Chine se sont déjà rencontrées à Tianjin à l'époque de l'impérialisme et du colonialisme. Ce furent des circonstances profondément tristes pour la Chine. Heureusement, elle est depuis en route vers sa renaissance et elle a retrouvé une place centrale dans les affaires mondiales.

Sur les neuf concessions qui ont marqué l'histoire de Tianjin, sept étaient européennes: l'austro-hongroise (1901-1917), la belge (1902-1931), la concession britannique (1860-1943), la française (1860-1946), l'allemande (1899-1917), l'italienne (1901-1947) et la russe (1900-1920). Les deux autres concessions furent américaines (1869-1902) et japonaises (1898-1945).

Dans ce qui est connu aujourd'hui sous le nom de « Wudadao », littéralement « les cinq avenues », il y a encore plus de 2000 bâtiments aux caractéristiques architecturales variées et dont la valeur historique est incontestable. Alors que presque tout a été dit sur le « vieux Shanghai », Tianjin peut encore surprendre les universitaires et leurs lecteurs par la richesse de ses histoires passées qui restent encore à présenter.

À l'évocation d'un passé aussi riche, l'idée que le dialogue sino-européen du 21e siècle doit être poursuivi et approfondi à Tianjin prend tout son sens. En 2008, lors des jeux olympiques de Pékin, beaucoup ont redecouvert Eric Henry Liddell (1902-1945), médaillé d'or écossais aux jeux de 1924 dont la vie est intimement liée à Tianjin. Brian Power (1918-2008), l'auteur de *The Ford of Heaven* – *Le gué céleste*–, est également une introduction stimulante à l'interaction entre la Chine et l'Europe dont la toile de fond est Tianjin.

En 2011, avec le soutien actif d'Irina Bokova, alors directrice générale de l'UNESCO, c'est à Paris que j'ai organisé le Forum Europe-Chine. Ce fut une grande staisfaction que d'observer la profonde implication de l'Université de Nankai dans ce dialogue entre les civilisations qui se tenait au sein d'une organisation des Nations Unies.

Lors de l'ouverture du forum le 27 juin 2011, j'ai fait référence à Zhang Pengchun (1892-1957), le frère cadet de Zhang Boling (1876-1951), fondateur de l'Université de Nankai : « La laïcité et l'humanisme traditionnels de la Chine ont,dans le passé,inspiré l'Occident. Zhang Pengchun, diplomate et homme de lettres, qui a été vice-président de la Commission des droits de l'homme des Nations Unies et a joué un rôle central dans la rédaction de la Déclaration universelle des droits de l'homme de 1948 », a noté lors des débats présidés par Eleanor Roosevelt: «Au 18e siècle, lorsque des idées progressistes en matière de droits de l'homme ont été avancées pour la première fois en Europe, les traductions de philosophes chinois étaient connues pour avoir inspiré des penseurs tels que Voltaire, Quesnay et Diderot dans leur révolte humaniste contre les conceptions féodales ».

Après neuf ans d'échanges constructifs ininterrompus avec Tianjin, divers projets de coopération avec l'Europe ont été réalisés. En 2015, j'ai eu l'honneur de recevoir une distinction du gouvernement municipal. Je chéris ce témoignage d'amitié. En 2019, j'ai été invité à la cérémonie du 100e anniversaire de Nankai. J'ai été profondément ému de voir une ville se souvenir de son passé tout en se préparant pour l'avenir.

Depuis 14 ans, j'ai vu de manière directe Tianjin évoluer vers une ville intelligente du 21e siècle alors qu'elle gagnait en visibilité internationale. Depuis 2007, la réunion annuelle des nouveaux champions, un événement créé par le Forum économique mondial, se tient en alternance entre Tianjin et Dalian. En 2017, Tianjin a créé le «World Intelligence Congress», une plateforme internationale à l'intersection de la technologie et de la durabilité. Comme je l'ai dit au journal China Daily en juillet 2019: « Tianjin pourrait devenir une véritable ville intelligente beaucoup plus rapidement que les gens ne le pensent ».

Cependant, dans le cadre du livre *Tianjin en perspective(s)*, je souhaite décrire les caractéristiques de Tianjin qui me laissent, sur le plan personnel, une forte impression. En d'autres termes, je voudrais esquisser un portrait psychologique d'une ville dans l'espoir qu'il déclenche des conversations autour du thème du caractère des centres urbains.

Paris, New York, Madrid, Tokyo, Londres ou Berlin ont des personnalités différentes, mais je dirais qu'il en va de même pour Pékin, Shanghai, Shenzhen, Chengdu, Hangzhou ou Tianjin. Seul un esprit indolent et superficiel conclurait que la plupart des grandes villes chinoises ont un caractère uniforme. C'est précisément la diversité interne de la Chine qui rend le pays du milieu infiniment attrayant.

La clé pour accéder à l'âme de Tianjin est l'appréciation de son sens de la retenue. Tianjin ne prétend pas être une capitale économique ou culturelle, car il lui paraîtrait excessif de se placer en avant des autres. Il y a plusieurs effets de cette culture de la réserve, mais l'un est certainement que Tianjin ne vous déçoit jamais. Au contraire, sa vraie valeur est cachée par une modestie qui vous apparaît au fil du temps et qui vous invite à continuer à explorer ses nombreux visages.

L'une des quatre municipalités relevant directement du gouvernement central - avec Pékin, Shanghai et Chongqing, plaque tournante des transports avec une population de plus de 15 millions d'habitants, c'est, dans les faits, une métropole cosmopolite proche de Pékin, mais tournée aussi vers la péninsule coréenne et le Japon. Le port de Tianjin est le quatrième au monde (en tonnage) et commerce avec 180 pays et territoires à travers le monde.

Cependant, Tianjin ne montre pas immédiatement ses forces et avantages et ne veut pas se donner en spectacle. L'évidente sobriété de Tianjin est, pour beaucoup, très attachante, elle l'est certainement pour moi.

Corollaire de sa simplicité, de son absence de prétention et de son esprit de retenue, Tianjin a également développé un humour singulier. Avec ses artistes exceptionnels - Ma Sanli (1914-2003), Hou Baolin (1917-1993) ou Guo Degang, on associe à juste titre l'art de la scène dit xiangsheng, ou diaphonie, à Tianjin. Mais, au quotidien, l'humour de Tianjin fait également partie d'une charmante poésie urbaine.

Dans une quête des caractéristiques de Tianjin, un dialecte coloré, les peintures de Yangliuqing, les figurines d'argile de Zhang et les cerfs-volants de Wei viennent immédiatement à l'esprit. Ses délices culinaires sont également une composante importante de son mode de vie. Il est intéressant de noter que le tout premier livre en français sur la cuisine chinoise a été écrit par Henri Lecourt en 1925 à Tianjin!

L'ouverture à l'autre est également un élément crucial de l'identité de Tianjin. Dans la ville des ponts – le plus célèbre étant le « pont international » connu aujourd'hui sous le nom de « pont Jiefang » - , les visiteurs chinois d'autres provinces ou les étrangers venant de beaucoup plus loin peuvent ressentir la douce étreinte d'une hospitalité spontanée.

Avec ses 11,946 kilomètres carrés (près de deux fois la taille de Shanghai), Tianjin occupe un vaste territoire. Cependant, cela ne doit pas détourner l'attention de ce qui est un autre trait attrayant de la ville. Autour de la rivière Haihe, dans ce qui est considéré comme le centre-ville historique, l'urbanisme est à taille humaine. À Tianjin, les routes et les ponts sont également conçus pour les piétons qui recherchent un lien émotionnel avec ce qui les entoure, et non point uniquement des passages empruntés dans la vitesse. En marchant le long de la rivière Hai qui s'écoule lentement, l'on comprend pourquoi Tianjin est connu comme la ville des ponts.

Ses échos accueillants persistent longtemps après votre départ, comme s'ils invitaient le visiteur à y retourner physiquement ou métaphoriquement à travers les chemins du souvenir.

David Gosset, sinologue, est le fondateur du Forum Europe-Chine (2002).

<table>
<tr><td>

Michael

Harford

</td><td>

Michael Harford est né au Nigéria en 1997. Il est titulaire d'une licence en religion et anthropologie de l'université Nnamdi Azikiwe et d'une maîtrise en enseignement du chinois aux locuteurs d'autres langues de l'université Nankai. Il a remporté le championnat du deuxième « Chinese Language Teaching Idols », co-organisé par le siège de l'Institut Confucius en 2018. Passionné par la culture et le style de vie de Tianjin, il poursuit ses études de doctorat en relations internationales à l'Université de Nankai.

</td></tr>
</table>

Tianjin en perspective(s)

Le rêve est une belle image inspirante qui gonfle d'énergie la pensée, la volonté et les émotions, vous permettant de tout faire pour le réaliser. Petits, chacun d'entre nous avions un rêve : devenir un avocat, un médecin, un ingénieur, ou avoir d'autres carrières idéales. Moi aussi, dès tout petit, je rêvais de devenir avocat, même un avocat de grande renommée. Cependant, avec les complications de la vie, ce rêve fut mis en pause, c'est la normalité de la vie. Mais un vieux proverbe chinois dit: « Quand Dieu ferme une porte devant nous, il nous ouvre une fenêtre », juste comme le dit un autre proverbe: "Perdre le matin et gagner le soir". Pour moi, l'apprendissage de la langue chinoise est une fenêtre que Dieu m'a ouverte.

C'est en 2013 que j'ai fait la première connaissance de la Chine, quand j'ai commencé à apprendre le chinois. Depuis, mon rêve est de devenir un méssager de culture pour transmettre l'excellente culture chinoise traditionnelle au Nigéria et promouvoir les échanges culturels des deux pays. À ce moment-là, la graine de ce rêve a germé dans mon cœur, et je suis gonflé de désir d'étudier, de connaître et de comprendre ce pays. Je voulais tout savoir sur la Chine et tout faire pour m'approcher d'elle. Cependant, dans mon pays, bien que la plupart des gens savent la Chine, peu de gens la connaissent de manière profonde et encore moins la langue chinoise. J'ai donc rêvé qu'un jour je pourrais apprendre le chinois, aller faire mes études en Chine, puis ramener la longue et splendide culture de la Chine au Nigéria pour permettre à plus de gens de comprendre ce charmant pays. De même, cela permet également à plus de Chinois de connaître le Nigéria, un pays aussi beau que la Chine.

Le Nigéria est le pays le plus peuplé d'Afrique, avec une population totale de 180 millions d'habitants, représentant 16% de la population totale de l'Afrique. Il est également la plus grande économie d'Afrique. Le Nigéria est le plus grand marché de contrats de projets d'ingénierie de la Chine, le deuxième plus grand marché d'exportation, le troisième partenaire commercial et le principal pays de destination des investissements de la Chine en Afrique. La République populaire de Chine et la République fédérale du Nigéria ont établi leurs relations diplomatiques le 10 février 1971. Le Nigéria, la plus grande économie d'Afrique, est le grand partenaire et bon ami de la Chine. Le gouvernement et le peuple nigériens sont toujours convaincus que la Chine, en tant qu'un grand pays du monde, occupe une place pivot dans les affaires internationales et son rôle sera de plus en plus important dans le futur. Basés sur cette profonde amitié historique, la solidarité et la confiance mutuelle, le Nigéria et la Chine ont des échanges et des coopérations de plus en plus étroits sur le plan de l'économie et commerce, de science et technologie et de la culture etc. La Chine, en tant que son plus grand partenaire économique en Asie, a vu croître sans cesse ses investissements et ses investissement technologiques au Nigéria, ce qui montre que l'amitié entre les deux pays est aussi solide qu'un rocher. Sous l'initiative et l'impulsion de la proposition de « ceinture et route » de M. Xi Jinping, de plus en plus d'entrepreneurs chinois vont établir leurs usines et entreprises au Nigéria, construire des infrastructures, ainsi, faire prospérer les secteurs de la santé et et de l'éducation lacales. Tout cela a non seulement créé des emplois aux Nigériens, mais aussi a suscité de vifs intérêts de la population à l'apprendissage du chinois et aussi leur donne plus d'occasions pour venir poursuivre leurs études et réaliser leur rêve en Chine.

En Chine, le « xiangsheng » (le dialogue comique) est un art.

Quand j'étudiais le chinois au Nigéria, je suis tombé amoureux du «xiangsheng». Tous les jours, je mettais pas mal de temps pour me réjouir des œuvres des comédiens célèbres de 'xiangsheng'. Je ne pouvais m'empêcher de rire à leur terrible maniement de parole et leur humour plein d'esprit. Avec le désir de cet art ancien, et afin de me rapprocher de la Chine et de la sentir, je suis venu à Tianjin malgré un long chemin. j'ai choisi, pour mes études, l'Université de Nankai, cette école renommée d'un fond de formation célèbre et d'un style d'étude bien sérieux. Après mon arrivée à Tianjin, en plus du temps passé à étudier, j'essayais activement de me lier d'amitié avec des habitants de la ville pendant mon temps libre, de participer à diverses activités organisées par l'école et la ville, de lire le plus de livres chinois possible. Je ne ratais aucune occasion pour approfondir mon niveau de mandarin et pour découvrir la ville.

Tianjin est une ville qui donne de l'inspiration : où que vous soyez dans cette ville, vous pouvez sentir les vicissitudes de son histoire, sa compatibilité culturelle, et l'honnêteté et la gentillesse de ses habitants. Ces dernières années, j'ai passé un merveilleux moment de ma vie à Tianjin. J'y ai admiré la vue nocturne de la rivière Haihe et je suis allé regarder les monuments historiques sur les « Cinq Grandes Rues ».

Tianjin, bien que très proche de la capitale, possède ses propres caractéristiques différentes de celle de Beijing. Bien sûr, sa renommée et son sens de l'existence est inférieur par rapport à celui-ci, mais, le mieux serait de voir que d'entendre: vous prenez quelques jours de libre pour sortir, vous promener, faire un tour, voir de vos propres yeux et entendre de vos propres oreilles les vicissitudes des Cinq Grandes Rues, le paysage manifique baignant dans la lumière, brillant et coloré des deux rives de la rivière Haihe, la grandeur de la Gare de l'Ouest, les plantes vertes stratifiées de la montagne Panshan, tout cela vous fait penser que votre voyage est bien digne et vous allez vous y attarder. En outre, Tianjin est une ville profondément influencée par les cultures étrangères, en particulier son style architectural, qui est une architecture éclectique, occidentale très colorée : britannique, française, italienne, allemande etc. Ce mélange et cette rencontre avec l'architecture nationale est un phénomène que je n'ai jamais vu dans d'autres villes de Chine. Cela ne me fait pas sentir, moi qui venais d'arriver à Tianjin en 2017, que je suis un étranger. Comme disent souvent romantiquement les lettrés: « choisir une ville, vivre d'un amour, laisser un souvenir et savourer l'arrière-goût agréable de la vie passée ». Tianjin est justement cette ville qui vous laisse vous en souvenir pour toujours, et où « on vit tellement heureux qu'on oublie son âge ».

Outre cela, les quatre leçons du 'xiangsheng' « parler, apprendre, faire rire et chanter » (“说学逗唱”) sont les caractéristiques de base du peuple de Tianjin. Même dans un taxi, le chauffeur peut discuter avec vous au point de vous donner envie de rire. Cette caractéristique m'attire beaucoup, car j'aime le comique. L'humour est vivement représenté par le peuple de Tianjin. Qu'il s'agisse ou non d'un acteur de 'xiangsheng', lorsque vous écoutez le dialogue entre des Tianjinnois, vous avez toujours l'impression d'assister à un spectacle des dialogues comiques.

Afin de mieux m'intégrer dans la société chinoise, je me suis inscrit à la pratique sociale organisée par la mairie de Tianjin ayant pour thème la « réforme et ouverture ». C'est après mon arrivée en Chine que j'ai entendu ces mots pour la première fois, mais je n'ai compris leur vraie signification que seulement vers la fin de mon séjour en Chine. En tant qu'un étranger qui ne connait pas grand-chose de l'histoire de la Chine, lors de mes visites dans certaines villes, telles que Tianjin, Shenzhen et Shanghai à cette époque-là, j'ai écouté des amis locaux présenter leur dur parcours pour faire avancer l'ouverture et la réforme dans leurs régions. Il me semble avoir vu la grande ambition et l'exploit touchant du peuple chinois qui a défié les difficultés et les obstacles et a résolument changé le visage de la pauvreté et de l'arriération. "Persévérance pour la foi, lutte pour le peuple" est le sentiment ferme et l'intention initiale du Parti communiste chinois, et cet esprit m'a profondément touché. De mon opinion personnelle, un développement aussi rapide est indissociable de l'esprit audacieux et créatif du peuple chinois. C'est grâce à l'audace de créer qu'il peut passer de zéro à un; et grâce à l'audace de pratiquer qu'il passe d'un à l'infini. Cette pratique a profondément marqué mon esprit et m'a fait comprendre ce qui a fait que ces 40 ans ont changé deux générations et favorisé le développement d'un pays.

« N'oubliez jamais pourquoi vous avez commencé et votre mission peut être accomplie ». Tianjin a été témoin de la prospérité et de l'éclat des temps modernes! Bien que la Chine et l'Afrique soient loin l'une de l'autre, des rencontres historiques similaires et le désir de développement commun ont donné aux peuples chinois et africain un sentiment naturel de proximité. L'amitié sino-africaine est un choix historique. Cette amitié est le résultat de la culture méticuleuse de plusieurs générations de dirigeants, des efforts conjoints et de l'héritage continu du peuple chinois et africain.

Tianjin est l'une des quatre principales villes relevant directement de l'Etat, et la plus grande ville portuaire, industrielle et commerciale ouverte du Nord de Chine. Tianjin peut jouer un rôle inspirant dans les relations sino-africaines. Le Nigéria a besoin d'industrialisation pour accélérer le développement de l'économie nationale, et il peut apprendre auprès de la Chine. Lagos, une ville au Nigeria, a de nombreuses similitudes avec Tianjin. La ville de Lagos est la plus grande ville portuaire du Nigeria et la ville la plus prospère en économie. Comme dit le proverbe chinois: « Les pierres des autres montagnes peuvent servir à polir du jade » , c'est à dire que nous devons nous inspirer des expériences des autres. Nous devons résumer soigneusement et apprendre de manière exhaustive la politique fondamentale de réforme et d'ouverture de l'Etat chinois, et le concept de développement de qualité de Tianjiin pour intégrer la sagesse et les plans de la Chine dans le développement économique et social du

Nigéria et produire des résultats fructueux.

Tianjin est l'endroit où je construis mon rêve, je le poursuis et je le réalise. Cette ville m'apporte toujours des surprises et des sources d'inspiration. Sa beauté m'attend à découvrir et à exploiter. Je vais bien profiter de tous les moments de mon séjours à Tianjin pour « prendre mes rêves comme les forces motrices pour ne pas regretter ma jeunesse». Mon rêve m'a fait pousser des ailes pour voler vers le succès et illumine mon avenir.

Michael Hart

Michael Hart vit à Tianjin depuis fin 2006 et est un ardent partisan de la croissance et du développement de Tianjin. Il a passé plus d'une décennie sur le marché de l'immobilier commercial de la ville et a participé à de nombreux projets immobiliers de Tianjin au cours de cette période active de réaménagement de Tianjin. Il est membre du comité exécutif du chapitre de Tianjin de la Chambre de commerce américaine en Chine depuis 2007 et en est actuellement le président de la succursale à Tianjin. Il travaille activement pour promouvoir le succès des entreprises étrangères à Tianjin. Michael est très intéressé par l'architecture historique de Tianjin et la riche histoire de la ville.

L'architecture à Tianjin : hier, aujourd'hui, demain

La ville de Tianjin, étant située très près de Pékin, vit toujours sous l'ombre de sa capitale. Mais lorsqu'un visiteur prend le temps de s'y arrêter un moment et de voir un peu autour de lui, il va y découvrir une ville remplie d'architectures anciennes, riche d'un passé mêlé à des architectures modernes d'un futur prometteur. Souvent, l'ancien et le nouveau se mêlent côte à côte. Certains réseaux de rue rappellent l'ère de la fondation de Tianjin qui remonte à des centaines d'années, tandis que d'autres illustrent quel riche entrepôt la ville était au tournant du 20ème siècle lorsque Tianjin était le foyer d'une grande concentration de résidents étrangers qui y ont laissé un riche patrimoine architectural.

Une autre vague de construction au cours de la première décennie des années 2000 a posé les jalons de la transformation de la solide base industrielle de la ville en une solide économie de services. Et encore une fois, dans les cinq dernières années, une nouvelle série d'architecture cette fois plus audacieuse de par sa portée et son échelle, a généré une série de bâtiments fascinants qui abritent des institutions culturelles et commerciales. Ici, nous mettons en évidence un petit échantillon de magnifiques bâtiments qui existent dans Tianjin et aident à relier bout à bout chaque partie de la grande histoire de la ville.

Le carrefour

Tianjin a été fondée il y a plus de cent ans et est localisé près de l'intersection de la Rivière Haihe(海河), de la Rivière du Nord (北河) et du Grand Canal (南运河). Le point où ces trois cours d'eau se rencontrent est considéré comme le point central de la fondation de la ville.

Suivant le cours de la rivière au nord et vous tomberez sur Pékin, au sud-est, vous trouverez la mer. En suivant le canal, d'abord vers l'ouest et ensuite un peu plus loin vers le sud, et vous atteignerez éventuellement Hangzhou. Aujourd'hui, juste au nord de cette importante intersection de l'eau, se trouve, la très photographiée Grande Roue surnommée l'Oeil de Tianjin qui surmonte la rivière silencieusement et constitue un marqueur de l'important développement de la ville. Il est particulièrement attrayant la nuit.

La vieille ville

Les habitants se réfèrent à la zone qui abritait les fondations initiales de Tianjin comme Lao Cheng Shang (老城厢), qui signifie "vieille ville". Elle est située juste à côté de l'intersection des trois rubans d'eau. Pendant des centaines d'années, Tianjin était une ville fortifiée avec une tour du tambour au centre et des routes rayonnant dans les quatre directions cardinales. En 1901, les murs ont été détruits, mais à leur place de larges boulevards ont été construits. Aujourd'hui, la Tour du Tambour se dresse toujours au milieu de cette zone, avec des magasins et des restaurants célèbres à proximité. L'architecture ici raconte encore l'histoire des premiers habitants, un ancien temple confucéen, pour les fidèles et une plus moderne «rue de la culture antique» où l'on peut trouver des cadeaux de style chinois, très populaire chez les visiteurs. Il existe encore le Club de Guangdong construit il y a un siècle pour les hommes d'affaires en provenance du sud et aujourd'hui vous pouvez toujours y prendre du thé et voir des spectacles.

Les concessions

Du milieu des années 1800 jusqu'à la fin de la Seconde Guerre mondiale, Tianjin a accueilli neuf différentes concessions étrangères dont certaines n'ont duré que quelques années, d'autres près d'une centaine. Elles étaient situées des deux côtés de la rivière, au sud et à l'est de la vieille ville chinoise. Elles ont aidé à faire de Tianjin une ville portuaire internationale très animée et un important lieu de commerce dans le nord de la Chine.

Juste au sud de la gare principale de Tianjin, un vieux pont en fer forgé, appelé le Pont Jiefang marque le début d'une rue pavée qui passe par de vieilles banques, appartements et clubs. Il y a un siècle, la rue était animée de commerces reflétant l'important lieu de commerce internatuonal qu'était Tianjin. Aujourd'hui, vous pouvez toujours y trouver de grands bâtiments qui abritaient autrefois HSBC, la Yokohama Specie Bank, la Banque de L'Indochine et le prédécesseur de la Standard Chartered Bank. Ce que beaucoup ne réalisent pas, c'est que la ville abritait aussi une série de banques chinoises que des hommes d'affaires chinois en pleine envolée ont créé, comme la Salt Bank, la Continental Bank et la Jincheng Bank. Beaucoup de ces bâtiments ont des caractéristiques Art déco, ou des grandes colonnes, intriqués de fer forgé et vitraux, racontant l'histoire du style et de la grâce qui étaient parties intégrantes de cette zone commerciale.

Les cinq rues

Faisant autrefois partie de la concession britannique, la zone des cinq rues est située dans le centre de Tianjin et est célèbre pour ses longs boulevards avec ses rues bordées d'arbres et ses maisons en brique et en pierre qui comprennent une grande variété de styles et de tailles. La région a de petites maisons résidentielles qui semblent sortir tout droit de petites villes britanniques, françaises ou espagnoles ainsi que des grandes demeures avec de grands jardins clôturés qui ont abrité de nombreux personnages, dont des diplomates et généraux Chinois ainsi que des hommes d'affaires étrangers. Parmi ceux-ci, notons Qingwangfu, la maison soigneusement restaurée d'un eunuque de la dynastie des Qing et l'ancien lycée britannique construit pour les enfants de résidents étrangers.

L'ancienne concession italienne

Bien que les Italiens ne soient restés à Tianjin que quelques décennies, le petit groupe de bâtiments sur la rive nord-est de la Rivière Haihe qu'ils ont laissés rappellent la tranquilité d'une petite bourgade italienne. C'est une agréable surprise qu'on trouve au beau milieu d'une grande ville chinoise. Une zone appelée Place Marco Polo est un endroit idéal pour profiter de l'ambiance. Les rues, les fontaines et les restaurants ainsi que les trottoirs abondants rendent aujourd'hui ce quartier populaire auprès des résidents et touristes.

Le Tianjin moderne

À partir des années 1980, Tianjin s'est fait un nom en tant que zone de fabrication industrielle centrale. Le TEDA, zone de développement dans la nouvelle zone de Binhai et la zone de développement de Xiqing au sud-ouest de la ville ne sont que deux de plus d'une douzaine de zones de développement qui ont aidé et soutenu l'économie de Tianjin pendant des années. Cependant, comme la richesse de Tianjin a attiré plus d'entreprises du secteur des services, la ville a commencé à construire des infrastructures pour abriter ces entreprises ainsi que des hôtels pour accueillir les voyageurs d'affaires et les touristes visitant la ville. Un certain nombre de ces bâtiments sont regroupés le long de la route Nanjing et dans la zone appelée Xiaobailou. Les quartiers du port ont une tour de bureaux, la Vantone Center d'aspect très moderne avec des motifs géométriques qui lui donnent un aspect penché. A l'intérieur de deux blocs de cette nouvelle zone de construction on trouve aussi plusieurs bâtiments art-déco des premières décennies des années 1900, y compris une ancienne synagogue et l'ancienne boulangerie Kiessling.

La nouvelle zone littorale de Binhai

Binhai est le plus grand district administratif de Tianjin, et s'étend sur environ cent kilomètres du nord au sud et couvre la plupart des côtes de la municipalité. Il abrite également bon nombre de ses projets architecturaux les plus récents et les plus audacieux. Du nord au sud,

Binhai comprend l'éco-cité sino-singapourienne, la zone TEDA et le quartier financier Yujiapu.

L'éco-cité de Tianjin, projet en collaboration avec Singapour est un projet pluriannuel visant à construire une ville piétonne reliée par une ceinture verte centrale et des liaisons de transport en commun. A proximité se trouve l'intéressant nouveau Musée maritime national qui est juste à côté de l'eau et des longues salles qui s'étirent vers le port.

Au centre de TEDA, dans un quartier central des affaires appelé TEDA MSD (Modern Services District), une demi-douzaine de bâtiments en verre abritent des bureaux tandis que se dressent juste à côté le gratte-ciel Chow Tai Fook Financial Center avec ses 530 mètres et 97 étages et un centre commercial. La tour abrite des bureaux, un hôtel, des résidences et de petits commerces. Son extérieur en verre propre est assorti le soir avec ses jeux de lumières, que peu de bâtiments en Chine parviennent à égaler.

A proximité se trouve un autre ajout récent à l'offre culturelle de la ville : la nouvelle bibliothèque Binhai de Tianjin, qui fait partie du plus grand centre culturel de Binhai ressemble à un grand œil vu de l'extérieur, et de l'intérieur arbore une grande sphère lumineuses entourée d'une accumulation de rangées d'étagères superposées remplies de livres. L'extérieur d'une extrémité du complexe a une façade en cuivre hautement poli, tandis qu'à l'intérieur les plafonds sont hauts et l'espace intérieur bien aéré.

Probablement le plus grand projet de Tianjin est le district financier de Yujiapu, situé sur le centre de la péninsule de Binhai à 50 kilomètres à l'est du centre de Tianjin près de là où la Rivière Haihe rencontre la mer. Cette zone a été planifiée de main de maître avec une rue moderne qui hébergera à terme plus d'une centaine de bâtiments. La réalisation de ce plan a déjà bien commencé avec un regroupement de bâtiments modernes le long d'une ceinture verte entretenue à côté de la rivière qui montre ce qu'on peut réaliser avec un plan audacieux. La région est liée au centre de Tianjin, à Pékin et au-delà avec la gare de Binhai qui est enfoncée dans le sol et surmontée d'un verre complexe en toile d'araignée. Près du jeune quartier central des affaires, deux bâtiments particulièrement remarquables méritent d'être mentionnés. L'Hôtel Intercontinental qui ressemble un peu à un symbole de l'infini vue de dessus, est impressionnant de l'extérieur avec sa façade en verre lisse. De l'intérieur, il est également impressionnant avec un atrium en verre à plusieurs étages à l'intérieur de son centre de conférence. Juste un bloc ou plus au nord se trouve la nouvelle école Juilliard de Tianjin avec sa structure impressionnante de verre, d'acier et de pierre ajoutant un autre joyau à la silhouette croissante du Yujiapu.Et tout en étant attrayant de l'extérieur, les visiteurs du bâtiment bénéficieront d'une vue panoramique sur la rivière et la ceinture verte en attendant de profiter de la musique produite par des musiciens de renommée mondiale lors de concerts accessibles au public.

Conclusion

Au cours des 600 dernières années, Tianjin a joué de différents rôles s'adaptant aux différentes périodes. C'était un important poste de garde le long du grand canal, puis un port de commerce à rayonnement international et plus tard, un humble mais important centre de production. Plus récemment, comme l'économie des villes s'est tournée vers les services, la ville de Tianjin a lancé la construction de bâtiments modernes pour abriter des bureaux, des hôtels et des lieux culturels. Certains des plus récents sont assez audacieux, et attirent une attention bien méritée sur Tianjin. Ces constructions de styles variés, qu'elles soient grandes ou petites, anciennes ou récentes, aident toutes à raconter l'histoire fascinante et unique de Tianjin.

Li Lu

Li Lu, née à Taiyuan, dans la province du Shanxi, est titulaire d'une licence en français de l'université de Nankai et est actuellement étudiante de troisième cycle en langue et littérature anglaises. Elle a été lauréate du premier prix et MC lors de la finale nationale du concours d'art oratoire anglais de la Coupe FLTRP. Elle travaille en tant que fondatrice de Guozi Online Language Teaching Institution, tutrice d'ateliers de prise de parole en public, et a prononcé un discours en tant que conférencière invitée à TEDx. Elle vit à Tianjin depuis six ans avec un profond attachement à la ville.

Jeunesse de Tianjin, jeunesse du monde

À l'âge de 14 ans, j'ai réalisé ma toute première visite à Tianjin lors d'un voyage en famille. C'était un été chaud et après une longue journée de visite en ville, la pluie s'est mise à tomber. Avec mes parents, nous nous sommes précipités dans un magasin au coin de la rue, et je me suis penchée vers la porte, regardant les gouttes de pluie tomber des feuilles sur les sacs que les piétons prenaient à la main, et elles rebondissaient jusqu'à former d'innombrables petites flaques d'eau sur le sol. C'était de fortes pluies, mais chaque goutte d'eau était si vive et joyeuse, plongeant toute la ville dans une atmosphère rafraîchie. Les habitants de la ville ressentaient la même vivacité devant cette pluie, aucun d'eux n'a été surpris par le changement soudain du temps. Certaines personnes ont sorti leur parapluie et ont continué leur chemin, tandis que d'autres marchaient en souriant vers les magasins du coin, saluant des inconnus qui étaient pris dans la même situation : « Je suppose que personne n'a prévu ça. » Le dialecte de Tianjin, proconcé d'un ton typique, porte tout son sens humoristique et m'a fait éclater de rire. Toute mon avanture heureuse à Tianjin a commencé par cette nuit de pluie, et son souvenir me réchauffe pour toujours.

Mon véritable voyage à Tianjin a daté de 2014 lorsque j'ai commencé mes études universitaires au Département de Français de l'Université de Nankai. Le premier jour de notre arrivée, l'institution a préparé à chaque étudiant de première année un T-shirt au dos, écrit en caractères gras : « Language is Power » ('La langue est le pouvoir'). En effet, les quatre ans que j'ai passé à l'Université de Nankai sont une preuve solide de cette déclaration. L'apprentissage des langues est un processus d'autonomisation, à partir duquel on peut acquérir non seulement la capacité d'écouter, de parler, de lire et d'écrire, mais aussi la clé pour ouvrir un nouveau monde avec une compréhension plus profonde des différentes cultures, des modes de pensée et des structures de pouvoir. Les gens peuvent ainsi avoir une observation rapprochée du monde ainsi qu'une perception précise de soi. C'est cela qui m'a motivé à participer à de multiples activités interculturelles de 2014 à 2016.

En tant que bénévole, j'ai assisté à la cérémonie d'ouverture du parc nordique de haute technologie ('Nordic High-tech Park'), et j'ai présenté aux investisseurs étrangers les avantages régionaux de Tianjin ; en tant que représentante des étudiants de Nankai lors de la visite de William Cohen, ancien secrétaire américain de la Défense, nous avons discuté du rôle important de la Chine dans le monde d'aujourd'hui; en tant qu'interprète et MC de la rencontre des fans de la légende de la NBA, Norm Nixon, j'ai pour la première fois été témoin de la façon dont l'esprit sportif réunit les gens, indépendamment des différences de nationalité, d'âge et de sexe. Plus tard, j'ai remporté le premier prix du concours national de prise de parole en anglais avec un discours sur ces expériences précieuses. En 2017, j'ai démarré une plateforme d'enseignement en ligne avec des amis, proposant des cours de lecture attentive de journaux et magazines étrangers. De nombreux étudiants de différentes disciplines nous ont rejoints et ont échangé des idées sur l'actualité, notamment l'économie des célébrités sur Internet, la blockchain et l'intelligence artificielle. Nous nommons cette plate-forme « Guozi », qui est initialement inspirée du met traditionnel de Tianjin « Jianbingguozi ». Guozi est synonyme de bâtonnets de pâte frits, doux mais résistants. Ce nom nous rappelle bien où nous avons commencé. La deuxième connotation de ce nom vient du célèbre dicton de Shakespeare. Dans Hamlet, il écrit: « Je pourrais être enfermé dans une coquille de noix, et me considérer comme le roi d'un espace infini ». Sur la terre de Tianjin à laquelle nous partageons un attachement commun, la langue est notre télescope, à travers lequel nous pouvons voir ce qui se passe dans le monde et mesurer nos responsabilités en tant que nouvelle génération.

Je dois beaucoup mon exploration de soi à mon école, mes professeurs et ma famille. Et un crédit indispensable doit être donné à ma ville bien-aimée, Tianjin. Tianjin, historiquement, a été un nœud important entre le canal et la mer, devenant ainsi une plaque tournante du transport fluvial. Par conséquent, la ville a joué un rôle important dans les échanges économiques entre le nord et le sud de la Chine, ainsi qu'entre la Chine et les pays étrangers. À la fin du 19e siècle, Tianjin a été inondée par la civilisation industrielle occidentale, les concessions étrangères et les immigrants. De grands changements ont par conséquent été introduits dans la ville : la production industrielle, les architectures exotiques et les modes de vie bourgeois. Face à des cultures hétérogènes, l'attitude pragmatique de Tianjin l'a aidée à embrasser de tels progrès dans tous les domaines, et a ouvert la voie à une ville moderne bien développée. L'ouverture et l'inclusivité incomparables ont également conduit à son paysage urbain unique : d'un côté de la rue, les gens dansent avec de la musique dans des villas de style occidental, tandis que de l'autre côté, les arts populaires et traditionnels chinois prévalent dans les maisons de thé à l'ancienne. Dans le contexte de la mondialisation, Tianjin implique encore aujourd'hui la beauté de la diversité. Avec le développement rapide du commerce international, du tourisme et de l'industrie culturelle, il y a plus de talents, d'opportunités et de potentiels.

Un autre caractère intrigant de Tianjin réside dans sa gentillesse humaine. La ville n'a jamais perdu son amour et sa passion d'origine pour les autres et pour la vie elle-même. Chaque matin, avant de se rendre au travail, les gens se rassemblent devant les stands de petit-déjeuner, attendant avec excitation une bouchée de 'Jianbinguozi' et une gorgée de lait de soja chaud. La nourriture pour les habitants de Tianjin dépasse le besoin de survie : ils la savourent avec joie et enthousiasme afin de commencer une nouvelle journée. Tous les soirs de travail ou d'études, si vous choisissez de prendre un taxi, le conducteur entamera toujours une conversation attentionnée : « Où allez-vous ? Il est déjà tard, vous devez être épuisé. C'est bien pour les jeunes de travailler dur, mais n'oubliez pas de prendre soin de vous. » Aussi simples soient-ils, ces mots sont étonnamment puissants : je n'ai jamais été seule et étrangère à cette ville. La ville de Tianjin reste accueillante pour tout le monde, rassurant les âmes avec l'idée que l'endroit où vous vous rendez sera l'endroit où vous vous épanouisseriez. C'est maintenant ma deuxième ville natale.

En 2019, je suis revenue à l'Université de Nankai pour poursuivre mon diplôme de maîtrise en langue et littérature anglaises. Six ans se sont écoulés et j'ai eu des hauts et des bas. Ce qui reste inchangé, c'est mon amour et mon zèle pour cet endroit. Tout sur le campus avance avec grâce : l'eau de source brille de soleil dans le lac Xinkai ; de grands platanes épais jettent leur ombre sur les marches de pierre de l'ancienne bibliothèque ; les étudiants se précipitent entre les cours, le personnel enseignant tient des livres et des ordinateurs sous leurs bras. Nous entamons tous un avenir meilleur. Dans cet avenir meilleur, notre horizon fait un bond sur les mots et les expressions, au-delà des apparences et des phénomènes. Nous lisons les œuvres d'Edward Said et Homi Bhabha, à la recherche de discours diversifiés dans l'ère postcoloniale. Nous explorons le mécanisme du langage humain, révélant les renversements des modes de pensée. Nous étudions l'histoire des mouvements d'égalité des droits, dans l'intérêt d'un avenir harmonieux et fraternel pour l'humanité. Nous pratiquons nos compétences en traduction, construisant ainsi un pont de communication par nos propres efforts. Nous serons prêts, je crois, à articuler pour la « génération de soulèvement » qui créera et racontera les nouvelles histoires du monde. À ce moment même, nous sommes la jeunesse de Tianjin, nous sommes aussi la jeunesse du monde.

Liu Yin

Liu Yin, né en 1974, est professeur agrégé à la faculté de médecine de l'Université de Nankai. Il a obtenu son doctorat de l'Université de Nankai en 2007, puis y a commencé sa carrière d'enseignant. Il est depuis longtemps engagé dans l'enseignement de la microbiologie médicale et la recherche sur la nouvelle technologie de détection des organismes pathogènes. Au fil des ans, il a publié plus de 10 articles de revues concernant la détection des agents pathogènes et est maintenant responsable du Laboratoire de réalité virtuelle pour la détection des micro-organismes dans les échantillons cliniques. Dans la lutte contre la pandémie mondiale de Covid-19, le résultat de la recherche d'un projet auquel il a participé a été appliqué avec succès en première ligne de la prévention des épidémies.

Le combat de Tianjin contre l'épidémie

La situation soudaine et inattendue de l'épidémie COVID-19 est un test complet du système de gouvernance et de la capacité de gouvernance de chaque ville, reflétant la sagesse et la responsabilité des gestionnaires de la ville. Jusqu'à aujourd'hui, dans la prévention et le contrôle de l'épidémie, Tianjin a non seulement joué un rôle de «

rempart » pour la capitale Pékin, mais a également préservé la santé de chaque citoyen. Du point de vue des professionnels de la santé publique, les administrateurs de la ville de Tianjin ont sans aucun doute donné une réponse satisfaisante.

Le travail de prévention des épidémies de Tianjin peut être étudié et analysé comme un cas typique de prévention et de contrôle des maladies infectieuses, offrant à la postérité une expérience mature sur trois aspects : contrôler la source de l'infection, couper les voies de transmission et protéger les personnes sensibles. Pendant l'épidémie, Zhang Ying, directrice adjointe du Centre de prévention et de contrôle des maladies de Tianjin, a reçu le surnom flatteur de « Sherlock Holmes ». Ce surnom découle d'une part de sa capacité à chercher et relever des indices qu'elle a démontré ici en découvrant et pistant les voies de transmission du virus jusqu'à en découvrir toutes ses chaînes de transmission et l'origine du virus, mais aussi des éloges des citoyens à chaque expert en santé publique impliqué dans la prévention et la maîtrise de l'épidémie. Après que la situation épidémique locale ait été maîtrisée et que l'aviation civile y ait établi le premier point d'entrée en Chine pour les vols extérieurs, Tianjin a assumé un grand nombre de vols entrants à Pékin et les douanes de Tianjin sont devenues le centre principal du travail de prévention de l'épidémie. Même pour les passagers en bonne santé à l'arrivée, le personnel de prévention de l'épidémie a dû consacrer des centaines d'heures de travail à l'échantillonnage, la mise en quarantaine, au transport, à l'isolement, à la désinfection etc... C'est précisément grâce à leurs efforts inlassables que chaque foyer d'infection a pu être rapidement découvert, les patients ont donc pu recevoir un traitement à temps, et le plus important est que l'établissement de l'origine de ces foyers a permis de garantir à la ville une sécurité sanitaire.

La capacité de propagation du COVID-19 a dépassé les prévisions des gens. À moins de porter un équipement de protection professionnel, toute personne exposée peut être infectée. Par conséquent, couper toutes les voies de transmission du COVID-19 a nécessité de nombreux efforts. En très peu de temps, la ville de Tianjin a su déployer tous les efforts nécessaires pour couper les voies de propagation. A partir du deuxième jour de la Fête du Printemps, la ville a été mobilisée pour arrêter la propagation du COVID-19 avec une série de mesures sans précédent : les routes ont été temporairement fermées, le flux des personnes a été régulé et guidé scientifiquement, l'approvisionnement de la ville a été assuré et le personnel administratif s'est déployé dans toute la communauté. À un moment critique, la qualité de l'engagement citoyen dans la ville est également devenue un facteur important pour couper efficacement les voies de transmission. Les mesures minutieuses et humanisées de prévention des épidémies des administrateurs municipaux ainsi que la compréhension et le soutien des citoyens ont permis de contrôler efficacement la propagation de l'épidémie à Tianjin et créé cet aspect stable et harmonieux dans la prévention et le contrôle de la situation épidémique à Tianjin.

L'université de Nankai, située à Tianjin, n'a également épargné aucun effort dans la prévention et le contrôle de la nouvelle épidémie de COVID-19, et a fait honneur à sa réputation d'école prestigieuse centenaire en y jouant un rôle de pilier central.

Les gens de Nankai ont combattu avec bravoure sur la ligne de front, dans une course effrénée contre la montre et une bataille pour la vie avec le virus. Il s'en est suivi la plus belle « rétrograde » de ce dernier grâce aux actions concrètes de Nankin. Dès que l'hôpital affilié de l'Université de Nankai a reçu l'annonce de la formation imminente d'une équipe médicale pour aider le Hubei, tout le personnel médical de l'hôpital s'est inscrit avec enthousiasme pour pouvoir faire parti de cette équipe. Finalement, après une sélection rigoureuse, 4 talents remarquables de Nankai ont rejoint le groupe de travail au The Second Hospital of WISCO, hôpital de Wuhan, pour traiter les patients atteints du COVID-19, et participer ainsi à ajouter de l'éclat et faire briller encore plus Tianjin. Plus de 20 étudiants de l'École de médecine de l'Université de Nankai se sont précipités pour aider Wuhan, et ont traduit par des actes concrets l'esprit de Nankai résumé dans ce dicton "允公允能、日新月异" qui signifie "aimer son école, son travail, son pays, développer des compétences et apporter sa contribution de tout son coeur à la société, de là découle des changements et progrès notables chaque jour". Ils ont courageusement supporté de lourdes charges en temps de crise et se sont montré dignes du serment des médecins. Au moment où la situation épidémique intérieure a été efficacement contrôlée et où la prévention de l'épidémie s'est concentrée sur les entrées en provenance de l'extérieur de la Chine, l'Université de Nankai a envoyé 43 traducteurs volontaires pour aider le personnel de l'aéroport à fournir des services multilingues aux passagers étrangers entrants, devenant ainsi un des plus grands acteurs responsables de cette "régression" de la propagation du virus.

La situation épidémique est un ordre. L'Université de Nankai a répondu à l'appel national à prendre des mesures actives dès qu'elle a été informée de l'épidémie, intégrant les forces de pointe de l'école en biologie, médecine, statistiques du big data et autres disciplines, qui ont engagé des recherches scientifiques dans tous les aspects permettant de combattre l'épidémie comme la recherche sur les vaccins, la recherche sur les préparations biologiques, le développement de méthodes de diagnostic, la prédiction de modèles épidémiologiques, la recherche sur des robots de prévention des épidémies, etc... En raison du manque d'assistants de recherche scientifique, de nombreux professeurs se sont personnellement battus contre le temps en première ligne de la recherche scientifique avec comme fruits de leurs travaux des nouveaux kits de détection des anticorps anti-COVID-19, des stratégies de contrôle de l'épidémie de pneumonie coronarienne, et d'autres résultats de leurs recherches sur divers aspects qui ont fourni un soutien important pour la prévention et le contrôle de l'épidémie. Le système de détection et d'analyse de la concentration des particules du COVID-19 dans l'air ambiant, qui fait partie des travaux de recherche de la faculté de médecine, est utilisé pour la surveillance douanière. L'Université de Nankai a successivement mis en place deux projets de recherche scientifique d'urgence pour lutter contre le COVID-19, et mène actuellement une bataille de longue durée avec le COVID-19 sur un vaste territoire. J'ai confiance que dans un futur proche, les résultats des recherches scientifiques de l'Université de Nankai seront utilisés en première ligne dans la prévention de l'épidémie.

Pour vaincre l'épidémie, Tianjin et Nankai n'épargneront aucun effort!

Jeanne **Riether**	Jeanne Riether, auteure, travailleuse humanitaire et enseignante américaine, est co-fondatrice du Healing Young Hearts Project. Vivant en Asie depuis 40 ans, elle travaille actuellement au centre pour enfants Cathay Future de Tianjin. En collaboration avec des psychologues chinois et étrangers, Jeanne crée des matériaux axés sur la résilience émotionnelle, formant des volontaires à mener des activités pour les enfants dans les communautés locales, les hôpitaux, les orphelinats et les écoles, ainsi que les zones sinistrées. En 2017, elle a été nominée pour le prix de l'amitié Haihe de Tianjin pour sa contribution au développement social de la Chine, et en 2010, elle a reçu le prix de la télévision Harbin Gandong, reconnaissant son travail dans la zone du tremblement de terre du Sichuan.

Si vous voulez changer le monde, venez à Tianjin!

« Excusez-moi, auriez-vous un moment ? »

Un jeune étudiant de l'Université de Tianjin s'est approché de moi après ma présentation. En tant que mentor étudiant bénévole à la Faculté de Gestion et d'Économie de l'Université de Tianjin, j'apprécie pleinement mon interaction avec les étudiants que je rencontre plusieurs fois par an pour leur formation.

« Certainement », lui réponds-je, et nous trouvons un coin calme dans l'auditorium, loin de autres étudiants de premier cycle du cours à option de Bien-être public et Bénévolat. « J'ai été très touché par les photos de Sichuan que vous avez montrées durant votre conférence » me dit-il.

Une partie de ma présentation sur le bénévolat efficace décrit mes expériences de 2008, alors que je travaillais avec des professeurs de la région de Wenchuanoù le terrible tremblement de terre a eu lieu pour aider les enfants à trouver une résilience émotionnelle suite au désastre. « Vous voyez, m'explique-t-il, Mianyang est ma ville natale », une ville qui se trouve dans la zone du tremblement de terre. « Vous avez aidé mes professeurs, et ensuite ils m'ont aidé. Maintenant que je suis un étudiant à Tianjin, je veux aussi apprendre à aider les autres et c'est pourquoi je me suis inscrit à votre cours. »

Il y a peut-être beaucoup de problèmes dans ce monde, mais il y a aussi beaucoup de personnes qui cherchent à trouver des solutions à ces problèmes. Un autre de mes élèves, Duan Dengfeng, a fait du bénévolat avec Hatch Action (破壳行动), un projet de service de l'université pour aider les enfants laissés dans les communautés rurales par les parents travaillant dans les villes. Hatch Action m'a demandé de montrer aux bénévoles comment utiliser les jeux et les activités afin de nouer des liens avec ces enfants et comment les aider à remonter le moral et à renforcer leur confiance. Selon Duan, « la plupart des enfants sont élevés par leurs grands-parents et se sentent parfois seuls. Les ressources éducatives sont très limitées dans les régions pauvres de la Chine. Ils se font parfois intimider aux campus de l'école, ce qui laisse certains élèves dans une ombre psychologique. »

Lorsque je lui ai demandé son avis sur le programme, il m'expliqua : « En leur parlant comme un grand frère, en partageant nos expériences quand nous avions leur âge, nous pouvons leur montrer des connaissances qu'ils ne peuvent pas apprendre en classes, leur montrer plus de possibilités dans ce monde, les encourager à être positifs et à se battre pour un avenir meilleur.même après notre voyage, nous pouvons toujours nous connecter sur Internet et rester en contact avec eux, dans un soutien constant chaque fois qu'ils en ont besoin ». Cette discussion avec Duan m'a fait sentir que l'avenir de la Chine est entre de bonnes mains.

« Que puis-je faire pour aider ? » est la question que j'entends plus que toute autre dans ma ligne de travail. Cette question m'a été posée par des animateurs de talk-show, des journalistes, des chefs d'entreprise et des particuliers, jeunes et vieux. Les gens veulent aider. Le niveau de vie en Chine a augmenté et il ne suffit plus de gagner sa vie ; les gens veulent aussi faire quelque chose pour aider à rendre meilleur le monde. Apparemment, les gens posent cette question depuis des siècles, car le philosophe grec Aristote avait dit à ce sujet : « À l'intersection où vos dons, talents et capacités répondent à un besoin humain ; vous y découvrirez votre but ».

C'est pourquoi j'encourage généralement les gens à évaluer leurs intérêts profonds - leurs passions - et à les utiliser. Les meilleurs projets de bénévolat jumellent avec succès des bénévoles aux programmes qui les passionnent. Il existe de nombreux programmes à choisir, à en juger le nombre d'organisations à but non lucratif diverses qui naissent à travers la Chine. En 2018, plus de 810 000 organisations sociales (社会组织, *shehui zuzhi*, le terme chinois englobant les fondations, les associations de membres et les groupes de services sociaux) s'étaient enregistrées auprès du ministère chinois des Affaires civiles et de ses bureaux locaux.

Je suis professeure au Cathay Future Center de Tianjin et conseillère en bien-être public pour la Cathay Future Culture and Art Foundation. Parmi les nombreux projets du Fond, celui qui me tient particulièrement à cœur est notre travail avec les enfants aux cancers, aux maladies du sang, aux maladies cardiaques et d'autres affections chroniques difficiles. Nous avons créé nos sacs-à-dos d'activités hospitalières Healing Young Hearts en consultation avec des psychologues chinois et internationaux, afin que les parents et les bénévoles puissent aider les enfants à s'exprimer. Les livrets d'histoires et d'activités, les jouets, les jeux et les fournitures artistiques que les sacs contiennent aident les enfants à dissiper leur stress, à faire face aux émotions difficiles et à avoir une vision plus positive de leur expérience à l'hôpital.

Je me souviendrai toujours de cette petite fille qui nous a repérés lorsque nous arrivions à l'hôpital. Alors que sa mère l'emmenait pour prendre un peu d'air frais, l'enfant a insisté pour qu'ils retournent à l'intérieur. « Normalement, elle a toujours hâte de sortir, mais elle ne veut vraiment pas manquer vos activités », a expliqué la mère. Nous avons passé une session à enseigner la « respiration guerrière » - des exercices de respiration profonde pour aider les enfants à gérer la douleur et la peur - et à fabriquer des animaux en papier ensemble. Nous avons parlé d'animaux dont les sentiments nous sont parfois familiers - un petit poisson effrayé, un ours fatigué ou endormi, un lion grincheux et en colère ou encore, un singe espiègle et joyeux.

Lorsque nous avons initialement imaginé notre projet de sac à dos, il n'y avait pas de budget pour le couvrir, mais ce qui est magique, c'est qu'à chaque fois on peut voir la communauté locale se rassembler dans les cas de besoin. Dans ce cas-ci, les élèves et les enseignants de l'école Global Language Village de Cathay Future Center sont venus à la rescousse en organisant une pièce de théâtre puis en reversant les bénéfices à la cause. Cinquante élèves chinois chantant et dansant et des professeurs chinois et étrangers ont promulgué une version costumée de « La Reine des Neiges » de Disney, remplie de bonhommes de neige, de rennes et de trolls. « Enseigner aux enfants comment aider les autres est un élément important de l'éducation », explique Liu Ran, directeur général de l'école Global Language Village. « Les enfants peuvent apprendre l'anglais tout en apprenant qu'ils peuvent travailler ensemble pour faire quelque chose de bien dans le monde. » L'école a continué à impliquer de jeunes élèves dans d'autres projets caritatifs, tels que des ventes de gâteaux et des activités de vacances soutenant des groupes de sauvetage d'animaux, et encore des collectes de livres pour aider les écoles rurales.

Voir le projet Healing Young Hearts grandir, avec l'aide de la communauté de Tianjin, a été à la fois excitant et réconfortant. Les élèves du secondaire de l'École internationale de Tianjin ont demandé à s'y participer, en utilisant leur talent d'écriture et d'art pour créer du contenu d'histoire pour les futurs cahiers de l'hôpital, puis en recueillant des fonds pour l'impression. Les élèves de quatrième année ont collecté des jouets de haute qualité à donner aux enfants dans le besoin. Selon Katee Inghram, une enseignante de l'école, les enfants étaient ravis d'aider. « Les étudiants de l'IST sont engagés dans le service au sein et au-delà de leur communauté. L'école joue un rôle actif dans la promotion de l'action responsable et de l'apprentissage par le service, de la maternelle à la Terminale. »

Jason Stinson, directeur général du Shangri-La de Tianjin, organise des activités de collecte de fonds communautaires pour parrainer les sacs à dos de l'hôpital, et les projets de notre fond, ainsi que d'autres groupes caritatifs. Jason a le talent de rassembler les leaders de la communauté pour soutenir des causes louables, en particulier les activités sportives qu'il aime. En 2019, l'International Dragon Boat Racing Team, composé d'un équipage d'expatriés de Tianjin avec Jason à bord, a participé à une compétition à l'échelle de la ville. Au cours des dernières années, le Fun-Run de bienfaisance annuel, organisé par l'hôtel, rassemble les grandes entreprises pour soutenir les organisations caritatives. En plus de l'organisatiion des expositions d'art caritatives, des dîners de gala, des collectes de dons de sang et d'autres événements, le personnel de l'hôtel fait régulièrement du bénévolat à l'hôpital du cancer, aidant à mener des activités d'art et d'artisanat. Jason a expliqué : « Les programmes sont une occasion spéciale pour nos collègues de créer des liens grâce à l'engagement communautaire, ce qui nous rend fiers en tant qu'êtres humains et en tant qu'organisation. La véritable valeur réside dans l'engagement à long terme du bénévolat, de collecte des fonds et d'interaction avec les enfants et les familles qui ont besoin d'un soutien supplémentaire à Tianjin. »

De nombreuses personnes à travers la communauté internationale sont désireuses de travailler ensemble pour faire de Tianjin - et du monde - un meilleur endroit. Peter Dijkstra, de France, est un associé de Tianjin Link, une société comptable, ainsi que le propriétaire du restaurant Tianjin Le Loft, et co-fondateur de la plate-forme de médias sociaux, GoExpats. Il profite de sa présence ici pour promouvoir des rencontres d'échange « vertes » respectueuses de l'environnement et encourageant le recyclage, le commerce et le don d'articles usagés à des organisations sociales. Ces activités et d'autres de collecte de fonds caritatifs sont devenus populaires parmi la communauté étrangère qui aime avoir la chance de socialiser tout en aidant une bonne cause. Il explique que même si nous ne pouvons pas tous faire du bénévolat à temps plein, nous pouvons quand même faire ce que nous pouvons. « Mille personnes, donnant 0,1% de leur temps, c'est la même chose qu'une personne qui donne 100% de son temps ».

Les mères locales de Tianjin ont également entendu l'appel des bénévoles. Wang Hui, une mère chinoise de deux enfants pleine d'énergie, a fondé le groupe de bénévoles « Tianjin Mingde Shegong » (天津明德社会工作事务所) lorse qu'elle se rend compte que 23 personnes âgées vivaient seules dans son quartier, un problème social croissant en Chine. « Nous organisons des bénévolats communautaires pour s'entraider », a-t-elle expliqué. Elle a enregistré son organisation sociale il y a plusieurs années. « J'ai maintenant une bonne organisation, mes collègues qui ont suivi une formation professionnelle sont avec moi ». Aujourd'hui leur travail s'étend au-delà des soins aux personnes âgées, leurs membres ont commencé à aider les familles ayant des enfants dans des besoins spéciaux, comme les enfants autistes. « Lorsqu'une maman tombe malade, nous demandons aux étudiants et aux bénévoles sociaux d'aider à la garde des enfants de manière ininterrompue ».Grâce aux aides bienveillantes des associations de bénévoles, aux services spéciaux de garde - vieillesse, et aux mesures intelligentes et souples prises par la municipalité de Tianjin, je suis convaincu que les personnes âgées y vivent heureux.

Il n'y a tout simplement pas assez d'espace pour nommer tout ce que les bénévoles passionnés accomplissent. Des choses merveilleuses se produisent, alors si vous voulez aider à changer le monde, venez à Tianjin !

Le mémorial de Samaranch

Le mémorial de Samaranch, situé à Tianjin, a été établi par M. Wu Jingguo, membre du CIO. Le mémorial est le seul lieu au monde autorisé par la famille Samaranch et approuvé par le Comité international olympique pour commémorer M. Samaranch et promouvoir l'esprit olympique. En tant que membre du Groupe international des musées olympiques et de l'Association des musées chinois, il est actuellement répertorié comme une attraction touristique nationale AAAA en Chine. Plus de 16 000 objets de la collection personnelle de M. Samaranch sont maintenant conservés dans le mémorial.

Le Mémorial Samaranch à Tianjin

Tianjin est connu comme « le berceau des sports modernes » en Chine, introduisant les Jeux Olympiques et plusieurs sports modernes au pays.

Le Samaranch Memorial Hall se trouve dans le parc industriel de la santé du district de Tuanbo New City West, lui-même situé dans le district de Jinghai, à Tianjin. Il bénéficie d'un parc de 216 acres et fait environ dix-neuf milles mètres carrés. Wu Jingguo, fondateur du Mémorial, est membre du Comité international olympique. Le Mémorial est le seul lieu au monde approuvé par la famille Samaranch et le Comité international olympique pour la commémoration de M. Samaranch et le rayonnement de l'esprit olympique.

En 1908, M. Zhang Boling de l'université de Nankai a parlé des "Jeux Olympiques" en Chine pour la première fois. Le 13 juillet 2001, à Moscou, lors de la 112ème session plénière du Comité international olympique, Samaranch, le président du Comité international olympique de l'époque, a annoncé au monde que Pékin a remporté les 29ème Jeux olympiques d'été. De 1908 à 2008, la Chine a enfin réalisé son rêve olympique de 100 ans.

Le succès des Jeux Olympiques de Beijing 2008 depuis l'appel d'offres jusqu'à la clôture sera indissociable du soutien et de l'aide de Juan Antonio Samaranch, président d'honneur à perpétuité du Comité International Olympique. Il prêtait une attention particulière aux progrès de la Chine depuis de nombreuses années et a été témoin du développement de l'entreprise sportive chinoise, et promoteur de la cause olympique chinoise dans le monde. Samaranch a déclaré fièrement : « J'ai eu de nombreux titres dans ma vie, parmi lesquels, 'ami du peuple chinois' est mon préféré."

Le 18 décembre 2018, lors de l'assemblée pour célébrer le 40ème anniversaire de la réforme et ouverture en Chine, le Comité central du

PCC et le Conseil d'État ont décerné à Juan Antonio Samaranch la Médaille de l'amitié pour la réforme de la Chine.

Les relations amicales entre Wu Jingguo et Samaranch sont bien connues au sein du CIO. Lors de leur première rencontre aux Jeux olympiques de Moscou en 1980, il semblait que les deux hommes se connaissaient depuis toujours ; cette première rencontre leur a laissé réciproquement une impression très profonde. En 1982, Samaranch a créé le Comité des collections olympiques et Wu Jingguo, qui était aussi un grand collectionneur, a été recruté comme membre du Comité. Plus tard, ces deux personnes ayant vécu dans des contextes similaires sont devenues de très bons amis malgré leur différence d'âge. En 2009, le championnat mondial de boxe a eu lieu à Milan. Samaranch a assisté au match accompagné de Wu Jingguo. Durant le match, Samaranch a eu l'idée de faire don de sa collection de vie à Wu Jingguo et lui a demandé de présenter sa collection au monde au moment opportun afin que les générations futures puissent ressentir le charme de l'esprit olympique.

Après la mort de M. Samaranch en 2010, avec le soutien de sa famille, plus de 16 000 trésors collectés par Samaranch tout au long de sa vie ont été remis à M. Wu Jingguo. Ce dernier apprécie profondément la confiance et l'amitié profonde de Samaranch, et la création du « Samaranch Memorial Hall » en Chine est devenue une mission majeure qu'il se devait d'accomplir.

L'établissement du Samaranch Memorial Hall à Tianjin a été très réfléchi. Tout d'abord, Zhang Boling, le célèbre éducateur de Tianjin, a exclamé en 1908 « Pourquoi les chinois ne peuvent pas accueillir les Jeux Olympiques ? ». Le basket-ball chinois est également originaire de Tianjin, dont les « Cinq Tigres de Nankai » sont très connus. Ces anecdotes historiques prouvent que Tianjin est le berceau du sport en Chine. De plus, l'infrastructure, la culture et l'esprit sportifs sont également largement développés à Tianjin. En même temps, la proximité avec Pékin a permis à la ville de Tianjin de témoigner de la gloire des Jeux olympiques de 2008 à Pékin. De nombreuses équipes olympiques ont été formées à Tianjin et le peuple local apprécie les jeux olympiques et M. Samaranch. Enfin, ce dernier a aussi des sentiments profonds pour la culture chinoise traditionnelle. L'établissement de son mémorial à Tianjin peut non seulement montrer la vie glorieuse de Samaranch au monde, mais aussi puiser dans la culture traditionnelle de Tianjin pour un rayonnement réciproque.

Avec le plein soutien du comité municipal de Tianjin et du gouvernement local du district de Jinghai, le Samaranch Memorial Hall a finalement été inauguré dans le nouveau quartier de Tuanbo au district de Jinghai àTianjin.

Le 21 avril 2013, le même jour que le troisième anniversaire du décès de M. Samaranch, le Samaranch Memorial Hall a été officiellement ouvert au public. En tant que seul lieu au monde commémorant M. Samaranch, il est actuellement répertorié comme site touristique national AAAA et officiellement accepté comme membre par l'Union internationale des musées olympiques et l'Union nationale des musées en Chine, dans le but de commémorer M. Samaranch et de diffuser l'esprit olympique. Afin de préserver l'héritage de M. Samaranch, le Samaranch Memorial Hall a coopéré avec plus de 100 écoles pour mettre en place des "bases de co-construction olympique" pour diffuser l'esprit olympique et former de jeunes talents sportifs. À l'occasion du 6ème anniversaire du musée, le Mémorial et le bureau de poste de Jinghai ont créé le bureau de poste du Samaranch, où les gens peuvent poster des cartes postales, des lettres, etc. du Mémorial aux quatre coins du monde.

Depuis la création du musée, le Samaranch Memorial Hall a activement répondu à l'appel gouvernemental à la promotion de la santé publique. Chaque année, il organise régulièrement diverses activités sur le thème olympique, qui visent à transmettre au public l'esprit sportif et le concept d'une vie saine. Les activités organisées ont attiré le grand public et surtout les jeunes, les invitant à participer plus largement aux activités sportives, afin qu'ils apprécient vraiment la santé et le bonheur apportés par le sport. Le Samaranch Memorial Hall adhère à la mission de promouvoir l'esprit et la culture olympiques et de former des jeunes aux futurs Jeux olympiques. Combinant la diversité culturelle locale de Tianjin et le contexte historique du berceau des sports modernes, le Mémorial contribue à la promotion de l'esprit olympique dans tout le pays et dans le monde.

Shin Kwang-Yong

Shin Kwang-Yong est professeur et tuteur au doctorat en administration des affaires à la Business School, et enseigne en tant que professeur auxiliaire au College of Chinese Language and Culture, Nankai University. Il est titulaire d'un doctorat en gestion comparée et en philosophie chinoise. Au cours de sa carrière universitaire, il a publié plus de 10 monographies en chinois et en anglais dans les domaines de la communication marketing intégrée, de la gestion comparative et de la philosophie de gestion, etc., ainsi que 125 articles de recherche publiés en chinois, anglais, coréen et japonais. Il a également travaillé pour le Conseil consultatif national d'unification du gouvernement sud-coréen et en tant que vice-président de l'Association et de la Chambre coréenne de Tianjin. Maintenant, il vit à Tianjin avec sa famille.

Un universitaire coréen à Tianjin : J'aime passionnément l'université de Nankai et la ville de Tianjin

Depuis le premier jour où j'ai mis les pieds en Chine, 28 ans se sont déjà écoulés. En octobre 1992, j'ai appris l'établissement officiel des relations diplomatiques entre la Chine et la Corée du Sud lorsque j'étudiais à Nagoya, au Japon. J'ai eu le pressentiment que la Chine, un pays vaste et miraculeux, était sur le point de donner naissance à un immense espace de développement, et que pour moi, c'était sans aucun doute une opportunité majeure. J'ai donc décidé avec détermination de partir pour la Chine. C'était un hiver froid en décembre 1992. Ambitieux et anxieux, à mes bras deux grands valises de livres, je me suis rendu en Chine où mon chemin d'études et de recherches a débuté.

Ma spécialité étant la gestion lors de mes études de licence et de master en Corée, j'éprouvais une grande curiosité et plein d'attentes à l'égard des recherches en gestion en Chine. À cette époque, seules trois universités avaient le droit d'octroyer un doctorat en gestion en Chine : l'Université de Nankai, l'Université du Peuple chinois et l'Université de Fudan. Au début de sa création en 1919, l'Université de Nankai a initié l'idée d'enseigner « les lettres pour la gouvernance, les sciences pour le développement et le commerce pour la prospérité du pays », mettant autant d'importance aux arts libéraux, aux sciences et au commerce. La création et l'édification de l'école de commerce répondaient aux besoins du développement économique et social de l'époque, et a eu une grande influence en Chine et à l'étranger. Nankai était à l'époque la seule institution d'enseignement supérieur spécialisée dans la gestion des entreprises. Elle a été la première dans le domaine de la gestion en Chine, avec des professeurs de premier ordre et des résultats de recherche fructueux. L'École de commerce de l'Université de Nankai étant l'une des premières écoles de commerce en Asie, possédait un statut académique faisant autorité. L'université de Nankai, qui est un important centre de recherches de la gestion, était naturellement mon premier choix, et Tianjin, où se trouve l'université de Nankai, est devenue ma ville adoptive où j'étudie, travaille et mène la vie.

La première semaine de mon arrivée à Tianjin, j'ai progressivement exploré à partir du périphérique extérieur vers le centre-ville. Tianjin était une ville remplie d'histoire et de modernité : le style de la ville contemporaine et l'architecture occidentale moderne se complètent, les cloches des carrosses aux chevaux et le klaxon des voitures Mercedes-Benz se succèdent, l'atmosphère urbaine se mélange avec les coutumes rurales, ce qui est quelque peu similaires aux villes coréennes des années 1960 et 1970. Cette scène m'a paru familière et m'a rendu nostalgique dans cette ville étrange.

"3" est mon chiffre préféré. Il m'a accompagné tout le long de ma vie. Je faisais mes études de maîtrise à Daegu, troisième grande ville en Corée du Sud ; au Japon, à Nagoya où j'étudiais, était aussi la troisième des plus grandes villes japonaises ; à mon arrivée en Chine, Tianjin était la troisième plus grande ville de Chine. J'ai vaguement pressenti que c'était un destin, alors j'ai silencieusement considéré Tianjin comme le lieu de départ de ma carrière.

Afin de m'adapter à l'environnement d'enseignement en Chine, j'ai d'abord passé une année entière à étudier le chinois au 'Centre for

Chinese as a Foreign Language'. En septembre 1994, j'ai réussi l'examen d'entrée de l'Université de Nankai et été admis au premier groupe de doctorants du Département de gestion des affaires internationales après la réorganisation de Nankai University Business School. Entré sur le campus de l'Université de Nankai, j'étais enivré par son atmosphère rigoureux et modeste, son architecture antique et son paysage pittoresque. Je me suis rapidement intégré à l'université et j'y ai rencontré de nombreux amis. Mon directeur de recherche était professeur Chen Bingfu, un scientifique de gestion bien connu en Chine. Professeur Chen a nourri ma carrière universitaire avec ses riches connaissances académiques de plus de 60 ans et son enseignement infatigable, et imprégné mon parcours de recherches par ses pensées de gestion marquées par « la combinaison de l'ancien et du moderne », « la combinaison entre la Chine et les pays étrangers », « la combinaison des disciplines », « la combinaison des écoles différentes » et « la combinaison du micro et du macro ». Sous la direction attentive du Professeur Chen, j'ai obtenu mon diplôme de doctorat avec succès en décembre 1997. Il s'agissait de la première promotion des docteurs en gestion après la mise en œuvre de la réforme du système national de diplômes en Chine.

Après avoir obtenu mon doctorat, au lieu de quitter la Chine, je suis resté à l'Université de Nankai pour continuer à explorer plus profondément et plus largement des domaines inconnus. En mars 1998, sous la forte recommandation du professeur Chen Bingfu, j'ai été embauché par l'école de commerce de l'université de Nankai, afin d'avoir l'opportunité de transmettre les idées et les pensées académiques de Chen Bingfu aux successeurs, de développer davantage les connaissances au domaine de la gestion, de réaliser la valeur de ma vie et de contribuer en retour à l'Université de Nankai. En 2000, j'ai été nommé professeur agrégé et obtenu la qualification de tuteur de maîtrise. En 2007, j'ai été nommé professeur et tuteur de doctorat. Depuis, j'ai formé plus de 150 étudiants en maîtrise et en doctorat, et donné des cours spécialisés tels que la gestion de la stratégie de communication et de marketing global, les recherches en sciences de gestion, l'éthique et les responsabilités sociales d'entreprise aux étudiants assoiffés de connaissances. Afin d'analyser en profondeur et de tester les théories des sciences de la gestion, j'ai été chercheur au 'Nankai University Entrepreneurship Management Research Center' puis au 'SME Research Center' parallèlement à mes vingtaine d'années d'enseignement, et j'ai participé à 17 projets de recherches scientifiques et transdisciplinaires nationaux, provinciaux ou ministériels. J'ai aussi été responsable d'importants projets de recherche dans les domaines tels que « la communication marketing intégrée », de « la gestion d'organisations à but non lucratif », de « l'innovation cognitive et technologique des entreprises ». Pendant la période d'enseignement de l'EMBA et du MBA, afin de mieux élaborer un cours de qualité qui relie la théorie et la pratique, j'ai étudié et obtenu un doctorat en philosophie chinoise au Département de philosophie de l'Université de Nankai.

Afin de se coordonner avec l'organisation des Jeux olympiques de Pékin en 2008, Tianjin a ouvert un nouveau chapitre dans la construction urbaine et a connu de nouveaux changements bouleversants. Grâce à la stratégie de développement international, la ville vétuste de Tianjin s'est donné un aspect complètement nouveau. Durant la même période, l'Université de Nankai est également entrée dans une nouvelle étape de développement international. Les jeunes ambitieux du monde entier sont venus avec leurs rêves à l'Université de Nankai pour découvrir de nouvelles connaissances. Mon parcours universitaire transnational ne fait que répondre aux nouveaux besoins des cours dispensés aux étudiants internationaux. J'ai été nommé professeur invité par l'École de langue et de culture chinoises où j'enseigne des cours spécialisés tels que « Gestion du Marketing international » et « Négociations commerciales Internationales ».

Nourri par des universitaires chinois, il est en mon devoir de contribuer au développement des sciences de gestion en Chine. J'ai publié plus de 10 monographies en chinois ou en anglais dans les domaines de la communication marketing intégrée, de la gestion d'organisations à but non lucratif, de la philosophie de gestion, etc., et plus de 100 articles de recherches scientifiques en chinois, anglais, coréen ou japonais, tout cela ne constitue qu'un modeste retour à l'Université de Nankai que j'aime passionnément. En quelques sortes, ma vie est aussi une « intégration » pour établir un lien rationnel entre des objets qui sont explicitement ou implicitement liées, pour explorer les synergies entre elles, tout comme mon voyage en Chine, où les connaissances existantes en moi sont intégrées aux connaissances étrangères en dehors de la Corée pour relever les défis dans le domaine des sciences de gestion et obtenir les résultats d'aujourd'hui. Il ne fait aucun doute que l'« intégration » a pour attribut un « rendement mutuel », et que dans l'avenir, les relations sino-coréennes se rapprocheront de plus en plus. Contribuer au développement des relations sino-coréennes est aussi mon grand souhait. Par conséquent, j'ai déjà été consultant en affaires chinoises du comité Saemangeum du bureau de Premier ministre coréen et contribué aux échanges et coopérations de la zone de libre-échange sino-coréen. En outre, j'ai également été vice-président et consultant de l'Association (de commerce) des Coréens à Tianjin, coordonnant et répondant activement aux besoins éducatifs et culturels des Coréens à Tianjin, leur permettent de mieux travailler et vivre à Tianjin, favorisant ainsi le développement économique et social de la ville.

Pour moi, Tianjin est ma « maison ». Cette grande « maison » soutient et abrite ma petite « famille » de cinq membres. Mon épouse, mes trois enfants et moi-même y vivent affectueusement et joyeusement. Dans l'avenir, peu importe où le chemin m'emmène, Tianjin, ma deuxième patrie, serait toujours ma destination finale. Dans les prochaines et dernières années d'enseignement, je ferais de mon mieux pour contribuer à l'Université de Nankai, pour ne laisser aucun regret.

Physiquement basé à Tianjin, je garde les deux pays dans mon esprit et je suis fier d'être un membre de la communauté de Nankai.

Lorsque le Premier ministre Zhou Enlai, alumnus exceptionnel de l'Université de Nankai, il a déclaré à ses camarades de classe : « J'aime Nankai », et je veux dire « J'aime passionnément l'Université de Nankai et la ville de Tianjin ».

Jason Stinson

Ayant travaillé dans le monde entier et voyagé au cours des vingt dernières années en tant qu'hôtelier international, Jason Stinson est aujourd'hui directeur général du Shangri-La Hotel de Tianjin. Dès lors, il a développé une fascination profonde et permanente pour l'histoire, le peuple, la géographie et la culture de cette ville.

Destination Tianjin–un voyage qui inspire

Le voyage présente des opportunités passionnantes et de nouvelles aventures qui peuvent nous enrichir en tant qu'êtres humains. En faisant l'expérience de nouvelles cultures tout en explorant de nouveaux paysages, nous pourrons peut-être voir le monde sous un nouvel angle. À travers les voyages, nous pouvons nous arrêter pour apprécier, pour célébrer la diversité de ce monde étonnant. La connexion avec les gens peut souvent aider les communautés de manières diverses et significatives.

Ayant travaillé dans le monde entier et voyagé au cours des vingt dernières années en tant qu'hôtelier international, j'ai eu la chance de commencer mon travail actuel en tant que directeur général du Shangri-La Hotel Tianjin en novembre 2017. Depuis, j'ai développé et continue d'avoir une fascination profonde pour l'histoire, la population, la géographie et la culture de cette ville. Je suis heureux de partager avec vous certaines de mes expériences avec cette destination.

Tianjin représente bien plus, c'est une ville offrant des expériences de voyage de classe mondiale, des voyages inspirants.

Une infrastructure inégalée

C'est incroyablement pratique d'atteindre Tianjin en avion, en train ou voiture ! L'aéroport international de Tianjin Binhai (TNS), à environ 40 km du centre-ville, gère les vols internationaux et nationaux en douceur grâce à ses terminaux modernes et bien équipés. Mon mode de transport préféré est le train à grande vitesse. Le premier service de ce type en Chine, parcourant plus de 300 km/h entre Pékin et Tianjin en 2008. Aujourd'hui, ce trajet de 35 minutes seulement offre une expérience exaltante et un aperçu des voyages contemporains en Chine. La Gare de Tianjin - il y a aussi trois autres gares, Nord, Sud et Ouest. La ville possède également un système de métro étendu, peu coûteux et facile à naviguer.

La ville de Tianjin offre une infrastructure globale sans pareille aux visiteurs. Dans toute la région métropolitaine, il existe des hôtels de classe mondiale : lieux d'événements ; centres commerciaux ; sites historiques ; diverses options de divertissement ; une scène artistique émergente ; restaurants ; bars et bien plus encore.

Le gué céleste

Tianjin, une ville d'origine ancienne, dont le nom se traduit littéralement par « Gué Céleste », se présente aujourd'hui comme une métropole internationale du XXIe siècle. Sa force vitale, son moteur économique, ont accompagné les personnes qui se sont développées en tant que commerçants. Beaucoup sont devenus des intermédiaires supervisant les mouvements entre les navires océaniques et ceux venant du Grand Canal qui relie Pékin. Tianjin est depuis longtemps le débouché maritime de la capitale sur le monde. La rivière Haihe continue de servir de pièce maîtresse et rappelle l'histoire de la ville en tant que point de transbordement. Cependant, aujourd'hui, la rivière n'est plus qu'un corridor environnemental pour les habitants et les touristes. L'imposant "Tianjin Eye" de 120 mètres de haut, la grande roue de la ville, s'étend sur la largeur du Haihe, au sommet du pont Yongle. Ces dernières années, les rives du Haihe ont été profondément transformées avec des passerelles, des ponts illuminés, des jardins publics et des parcs - d'excellents endroits pour observer la communauté locale se réunir pour se détendre, faire du sport et socialiser. Tianjin moderne est à la fois une « ville de ponts » et une « ville de lumière ».

En tant que passionné de sport, passionné de cyclisme et de

course à pied, je été ravi d'explorer les systèmes fluviaux de Tianjin. Les portes de notre hôtel s'ouvrent sur l'une des passerelles fluviales les plus pittoresques du monde. Une promenade, un jogging, une course à pied ou à vélo est fortement recommandé pour découvrir les habitants de Tianjin. Tôt le matin jusqu'à tard le soir, on peut témoigner de tous les horizons de la vie, y compris les pêcheurs, les marcheurs, les chanteurs, les musiciens et les troupes de danse, qui se rassemblent au bord des berges, une communauté qui se joint ensemble.

Vous êtes le bienvenu à rejoindre notre 'Shangri-La 5km River Fun Run', un événement communautaire annuel organisé en août. L'événement a permis de recueillir plus de 150 000 RMB pour le programme « Healing Young Hearts » de Cathay Future qui soutient les enfants et leurs familles recevant un traitement contre le cancer à l'hôpital universitaire pour enfants de Tianjin.

Pour les cyclistes expérimentés, de cours aventuriers extensifs d'une demi-journée et d'une journée sont également possibles. Ils comprennent l'exploration de la partie sud des rivières Haihe, Xinkai, Tsuya et Yongding. Les épreuves annuelles du «TTT» ou « Tianjin Tuanbohu International Triathlon » et Tuanbo Sprint Cycle sont également recommandées pour ceux qui souhaitent participer. Un groupe de cyclisme communautaire BTAC «Biking Tianjin Adventure Club» a des passionnés qui seront toujours heureux de partager leurs expériences et leurs cours.

Si vous préférez simplement vous détendre, profitez d'une

croisière sur la rivière Tianjin, de jour comme de soir, avec de nombreux sites spectaculaires appréciés dans le confort de votre bateau !

Fête des bateaux-dragons

Offrant des expériences passionnantes à la ville, l'Association des bateaux-dragons de Tianjin (Tianjin Dragon Boat Association) a invité en septembre 2019 plus de 1000 pagayeurs venant de Chine et du monde entier pour participer à cette course annuelle. Un spectacle haut en couleur, il s'est déroulé à nouveau sur le Haihe, exactement aux portes de l'hôtel Shangri-La. Un équipage de bateau, organisé par l'hôtel, comprenait des invités, des chefs d'entreprise locaux et des membres de la communauté. Ensemble, ils ont de nouveau pagayé pour recueillir des fonds indispensables à la fondation Healing Young Hearts.

Trésor architectural de la concession internationale

Une préférence personnelle est de se promener dans les vieilles rues à travers les concessions britanniques et françaises. Jiefang Bei Jie, ou « Old Bank Street », a, historiquement, été le premier Wall Street d'Asie. Dans le cadre de l'histoire « moderne » de la Chine, les concessions reflètent le rôle de Tianjin en tant que port de traité. L'un de ses héritages est la zone d'architecture magnifiquement entretenue et restaurée de conception principalement européenne datant de la fin des années 1800 et du début des années 1900. Allant vers le sud depuis le pont de Jiefang qui se trouve près de la gare, une douce promenade dans cette zone revient à remonter le temps. Il y a tellement de choses à voir, notamment le musée de la poste de Tianjin, l'église Saint-Louis et la maison des douanes.

Pour le déjeuner ou le dîner, il est difficile de battre la cuisine internationale disponible aux alentours de la Five Avenue, dans et autour du stade Minyuan. Eric Liddell, sujet du film primé aux Oscars 1981 « Les Chariots de feu» en 1981, a représenté le Royaume-Uni en athlétisme et en rugby. Il a été élevé à Tianjin et y est revenu plus tard pour aider à la construction du stade Minyuan qui est au centre des « Cinq Avenues » (Five Avenue-五大道). Après le déjeuner ou le dîner, vous pouvez toujours profiter d'une course ou marcher autour de la piste du stade, un point de rencontre préféré des habitants !

Au-delà de ça, les anciennes concessions italiennes, japonaises, austro-hongroises et allemandes sont également des enceintes intéressantes à explorer. De bons cafés et salons de thé peuvent être trouvés dans tout Tianjin.

Ancienne rue de la culture

Pour replonger dans l'histoire de la Chine et explorer plus profondément la culture chinoise, visitez l'ancienne rue de la culture. Elle présente les arts folkloriques authentiques, y compris les figurines en argile de Zhang représentant des personnages et leurs postures en exagéré. Des cerfs-volants traditionnels, des instruments et toutes sortes de plats de rue sont disponibles dans tout le quartier, qui a été recréé dans un style architectural traditionnel. Pour la culture locale, profitez du Xiangsheng, les spectacles de «diaphonie» exécutés dans d'anciennes maisons de thé où des collations traditionnelles rappelant la dynastie Qing sont servies. Les beaux lieux de culte abondent, y compris les temples de la Reine Céleste, de Dule et de Dabei ainsi que la grande mosquée de Tianjin.

Centre culturel de Tianjin

Ce quartier relativement nouveau abrite le grand théâtre de Tianjin, le musée de Tianjin, le musée d'histoire naturelle, le musée de la galerie d'art de Tianjin, la bibliothèque de Tianjin, le théâtre Zhonghua et le musée des sciences et technologies de Tianjin. C'est un endroit paisible à serpenter et il est facile d'y plonger pendant une journée entière ou plus dans l'attraction de votre choix. N'oubliez pas d'apporter votre passeport international ou votre carte d'identité chinoise pour assurer un accès facile aux musées et autres sites touristiques !

Plus loin - La Grande Muraille

Si le temps le permet, dirigez-vous à 150 km au nord de Tianjin jusqu'au pittoresque comté de Ji, qui fait partie de la municipalité de Tianjin mais qui est très différente du centre-ville. Vous pouvez escalader la montagne Pan ou parcourir la section Huangyauan de la Grande Muraille. C'est un endroit magnifique pour échapper à la ville et se connecter avec la nature. Une multitude de chambres d'hôtes et d'auberges de style champêtre sont disponibles pour les nuitées. Il est même possible d'explorer des sections sauvages de la grande muraille avec le soutien de guides locaux.

Tianjin est en effet une destination inspirante de classe mondiale qui a beaucoup à offrir.

Andrea
Anna
David

POPESCU ANDREEA-LOREDANA (Andrea) est née en Roumanie en 1994. Elle est diplômée de l'Université de Bucarest avec une licence en traduction chinoise et anglaise. Puis elle a poursuivi ses études en tant qu'étudiante d'échange au Département chinois de l'Université des études internationales de Shanghai. Depuis 2018, elle étudie pour un double master en relations internationales à l'École de gestion gouvernementale de Zhou Enlai de l'Université de Nankai et en études de l'Asie de l'Est à l'Université de Bucarest.

Аня Мельникова (Anna) est originaire d'Oulan Ude, la République de Bouriatie, un pays de la Sibérie orientale. À l'âge de 16 ans, elle est venue en Chine pour poursuivre des études avancées en chinois à l'université de Tianjin et a été inscrite au Collège de langue et de culture chinoises de l'université de Nankai un an plus tard. En 2020, elle a obtenu sa maîtrise en enseignement du chinois aux locuteurs d'autres langues.

Le voyage de David Sipos (David) à Tianjin a commencé en 2014, après avoir remporté sa première bourse du gouvernement chinois. Il a été admis à l'université de Nankai où il a étudié 2 ans de langue chinoise, puis a commencé une maîtrise en gestion du tourisme. Étudier dans cette ville pendant près de 5 ans lui a permis de se plonger dans l'histoire et la culture de la ville.

Interview conjointe d'étudiants étrangers à l'Université de Nankai

Depuis combien de temps vivez-vous à Tianjin ? Qu'est-ce que ça fait d'être un « Tianjinois » ?

David : Août 2014, je me souviens encore du jour où je suis arrivé à Tianjin pour la toute première fois, je savais tout de suite que cette ville gagnerait une place spéciale dans mon cœur. Cette année, c'est ma quatrième année dans cette immense métropole côtière, et je peux dire avec confiance que ces quatre années font partie des périodes les plus belles et les plus significatives de ma vie. Cette ville a été le principal contributeur à ma croissance personnelle et professionnelle et elle a joué un rôle important dans la construction des fondations de mon avenir. Au cours de ces quatre années, j'ai eu la chance d'avoir l'opportunité d'être un étudiant international à l'Université de Nankai, de nouer des amitiés à vie, d'approfondir ma compréhension de la langue et de la culture chinoises, et j'ai pu avoir autant de «Jianbing Guozi» et de «Goubuli Baozi» que je le voulais. La vie à Tianjin peut être très agréable pour les étrangers, nous pouvons profiter de la vie animée de la ville, et en même temps, il est également possible de trouver de la tranquillité et de s'éloigner de l'agitation de la ville.

Anna : De 2013 à maintenant, je vis à Tianjin depuis déjà sept ans. Tianjin est pour moi comme une deuxième ville natale. Au début, je ne pouvais pas m'adapter pleinement à la nouvelle langue, à la nourriture et au climat. Mais maintenant, je me sens comme une partie de la ville et je suis profondément amoureuse de ma vie ici. Les habitants de Tianjin sont chaleureux et hospitaliers, la façon dont ils me traitent me donne un sentiment d'appartenance. De plus, je suis attirée par les collations spéciales et les beaux paysages à Tianjin durant les quatre saisons, ce qui rend difficile de partir.

Andrea : Je vis à Tianjin depuis environ deux ans. Vivre une nouvelle vie dans un nouvel environnement est épanouissant dans tous les sens, et ces deux dernières années à Tianjin ont été extrêmement enrichissantes. La première étape est la plus difficile. J'ai fait face à mon premier obstacle lors de mon inscription à l'Université de Nankai. En raison du manque de formation universitaire connexe, j'avais du mal à comprendre ce qui se passait autour de moi et souhaitais rentrer chez moi tous les jours. Puis, trois choses se sont produites et m'ont progressivement fait changer d'avis. La première chose s'est produite pendant un dîner avec mes camarades de classe. Notre moniteur de classe nous a dit : « À partir de maintenant, nous ne sommes plus des étudiants chinois et vous n'êtes plus des étudiants étrangers. Nous sommes tous des étudiants internationaux. » C'est grâce à leur aide et à leur soutien que je suis devenue une personne plus forte. La deuxième s'est produite lorsque j'ai passé mon examen à l'université. Le gardien de sécurité m'a arrêté à la porte du bâtiment institutionnel, me demandant d'où je venais. J'ai répondu gaiement : « Je viens de Roumanie. » Avant d'avoir eu la chance de dire « la Roumanie est un pays d'Europe de l'Est », comme toujours, il m'a interrompu : « La capitale de la Roumanie est Bucarest, ai-je raison ? ». J'ai été très surprise et touchée. Ici, à l'Université de Nankai, j'ai rencontré mes meilleurs amis et mes professeurs que j'admire vraiment. J'ai également trouvé ma voie vers l'avenir. La troisième chose s'est produite dans une station de métro à Tianjin. Un groupe d'élèves de primaire collectait des fonds pour les enfants pauvres des zones rurales. Inquiet de ne pas pouvoir parler chinois, ils m'ont parlé en anglais et m'ont invité à peindre un tableau.

Quels sont les avantages de Tianjin du point de vue de votre spécialité d'étude?

David : En tant qu'européen, je peux dire que Tianjin est une ville très intéressante avec un contexte historique exceptionnellement unique. Ma spécialité est la gestion du tourisme, et je crois que Tianjin a un potentiel beaucoup plus important en termes de tourisme que la plupart des gens ne le penseraient. La Chine est l'un des plus grands pays du monde, mais la plupart des étrangers ne peuvent que mentionner les villes les plus célèbres et les plus « mainstream » comme Pékin, Shanghai et Hong Kong. Tianjin, avec sa proximité de la capitale, est facilement accessible aux touristes dont la destination principale est Pékin. Grâce aux trains à grande vitesse qui circulent entre les deux villes, les gens peuvent se rendre à Tianjin depuis Pékin en environ une demi-heure. Après que la ville de Tianjin a été forcée d'ouvrir ses frontières aux étrangers pour le commerce dans les années 1800, plusieurs pays occidentaux ont établi leurs concessions dans la ville. Tianjin a encore beaucoup de rappels architecturaux de cette époque, tels que des églises et des villas.

Anna : Ma spécialité est l'éducation internationale chinoise. Dans ce domaine, l'avantage de Tianjin réside premièrement dans son environnement linguistique. J'ai fait de grands en chinois en communiquant avec la population locale. Deuxièmement, Tianjin est une métropole internationale, où se trouvent des étudiants de nombreux pays. J'ai ainsi la chance de me faire de nouveaux amis et de me plonger dans une ambiance cosmopolite. Troisièmement, Tianjin abrite de nombreuses institutions de formation linguistique, ce qui nous offre beaucoup d'opportunités de pratiquer nos connaissances durant des stages. De plus, Tianjin est une ville avec de riches ressources éducatives. À part l'Université de Nankai et de l'Université de Tianjin, il existe aussi d'autres académies comme l'Université des études étrangères de Tianjin et l'Université normale de Tianjin. De nombreuses bibliothèques de Tianjin sont également ouvertes au public. C'est un environnement très favorable pour mes études professionnelles.

Andrea : Par rapport à d'autres villes internationales en Chine, les riches opportunités de Tianjin offrent une énorme plate-forme aux étrangers qui souhaitent poursuivre leur développement. En même temps, plusieurs compétitions académiques ont lieu à Tianjin. L'année dernière, j'ai participé au 5e concours de lecture des étudiants du Collège de Tianjin et au concours des étudiants étrangers à Nankai de 2019. Chaque étudiant à Tianjin a la chance de montrer ses avantages, de se cultiver et de progresser.

Selon vous, quel est le potentiel du développement de Tianjin dans le futur?

David : Comme je l'ai mentionné plus tôt, grâce à sa facilité d'accès depuis la capitale, Tianjin a un fort potentiel de devenir une destination secondaire pour les touristes internationaux dont l'objectif principal est de visiter Pékin. Tianjin n'a pas seulement une histoire et une culture uniques, mais aussi une grande variété de délices qui peuvent être très attrayants pour les gastronomes qui envisagent de visiter cette région. Je pense que Tianjin devrait investir plus de ressources dans son industrie touristique, ce qui se traduirait non seulement par le développement urbain, mais aussi par le développement économique et social. Tianjin étant une ville portuaire, son potentiel dans l'industrie des croisières dans la zone de la mer Jaune pourrait également être utilisé à plus grande échelle. En mettant l'accent et en faisant la promotion de ces aspects de la ville, Tianjin pourrait être une destination plus importante non seulement pour les Chinois mais aussi pour les touristes internationaux. Un autre aspect de Tianjin qui peut être très important pour les développements futurs est son éco-ville. Ce projet pourrait devenir un excellent exemple pour d'autres pays et villes qui sont également déterminés à s'attaquer aux problèmes de durabilité auxquels nous sommes confrontés de nos jours.

Anna : Mise à part sa proximité avec la capitale, en tant que plus grande ville côtière du nord de la Chine, Tianjin est compétitive avec ses abondantes ressources touristiques, éducatives et humaines, ainsi que ses nombreux avantages politiques. Je pense que Tianjin a un grand potentiel dans l'économie, la politique et la culture. En outre, Tianjin et la Russie ont maintenu des contacts étroits ces dernières années. Par exemple, le président russe Vladimir Poutine s'est rendu à Tianjin avec le président Xi en 2018. Par conséquent, du point de vue de la coopération sino-russe, Tianjin attend également un avenir prometteur et peut offrir un bon environnement d'emploi et une plateforme de développement aux russophones.

Andrea : Je pense que les gens de Tianjin adopteront un style de vie plus intelligent dans l'avenir. En ce qui me concerne, le développement de Tianjin serait multiforme, y compris une intégration harmonieuse de l'économie, de l'écologie et de la culture. De plus, la pollution de l'environnement sera considérablement atténuée par l'arrêt des productions qui causent des dommages écologiques. En progressant avec d'autres domaines, Tianjin contribuera à un monde plus vert.

Demain

Jean-Philippe Raynaud

Jean-Philippe RAYNAUD est un cadre chevronné qui est profondément engagé à diriger les stratégies et les opérations commerciales dans le monde entier associées à la préservation de l'environnement, à la transformation énergétique et au développement urbain durable. Il a occupé des postes de direction dans des sociétés mondiales de services publics et de services énergétiques, intervenant dans les secteurs du gaz, de la gestion de l'énergie, de l'environnement propre, des faibles émissions de CO_2 et des villes intelligentes en France, au Royaume-Uni, en Corée, aux Émirats arabes unis, au Japon et en Égypte. Il était plus récemment PDG d'une multinationale de l'énergie en Chine. Lors de son séjour en Chine pendant 4 ans, Jean-Philippe Raynaud a développé un intérêt particulier pour Tianjin, où il a été témoin et a participé à l'avènement de nouveaux modèles urbains. Les projets énergétiques urbains qu'il conduit à Tianjin le conduisent à garder une affection particulière pour la ville.

Tianjin, une ville intelligente dans un monde globalisé

Tianjin est une ville que j'aime, car son futur s'inspire de son histoire.

Pour ceux qui reconnaissent que l'avenir se construit de son passé historique, Tianjin est un exemple de ces grandes villes qui sont les piliers d'une nation en mouvement. Pour l'observateur étranger, l'empreinte de Tianjin peut sembler plus discrète que celle de Shanghai ou de Guangzhou, sans compter Pékin, avec lequel elle entretient une relation de complémentarité et, pourrait-on dire, de fraternité. Placé stratégiquement à l'embouchure des rivières Huang He, Hai He et des confins du Grand Canal, Tianjin était la porte d'entrée reliant l'intérieur et le Pacifique lorsque le monde voyageait sur la mer. Son influence a suscité l'intérêt des étrangers qui ont voulu découvrir la vraie Chine, ainsi que les convoitises des puissances étrangères qui ont déclenché les vicissitudes de l'histoire. Ainsi, Tianjin a joué un rôle primordial dans le façonnement de la géographie actuelle de l'Asie du Nord-Est, mais aussi en tant que foyer majeur accroissant son influence intellectuelle et culturelle vers le reste du monde.

Tianjin, à mon avis, est avant tout une ville de rencontres et d'idées. Alors que l'ouverture d'autres villes chinoises était principalement basée sur le commerce, l'attraction de Tianjin était également basée sur des intérêts culturels et scientifiques. Déjà loin dans l'histoire, Tianjin a réuni des intellectuels, des penseurs, des artistes et des humanistes du monde entier. Plus récemment, il a été au cœur même du mouvement qui a posé les principes fondateurs de l'ouverture de la Chine vers la nouvelle économie et la prospérité.

Parmi les personnalités que l'identité particulière de Tianjin a inspirées, je citerais Pierre Teilhard de Chardin, qui a fait rayonner cette inspiration au monde entier. Ses réflexions sur l'humanité et l'évolution du monde prennent tout leur sens dans la Chine moderne et son ambition pour le 21e siècle. À sa manière, Teilhard de Chardin définissait déjà les fondements sociétaux des villes intelligentes telle que Tianjin qui avait l'ambition d'en devenir une et d'inspirer ainsi un monde de plus en plus global et complexe.comme ce que nous avons vu à l'inauguration de l'ouverture du quatrième Congrès international de l'Intelligence qui s'est tenu « sur le nuage » à Tianjin, toutes sortes de nouveaux scénarios, nouvelles technologies, nouveaux modes sont montrés, exposés et utilisés. C'est ainsi que des images de superproduction de science –fiction sont entrées minute par minute dans la vie moderne des gens. On peut dire que l'intelligence est devenue déjâ une nouvelle carte de la ville de Tianjin.

Ensemble avec Binhai, Tianjin est pour moi la plus grande baie du nord de la Chine. Elle accueille aujourd'hui des industries et des instituts de recherche de pointe qui sont le siège d'avancées majeures dans les domaines technologique et scientifique. En raison de sa place particulière dans les institutions politiques (1), Tianjin est appelé à jouer un rôle fondamental et pivot dans l'intégration économique et sociale de la zone Pékin-Hebei-Tianjin. Cela élargira certainement son rayonnement et sa reconnaissance à une échelle beaucoup plus grande. Mais ce serait une erreur de ne voir Tianjin seulement comme un centre industriel et technologique ayant été l'un des principaux moteurs de la croissance chinoise au cours des vingt dernières années.

Tianjin porte un nouveau modèle urbain dont l'exemplarité ne devrait pas se limiter à une ville technologique. Il est important qu'elle ait également une dimension sociétale, environnementale et civilisationnelle, englobant toutes les composantes et valeurs qui rendent une société harmonieuse. Je pense aussi qu'il doit revendiquer haut sa vocation historique d'universalité et de fraternité. Je suis convaincu que Tianjin sera reconnu dans le monde entier comme un modèle de référence si elle parvient à mettre en avant les valeurs humaines et environnementales au même titre que la prospérité matérielle.

Ses défis majeurs sont son rythme accéléré et sa durabilité. Ses atouts clés sont son histoire et sa population qui ont su lui insuffler la vision, les compétences et l'inspiration nécessaires pour qu'elle rencontre sa destinée. Tianjin a la chance de pouvoir devenir un modèle exemplaire de la transition d'une économie quantitative à un écosystème qualitatif et durable, où la créativité et l'intelligence améliorent la création de valeur, et la circulation de la valeur atteint efficacement tous les pans de la société. Tianjin en tant que ville intelligente devrait être un écosystème où les valeurs circulantes sont non seulement monétaires, mais aussi culturelles, basées sur les compétences, le partage et l'accomplissement personnel. Je crois que les villes intelligentes devraient englober fondamentalement les activités traditionnelles humaines que sont l'éducation, la production, le commerce, le divertissement, les soins et le plaisir. Les villes intelligentes doivent être inclusives, doivent prendre soin des enfants, des familles, des personnes âgées... et pas seulement voir l'individu comme un travailleur, un consommateur ou un navetteur, et c'est certainement ce que je trouve à Tianjin.

Je vois Tianjin comme une terre de talent. L'ouverture et la largeur de ses universités, parmi lesquelles la prestigieuse université de Tianjin et l'université de Nankai, créent un puissant flot d'initiatives. Leur reconnaissance internationale est une source de stimulation pour une large communauté d'étudiants, de chercheurs et de scientifiques. Leur succès a été de comprendre que l'éducation ne doit pas seulement se concentrer sur l'élite mais doit englober tous les domaines qui apportent de la valeur et de l'accomplissement aux personnes dans leur vie quotidienne. Le talent est le bon concept à associer à une ville qui s'est réinventée au cours des deux dernières décennies sans rayer son identité historique. Je me souviens des dîners longs et amicaux où mes hôtes chinois qui avaient une brillante formation en ingénierie, droit, sciences humaines, géologie pouvaient échanger avec pertinence sur la littérature et les arts européens.

L'intelligence, c'est aussi la capacité de communiquer, de partager, de se connecter... non seulement en termes de mobilité, de logistique ou d'information mais aussi de connexion d'esprit, peut-être aussi de connexion de cœur! Pour moi, Tianjin a une âme et un cœur, comme on parle de l'âme de Paris et du rythme cardiaque de Rio de Janeiro.

Elle a une identité propre, qui lui permet de faire briller l'intelligence, d'attirer les talents et d'avoir et d'exporter ses propres modèles reconnus. Le projet Tianjin devrait inclure la culture, car la culture porte le sens de l'identité sociale, de l'effort, de la propriété, de la responsabilité, de l'engagement et du lien social qui sont nécessaires pour poursuivre une vision globale dans le temps autant que pour parvenir à un cohésion sociale.

Dans la perspective des énormes transformations et des défis auxquels les sociétés humaines doivent faire face, je crois que Tianjin a une véritable dimension civilisationnelle en inspirant un nouveau modèle durable de ville qui pourrait être étendu à de nombreuses zones peuplées et en croissance en Asie, en Amérique latine et en Afrique où un tel nouveau modèle urbain s'avèrerait absolument nécessaire, dans l'esprit de Teilhard de Chardin.

(1) Tianjin est l'une des quatre municipalités sous l'administration directe du gouvernement central chinois et est donc sous l'administration directe du Conseil d'État.

| **Sun**
Xuan | Sun Xuan, professeur agrégé de l'École de gestion gouvernementale de Zhou Enlai de l'Université Nankai, chef du laboratoire d'administration publique, directeur du Laboratoire de gouvernance de ville digitale, directeur adjoint du Laboratoire social en sciences informatiques sociales de Tianjin, a travaillé en recherche postdoctorale à l'Université de Glasgow. Ses domaines de recherches sont : gouvernance numérique, informatique urbaine, ville intelligente. Il a présidé un certain nombre de projets du Fonds national des sciences naturelles et de projets de recherche provinciaux et ministériels, et a participé en tant que membre principal de la clé du fonds national d'autoformation, du Fonds national des sciences sociales à des projets de recherche coopératifs majeurs et internationaux. Il a reçu le deuxième prix de l'innovation technique de base par le ministère de la Sécurité publique et a été sélectionné comme le "131" talent innovant à Tianjin. Il a publié plus de 30 articles dans les revues SCI, SSCI, EI, CSSCI et autres journaux en Chine et à l'étranger, et a été réviseur spécialement invité pour plusieurs revues SCI / SSCI. |

Tianjin, une ville intelligente

1. Introduction

Afin de répondre à une série de défis posés par l'urbanisation et de parvenir à une gouvernance urbaine et des services publics efficaces, équitables et durables, de plus en plus de méthodes techniques sont appliquées à tous les aspects de la vie économique et sociale pour améliorer l'efficacité de gestion et la qualité de vie. Dans le contexte du développement et de l'amélioration continus de l'informatisation, de la numérisation et des technologies intelligentes, le concept de ville intelligente a été proposé et a reçu une réponse généralisée dans le monde entier. Selon les données de l'enquête publiées par le Cabinet international de Conseil stratégique Deloitte en 2018, plus de 1000 villes dans le monde construisent des villes intelligentes, et plus de 500 villes intelligentes sont en construction en Chine, ce qui représente plus de la moitié du total. En tant que l'une des quatre municipalités relevant directement du gouvernement central en Chine, Tianjin est devenu un important centre économique et un centre logistique d'expédition dans le nord, et elle est également devenue un pionnier et une avant-garde dans l'exploration et la construction de villes intelligentes en Chine au cours de la dernière décennie.

Selon le rapport de l'économie semestriel de Tianjin publié récemment, l'économie en ligne s'accroît rapidement, le logiciel de transmission de l'information et le service de techonologie informatique ont connu une contre-tendance croissance de 7,3% ; Le revenu réalisé à travers le réseau public s'accroît plus rapidement que celui de marchandises contingentées de 22,2%. Le nombre de nouveaux produits augmente vite : le dispositif optoélectrique a connu une croissance de 1,8 fois, le robot de service, de 2 fois, le fibre optique, de 63,8%, les composants électroniques, de 47,8%, le circuit intégré, de 37,2%, et les stations de base 5G ont couvert toutes les zones administratives.

2. Processus de développement de la ville intelligente

Afin de construire une ville sûre, efficace, pratique et verte, Tianjin a proposé le développement de « smart Tianjin » en 2011, et pour la première fois a distingué les concepts de ville numérique, de ville intellectuelle et de ville intelligente, et a clarifié le concept, l'idée, la piste, les tâches principales et les contre-mesures de construction d'un Tianjin intelligent. Ce programme a été hautement évalué par les experts participants à la conférence "Etude de la construction d'une stratégie et de contre-mesures intelligentes de Tianjin" organisée à Pékin.

Depuis 2012, Tianjin a vigoureusement mené à bien la construction d'une infrastructure de communication et d'un système de gestion numérique de la ville. Par le biais du projet de rénovation domiciliaire en fibre optique, on s'efforce d'une part d'améliorer et de renforcer les services informatiques de la ville ; d'autre part, de promouvoir et de mettre en œuvre le modèle de gestion du « réseau » dans toute la ville, afin de réaliser la visualisation et l'affinement de la gestion de divers éléments spatiaux urbains.

De 2013 à 2015, le ministère du Logement et du Développement urbain-rural et le ministère des Sciences et de la Technologie ont successivement annoncé trois listes de projets pilotes de ville intelligente, tandis que la banlieue de Jinnan de Tianjin, la ville écologique de Sino-Singapour, le district de Wuqing et l'arrondissement de Hexi, la Zone de Développement de haute Technologie de Binhai, la Zone de Démonstration de Coopération entre Tianjin et Pékin, le district de Jinghai ont été successivement répertoriés comme pilotes nationaux de construction de « villes intelligentes ». En même temps, la Commission économique et informatique de Tianjin a formulé et publié le « Projet de développement de l'industrie des services informatiques de nouvelle génération de Tianjin (2014-2016) » et le « Projet de promotion de la ville de Tianjin pour la construction d'une ville intelligente (2015-2017) », qui proposaient 10 projets de construction de ville intelligente, y compris « Tianjin à large bande », « gouvernement électronique », « réseau intelligent », « transport intelligent », « urgence intelligente », « sécurité sociale intelligente », « éducation intelligente », « communauté intelligente », « tourisme intelligent », « port intelligent ». 5 plans d'action sont proposés pour l'affinement de la gestion urbaine, les infrastructures urbaines intelligentes, le développement haut de gamme d'une économie intelligente et la sécurité des informations du réseau. Jusqu'à présent, la construction de la ville intelligente de Tianjin a un objectif plus clair.

En 2016, le Forum sur le sommet de la construction et du

développement de la ville intelligente de Tianjin en Chine a eu lieu, se concentrant sur quatre expositions thématiques : les nouveaux modes de construction et l'innovation de la ville intelligente, les nouvelles industries et les nouvelles villes, le développement et les perspectives d'intégration de la fabrication avancée, les mégadonnées et le grand avenir. Des experts universitaires des domaines connexes, des responsables de l'entreprise et des responsables gouvernementaux ont mené des échanges approfondis. Tianjin a commencé à réfléchir et à explorer la voie de la construction de villes intelligentes. La Commission de l'industrie municipale et de l'information a organisé la préparation du « Treizième plan quinquennal pour la construction de villes intelligentes », qui a officiellement ouvert une nouvelle étape de développement de villes intelligentes avec une coopération multi-agents et l'intégration de l'industrie, de l'éducation et de la recherche.

En 2017, le premier Congrès global sur l'Intelligence artificielle s'est tenu à Tianjin. Plus de 1200 politiciens, entrepreneurs et universitaires locaux de 17 pays du monde ont procédé à de nouveaux changements, de nouvelles applications et de nouveaux défis provoqués par le développement technologique, en particulier la technologie de l'intelligence artificielle. La construction de la ville intelligente de Tianjin s'est progressivement alignée sur le monde et a commencé à rechercher la communication et la coopération sur une plateforme plus large.

Aujourd'hui, le Congrès global sur l'Intelligence artificielle s'est tenu avec succès à 4 reprises et la construction de ville intelligente à Tianjin a également réuni Huawei, Sciences et technologie aérospatiales, China Digital, HKUST Xunfei, Jingdong, Ziguang Cloud, Taiji Computer, 360 Group, Digital Zhengtong, et un grand nombre de sociétés technologiques bien connues telles que General Electric et Singapore Keppel Group ont participé et adhéré. De la stratégie, la science, la technologie, et l'innovation à l'écologie, Tianjin s'est engagé dans sa propre voie de développement de la construction de ville intelligente.

3. Deux roues motrices écologiques et intelligentes

Outre le projet « Data Lake » à Jinnan, le système de prise de décision visuelle à Hexi, et les systèmes d'application de ville intelligente «1 + 2 + N» et «1 + 4 + N» à Jinghai et Binhai New Area, le modèle de développement écologique et intelligent "deux roues motrices", proposé par l'innovation éco-urbaine sino-singapourienne, est devenu une belle carte de visite pour la construction de la ville intelligente de Tianjin.

Sur le plan de la vie quotidienne, la communauté intelligente de l'éco-ville intègre de nombreuses applications telles que la gestion des étiquettes des humains et des véhicules, la surveillance parabolique à haute altitude, le recyclage du tri des déchets et le transport pneumatique, les services de subsistance Internet + personnes, les compteurs intelligents, la sécurité intelligente, etc., intégrant l'écologie, l'intelligence et le confort à tous les aspects de la vie des résidents. Les « Lignes directrices pour la construction d'une communauté intelligente de l'éco-ville sino-singapourienne de Tianjin » publiées en juin 2020 comprennent également le premier système d'évaluation de la construction d'une communauté intelligente du pays.

En termes de culture et d'éducation, en plus de la construction des salles de classe intelligentes et des salles de classe en ligne avec des fonctions riches dans les écoles primaires et secondaires, l'éco-ville a également introduit 6 catégories (de robots) et 34 robots dans les bibliothèques publiques pour fournir aux lecteurs une gamme complète de consultation d'auto-assistance, de recherche vocale et de navigation de la recherche de livres. Le Musée national maritime offre également aux visiteurs une expérience de visite immersive panoramique à travers la réalité virtuelle, la réalité augmentée et d'autres moyens techniques.

Sur le plan de la gestion de la ville, un système de transport intelligent composé de feux de signalisation intelligents, de bus sans conducteur, de diffusion d'informations sur l'état de la route et de modules de commande et de contrôle d'urgence est l'une des principales plateformes d'application pour assurer le fonctionnement optimal des villes. En outre, l'enlèvement et le transport intelligents des déchets, la surveillance environnementale basée sur plusieurs capteurs et la planification des urgences sont également des manifestations directes des capacités de gestion intelligente de la ville écologique. Cependant, derrière toutes ces applications, la collecte et le résumé des données sur le « cerveau » des villes, l'analyse de la reconnaissance de l'état et la coordination des départements jouent un rôle essentiel.

En tant que représentant typique de l'intégration de l'écologie et de la sagesse, la « cabines à consommation énergétique nulle » a récemment été achevée dans la construction de l'éco-ville sino-singapourienne. Elle permet une vie écologique autosuffisante grâce à la production d'énergie photovoltaïque, aux économies d'énergie des bâtiments, à la gestion de la consommation d'énergie, etc., et répond aux besoins d'une vie et d'un bureau confortables et individuels grâce à l'ajustement dynamique de rla température et de l'humidité. Dans le cadre des économies d'énergie et de l'habitabilité, la construction et la promotion de « cabines à consommation énergétique nulle » sont le reflet de l'utilisation intelligente de l'énergie dans l'éco-ville.

4. Embrassez la 5G et regardez vers l'avenir

Aujourd'hui, avec l'avènement de l'ère 5G, les communications de données sont plus ponctuelles, plus complètes et plus étendues. Les liens entre les personnes et les affaires se resserrent, et la construction de la ville intelligente de Tianjin est sur le point de progresser pour franchir une nouvelle étape.

À l'heure actuelle, les scénarios d'application explorés par les gouvernements de district et de commune en coopération avec les entreprises comprennent : la conduite sans pilote en 5G, le port intelligent en 5G, le musée de réalité virtuelle en 5G, le traitement médical intelligent en 5G, la patrouille de police en 5G, le transport intelligent en 5G, etc. Selon le plan, jusqu'en 2022, plus de 40000 stations de base extérieures 5G seront construites, permettant une couverture à 100% de la population à Tianjin, et la vitesse de communication du réseau sera multipliée par environ 20 par rapport au passé. À ce moment-là, l'Internet industriel 5G +, les services publics sociaux 5G + et d'autres applications multi-domaines seront plus profondément développés et la vie économique et sociale de Tianjin deviendra plus intelligente.

Le nouveau cycle de croissance économique dépend de l'économie digitale qui devient un nouveau moteur de développement», selon M. Wang Yiming, vice directeur du Centre d'étude sur le développement du Conseil d'Etat.Tianjin semble voir déjâ son rôle important à jouer sur cette scène et son profil prometteur malgré des péripéties qui ne manquent.

**Filip
Caeldries**

Filip Caeldries est professeur de stratégie et d'organisation à l'École TIAS pour les affaires et la société à l'Université de Tilburg aux Pays-Bas. En tant que figure européenne de premier plan dans le domaine de la stratégie d'entreprise et du changement, Filip possède également une vaste expérience dans le monde des affaires. Le programme Executive MBA de l'École TIAS pour les affaires et la société, où il travaille en tant que directeur académique mondial, est un partenaire académique du Collège de gestion et d'économie de l'Université de Tianjin. Il a visité Tianjin à plusieurs reprises et est étroitement lié à de nombreuses entreprises locales de la ville.

Bienvenue à cette série de rencontres internationales autour du Congrès Mondial de l'Intelligence Artificielle - Tianjin : Filip Caeldries

David Gosset, fondateur du Forum Europe-Chine : Filip, bienvenue à la conversation mondiale du Congrès Mondial de l'Intelligence Artificielle. Cet important rassemblement international a lieu à Tianjin. Et je sais, Filip, que vous avez des liens intenses avec Tianjin.

FC : Tout d'abord, merci David, de m'avoir invité à l'occasion du Congrès Mondial de l'Intelligence Artificielle de Tianjin. Oui, je connais et j'aime Tianjin. Vous savez que je suis le directeur académique mondial de notre programme Executive MBA à TIAS School for Business and Society aux Pays-Bas. L'université de Tianjin, son collège de gestion et d'économie est l'un de nos partenaires académiques. C'est une grande coopération. C'est très inspirant pour moi de travailler avec nos collègues de Tianjin et d'échanger avec la communauté des affaires très dynamique de Tianjin. C'est toujours un plaisir pour moi de retourner à Tianjin car elle évolue si vite et évolue vers une ville intelligente. Ce n'est pas un hasard si le Congrès Mondial de l'Intelligence Artificielle est associé à Tianjin. Je vois le Congrès Mondial de l'Intelligence Artificielle comme le symbole d'un nouveau Tianjin.

DG : Je peux voir, Filip, que nous partageons la même passion pour Tianjin ! Oui, Tianjin est en train de se transformer en une ville intelligente car elle approfondit son intégration avec Pékin et Hebei. C'est important pour la Chine, pour l'Asie du Nord-Est et aussi pour le monde. Vous êtes expert en stratégie et transformation d'entreprise. Il est donc très logique de vous demander pourquoi l'intelligence artificielle (IA) est si importante pour nos villes et nos sociétés.

FC: Lorsque j'aborde la question de l'intelligence artificielle avec mes étudiants, je commence toujours par une déclaration du PDG de Google Sundar Pichai dans laquelle il soutient que l'IA, en tant que projet, est plus importante que le feu.

Il la qualifie de projet le plus important sur lequel l'humanité puisse travailler. L'IA est une technologie transformatrice que vous pouvez ajouter à un produit, à un service, à un processus. Il rend ce processus plus rapide, plus efficace et de meilleure qualité.

DG : Au Congrès Mondial de l'Intelligence Artificielle de Tianjin, une autre question qui est discutée est évidemment la 5G qui marquera 2020.

FC : Je ne séparerais pas l'IA de la 5G. Pour moi, la 5G est vraiment l'une des technologies qui feront fonctionner l'IA. Au fait, je pense que c'est une rue à double sens. Ainsi, la 5G activera l'IA, mais l'IA activera également la 5G. Autre point clé pour nos villes et nos sociétés : que nous permet la 5G ? Cela nous permet essentiellement de vraiment nous diriger vers l'Internet des objets (Internet of Things).

DG : Vous dites, Filip, que nous vivons déjà dans un monde d'exaoctets, de données volumineuses, et un monde d'algorithmes - l'intelligence artificielle. Bien sûr, ce sont des interactions infinies ou presque infinies entre les deux. Voilà donc la situation d'aujourd'hui. Essayons maintenant d'anticiper. Quand vous pensez à demain, quelle va être l'histoire la plus importante ? le Cloud ? la robotique ? les biotechnologies ? autre chose ? En d'autres termes, quelle est la prochaine perturbation ?

FC : C'est une question très intéressante. Une façon possible d'y répondre est d'examiner les grands défis fondamentaux auxquels les sociétés sont confrontées. On parle beaucoup de FinTech. Les gens parlent d'EdTech. Mais je crois qu'AgriTech est définitivement quelque chose à surveiller vraiment dans le futur à venir. Aussi, si les changements sont portés par les défis qu'il faut résoudre, on peut très bien s'attendre à des perturbations dans le domaine de l'énergie mais aussi de la santé.

DG : Ce que vous dites d'AgriTech est particulièrement pertinent pour un pays comme la Chine avec une population aussi importante. C'est même pertinent pour les mégapoles chinoises. Vous êtes un stratège d'entreprise mais vous êtes également un pédagogue. J'adresse cette question a pédagogue. Comment favoriser l'innovation ?

FC : Une autre importante question, David. Quand je travaille avec des entreprises, quand je travaille avec mes dirigeants, j'aime toujours commencer par le client. Et pour être plus précis, quels sont les besoins des clients ? C'est une question qu'il faut se poser encore et encore. Soit dit en passant, le client peut être un consommateur individuel comme vous et moi. Mais cela peut aussi être une institution.

Plus généralement, il faut faire beaucoup mieux pour éliminer certains des obstacles à l'innovation. Mon expérience avec des entreprises à travers le monde me dit qu'il n'y a absolument aucune pénurie de talents. Il y a beaucoup de gens talentueux. Le problème est qu'ils se heurtent à un certain nombre d'obstacles qui empêchent l'innovation.

Je reformulerais donc votre question. La question ne devrait pas être « comment encourager l'innovation » mais « comment supprimer ce qui empêche l'innovation ».

Quand je pense à cette conversation, que ce soit sur l'IA, la 5G ou l'innovation, je dirais que la Chine se porte très bien.

DG : Merci beaucoup, Filip, pour vos idées et pour votre soutien au Congrès Mondial de l'Intelligence Artificielle. Lorsque vous faites allusion au dynamisme des entreprises chinoises, je remarque que, encore une fois, nous convergeons. Pour moi, le Congrès Mondial de l'Intelligence Artificielle de Tianjin, son contenu incroyablement riche, est une confirmation que la Chine est déjà une puissance innovante. La capacité chinoise à innover est clairement un aspect important de la renaissance chinoise. Je souhaite que le monde y prête plus d'attention.

FC : Absolument! Oui, le monde doit prêter attention de manière constructive et productive, car « l'union fait la force et la division nous faiblit ». Nous pouvons apprendre beaucoup les uns des autres. C'est pourquoi j'aime revenir encore et encore en Chine. J'aime apprendre la manière chinoise de faire les choses, écouter les collègues chinois et les chefs d'entreprise chinois.

Je voudrais également vous remercier d'avoir joué un rôle déterminant dans le rapprochement entre l'Est et l'Ouest. Je sais que vous n'allez pas le dire vous-même. Mais permettez-moi de dire cela. C'est grâce à des gens comme vous que l'Est et l'Ouest peuvent se mettre en synergie.

DG : Merci Filip. En effet, l'innovation est importante, mais un état d'esprit collaboratif est également essentiel pour le progrès de l'humanité.

Mats Magnusson

Mats Magnusson est professeur d'ingénierie de l'innovation de produit au KTH Royal Institute of Technology de Stockholm et un expert de premier plan en recherche, développement et innovation. Il est également un chef d'entreprise impliqué dans l'industrie, l'énergie verte et la transformation numérique, et est professeur invité permanent à la LUISS School of Business and Management de Rome. Il a précédemment travaillé comme directeur de l'Institut de gestion de l'innovation et de la technologie en Suède et comme professeur invité à l'Université LUISS Guido Carli, à l'Université de Bologne et à l'Université d'Aalborg. Il est le président élu du Réseau d'innovation continue et le vice-président de l'Association suédoise des professionnels de la gestion de l'innovation. Ses activités de recherche, d'enseignement et de conseil couvrent un large éventail de sujets dans les domaines de la gestion de l'innovation, du développement de produits, de la gestion de la R&D et de la gestion stratégique.

Bienvenue à cette série de rencontres internationales autour du Congrès Mondial de l'Intelligence Artificielle - Tianjin : Mats Magnusson

DG : Mats, bienvenue à la conversation mondiale sur le Congrès mondial de l'Intelligence Artificielle. Vous connaissez Tianjin. Et vous savez que Tianjin évolue rapidement vers une ville intelligente. Vous comprenez que ce n'est pas un hasard si le Congrès mondial de l'Intelligence Artificielle est associé à Tianjin. Et vraiment, nous sommes très heureux de vous avoir au Congrès mondial de l'Intelligence Artificielle, parce que vous êtes professeur de technologie et célèbre expert en innovation. Au cœur du Congrès mondial de l'Intelligence Artificielle, nous avons l'intelligence artificielle (IA). Pourquoi l'IA est-elle si importante ?

MM : Merci également beaucoup, David, pour cette opportunité de vous parler. Vous avez raison, Tianjin est une ville importante. L'intégration de Pékin, Hebei et Tianjin aura également de nombreuses implications. Je suis pleinement conscient, comme beaucoup en dehors de la Chine, de l'importance du Congrès mondial de l'Intelligence artificielle.

Permettez-moi de répondre à votre question d'une manière pertinente pour Tianjin, en Chine, mais aussi pour notre monde. Pourquoi l'IA est si importante ? Il est important d'abord parce qu'il s'agit d'une technologie polyvalente.

Mais l'autre chose, qui je pense est encore plus importante, est que l'intelligence artificielle, et en particulier, l'intelligence des machines d'apprentissage en profondeur est en fait une invention qui change la façon dont nous inventons.

Et pour donner juste une idée de son importance, nous pouvons la comparer avec la lentille optique. Vous vous souvenez que la lentille optique a changé notre façon de percevoir le monde. Et la même révolution se produit avec l'IA. L'IA ne « voit » pas ce qui est petit, l'IA ne « voit » pas ce qui est loin, l'IA nous permet de voir et d'appréhender les modèles.

Cette combinaison est une véritable révolution, nous devons parler de cette révolution et le Congrès mondial de l'Intelligence artificielle est la plateforme idéale pour discuter de cette révolution.

DG : Comme l'illustre le Congrès mondial de l'Intelligence artificielle de Tianjin, nous vivons dans un monde de 5G. Quelle est votre opinion sur ce changement ?

MM : Nous avons mentionné le big data et l'intelligence artificielle. Et nous devons voir que pour vraiment profiter des avantages de cette nouvelle technologie, nous avons vraiment besoin de trois choses. Nous avons besoin de données. Nous avons besoin de renseignements pour donner un sens aux données. Mais nous avons également besoin de connectivité, car les données doivent voyager, si je puis dire. C'est pourquoi la 5G est importante.

Et la chose intéressante là, je pense, est que nous devons comprendre que ce développement technologique est exponentiel, non pas linéaire, mais exponentiel.

DG : Nous comprenons ce triangle fascinant, les données, les algorithmes et la connectivité. Et il y a aussi d'autres changements probablement liés à ce triangle en biotechnologie, aux applications de la physique quantique, etc. Je souhaite donc interroger l'expert sur l'innovation, dans un monde déjà perturbateur, quelles sont les prochaines perturbations que vous voyez à l'horizon ? Il est important d'anticiper.

MM : Merci. C'est une question très intéressante car nous parlons depuis longtemps déjà des perturbations. Et si je réfléchis à ce dont nous venons de parler, le potentiel de l'intelligence artificielle, qui a le potentiel de changer de très nombreuses industries. De très nombreuses parties de notre société. Et nous verrons probablement beaucoup de perturbations. Et l'élément clé de la perturbation, car il existe de nombreuses interprétations différentes de ce que cela signifie, est qu'elle modifie un système existant de sorte qu'il devient en réalité très différent d'avant. Mais rappelez-vous que la perturbation peut également être considérée comme un résultat.

En ce sens, nous pourrions être surpris par l'émergence de nouvelles valeurs ou de nouveaux objectifs. Par exemple, la durabilité. Ici, la Chine et l'Europe convergent à nouveau.

DG : J'ai une toute dernière question si vous me le permettez. Nous avons parlé de l'IA et vous avez introduit cette idée fascinante d'un nouveau pouvoir de la vision des choses, pas de petites choses, pas pour les choses plus éloignées dans l'espace, mais la vision et la compréhension des modèles. Si nous pouvons voir des schémas, chez un individu, dans une ville, eh bien, nous pouvons mieux anticiper et nous pouvons mieux gérer. Ensuite, nous avons discuté des données triangulaires, des algorithmes et de la connectivité. Mais comment faire en sorte que plus de personnes autour de nous développent les bonnes mentalités innovantes ? Les gens qui viennent au Congrès mondial de l'Intelligence artificielle ont un état d'esprit innovant, mais je m'intéresse maintenant aux relations entre les jeunes et l'innovation.

MM : C'est une question clé, « comment favoriser l'innovation ? ». Nous pourrions passer de longues heures à résoudre ce problème, mais pour moi, le mot clé est l'éducation et pour être plus précis, l'accès au savoir.

En d'autres termes, plus nous avons de connaissances, plus la probabilité de proposer une innovation est grande.

Il y a une fascination pour l'inventeur ou l'entrepreneur. Mais ici, je voudrais affirmer que l'innovation à grande échelle ne se fait pas par des esprits isolés, l'innovation est puissante lorsqu'elle est liée à la collaboration.

DG : Mats, merci d'avoir accepté de partager vos idées. Le Congrès mondial de l'Intelligence artificielle présente l'innovation qui fait désormais partie de nos vies mais peut être en soi une source d'innovation. Il faut des plateformes pour que les gens échangent, créent de la valeur et collaborent. Tianjin, son Congrès mondial de l'Intelligence artificielle, peut être considéré comme l'une de ces plateformes clés où la collaboration et l'innovation se synergisent.

Frederick du Plessis

Frederick du Plessis, chef d'entreprise et stratège international, est un citoyen du monde ayant vécu en Afrique du Sud, au Royaume-Uni, en Allemagne, en Arabie Saoudite et aux Émirats Arabes Unis. Il a travaillé avec des entreprises et des gouvernements dans plus de 40 pays à travers le monde.

Bienvenue à cette série de rencontres internationales autour du Congrès Mondial de l'Intelligence Artificielle - Tianjin : Frederick du Plessis

David : Fred, merci beaucoup et bienvenue à la conversation mondiale sur le Congrès mondial du renseignement. Vous connaissez très bien la Chine, vous connaissez Tianjin et vous connaissez l'importance du Congrès mondial du renseignement. Et vous savez très bien que ce Congrès porte sur la technologie, les différentes dimensions de la technologie, le changement technologique, ce que cela signifie pour nous, pour la société, pour l'entreprise. Mais un élément très important du Congrès Mondial de l'Intelligence Artificielle est l'intelligence artificielle. Et je voulais vous demander, Fred, pourquoi l'intelligence artificielle est si importante ?

Frederick : David, l'intelligence artificielle est un sujet très important pour nous aujourd'hui, car nous vivons dans un monde de plus en plus complexe, et cela signifie qu'en temps réel, nous devons être en mesure de prendre des décisions, nous devons être en mesure de contrôler et de gérer les transactions, et nous devons être en mesure de gérer les systèmes. Nous avons cette énorme quantité de données, et il se passe tellement de choses autour de ces données qu'il est très difficile pour les humains de pouvoir gérer ça.

C'est pourquoi nous avons besoin d'algorithmes très complexes, et nous avons même besoin d'algorithmes d'apprentissage. Pour cela, nous devons trouver un moyen pour que nos systèmes informatiques le fassent pour nous. L'intelligence artificielle est pour moi cet élément clé. Permettez-moi de vous donner un exemple, lorsque nous pensons, par exemple, à l'intégration des énergies renouvelables à l'énergie conventionnelle traditionnelle existante. Aujourd'hui, nous avons beaucoup de petits producteurs d'énergie renouvelable. Vous pouvez avoir un panneau solaire sur votre toit, ce qui signifie que vous produisez de l'énergie et que vous consommez également de l'énergie dans votre maison. Nous avons également cette intermittence du temps et de la nuit et du jour et le soleil et le vent ne fonctionnent pas toujours.

Donc, pour gérer cela, sur une base nationale ou même sur une base urbaine, nous avons besoin d'un système intelligent qui peut constamment prévoir, calculer, s'adapter à ce dont nous avons besoin. Donc, pour moi, c'est une partie très excitante de l'utilisation de l'intelligence artificielle.

David : Fascinant, fascinant ! Vous savez très bien, Fred, que le monde parle beaucoup de la Région de la Grande Baie. Il se trouve que Tianjin se trouve dans le nord de la Chine, et le Congrès Mondial de l'Intelligence Artificielle a lieu à Tianjin. Il y a cette idée de l'intégration de Pékin, Tianjin et Hebei dans une gigantesque agglomération intelligente. Mais bien sûr, lorsque vous pensez à l'agglomération intelligente, vous pensez aux villes intelligentes. Je voulais vous demander, quelle est votre vision des villes intelligentes ?

Frederick : Je pense, David, que les villes intelligentes sont encore au stade embryonnaire. Nous voyons des villes essayer de définir et de se développer en villes intelligentes, mais en réalité, le moteur de cette situation est que notre population augmente dans le monde et, en même temps, cette population s'urbanise à un rythme fantastique. Ce que nous constaterons, c'est que le monde aura, et en particulier la Chine, de plus en plus de mégapoles. La Chine sera probablement le pays avec le plus de mégapoles. Les mégapoles sont des villes de plus de 10 millions d'habitants. Quand-on pense à la façon dont une ville mène leurs activités, comment les autorités gèrent la ville, comment les gens vivent réellement dans cette ville, s'y déplacent et le font efficacement, de manière pratique et aiment vivre dans cette ville, nous aurons besoin d'avoir beaucoup d'informations, et besoin de beaucoup de collaboration.

Comment faire cela sans avoir tous les habitants de la ville et les autorités et tous les différents prestataires de services, par exemple les soins de santé, l'énergie, la gestion des déchets ? Si ces personnes ne sont pas connectées d'une manière ou d'une autre, cela pourrait être assez chaotique. Donc, à mon avis, la ville intelligente est là. C'est quelque chose qui va être notre avenir. C'est la seule façon de pouvoir vivre de manière significative et confortable dans une ville dans le futur.

David : Je comprends. Nous avons donc parlé de l'intelligence artificielle, qui est au cœur même du Congrès mondial du renseignement. Nous avons parlé de villes intelligentes ou de villes 'plus' intelligentes. Mais je voulais aussi vous poser une question car clairement, nous vivons dans un monde qui change pour de nombreuses raisons. Vous avez parlé de démographie - c'est qui est très important, mais aussi de nombreux changements technologiques : l'intelligence artificielle, les données, le cloud, les biotechnologies, l'édition de gènes et de tant d'autres signes de progrès et de changements. Mais dans votre esprit, dans votre vision, en tant que leader mondial des affaires, Fred, quelles sont les choses que nous devons vraiment examiner en termes de changements technologiques, de dynamiques technologiques ?

Frederick : Je pense que nous pourrions passer beaucoup de temps à en parler, car la société a tellement de besoins différents en matière de technologie. Mais pour moi, ce qui est vraiment important dans ce nouveau monde connecté dans lequel nous allons vivre, comme nous l'avons mentionné dans le cas d'une ville intelligente, c'est que nous avons un réseau à haut débit en temps réel, qui est à notre disposition pour tous nos appareils. Ainsi, il pourrait s'agir de nos ordinateurs, de nos téléphones, de tous les appareils que nous avons, par exemple, des équipements de mesure des températures que nous avons vus durant cette épidémie du COVID-19, du contrôle du trafic, de la navigation GPS, des systèmes d'information dont les grandes villes ont besoin, dont les gens ont besoin, dont le système de santé a besoin. Donc, 5G, 5G plus, 6G, tout ce que nous proposons.

Vous savez, c'est vraiment excitant de voir cela aujourd'hui, et je crois que la Chine ouvre la voie dans ce domaine, reconnaissant que l'avenir de notre société dépend de très bons réseaux. Je pense qu'il y a d'autres domaines. Nous avons parlé de l'intelligence artificielle plus tôt, mais je pense que le véritable indice et le secret du succès de l'IA sont de savoir comment construire des algorithmes intelligents. Le véritable cœur de l'IA, le fait d'être capable de prévoir, de prédire, de trouver des solutions et de nous aider dans notre prise de décision, dépend de ces algorithmes. Donc, je pense que c'est vraiment important.

La dernière chose que je voudrais mettre en avant et qui me

semble vraiment importante, c'est que la robotique fera partie de notre vie. Cependant, je ne pense pas que les robots seront uniquement axés sur la vitesse, la précision et le volume. Nous devons également réfléchir à la façon dont nous proposons des robots qui peuvent effectuer une adaptation intelligente, qui peuvent prendre ce que nous pensons et convertir cela en une valeur pour la société. Maintenant, cela semble un peu utopique, mais je pense que les robots ont plus de potentiel que d'être simplement des chiens de garde ou des machines sur une chaîne de production.

David : Absolument. Fred, c'est vraiment important, ce que vous avez dit sur l'impact de la 5G. Je pense qu'il n'y a pas assez de gens qui anticipent comment nous allons utiliser la 5G, l'utilisation de la 5G et ses effets sur nos sociétés. Je partage avec vous que, que ce soit en IA mais aussi clairement en 5G, la Chine est à l'avant-garde du changement. Je pense que nous allons également voir beaucoup de robots au Congrès mondial du renseignement, et la robotique est certainement quelque chose que nous devons examiner. Fred, une toute dernière question. Nous avons parlé de l'IA, de la Smart City, de la 5G, de la robotique, mais lorsque j'écoutais votre présentation, je pensais toujours à la notion clé - certainement pour préparer l'avenir - de l'innovation. Au Congrès mondial du renseignement, on ne peut pas ne pas penser à l'innovation. Dans votre esprit, avec votre expérience, votre connaissance du monde, votre connaissance du commerce mondial, qu'est-ce qui favorise l'innovation au XXIème siècle ?

Frederick : David, c'est vraiment une question qui me tient à cœur, car j'ai l'impression que l'espèce humaine est devenue une espèce si prospère grâce à notre curiosité. Et nous ne pouvons pas être innovants si nous ne sommes pas curieux. Donc, à mon avis, l'importance de l'innovation ne consiste pas seulement à avoir un système dans votre entreprise, ou dans votre business, ou dans votre école de commerce, ou dans votre université, pour savoir comment proposer des idées innovantes. L'importance est vraiment de créer un état d'esprit innovant chez les gens, ce qui fait remonter leur curiosité.

Donc, à mon avis, dans notre système d'éducation, ça commence là et ça commence quand nos enfants sont jeunes, pour vraiment commencer à stimuler leur curiosité, pour les amener à penser de façon critique.

Et je pense que nous avons une grande responsabilité dans notre système scolaire et dans notre système universitaire de penser aux STEM, de penser aux sciences, à la technologie, à l'ingénierie, aux mathématiques dans notre éducation, car ce sont les sciences et les arts qui poussent les gens à devenir des penseurs innovants. Donc, à mon avis, l'innovation est essentielle au succès de l'IA, essentielle au succès des villes intelligentes.

David : Ce que je retiens de ces conversations très riches, si vous me le permettez, sont deux concepts majeurs. L'un - parce que vous l'utilisez et je pense qu'il est très puissant - est la collaboration, et l'autre est l'innovation, mais pas comme un système objectif, mais comme un état d'esprit. Je pense que si nous pouvons combiner des mentalités collaboratives et innovantes, je suis sûr que nous sommes sur une voie, pour nous tous au niveau de l'humanité, une voie de progrès. Merci beaucoup pour cette conversation, Fred.

Frederick : Je vous en prie, David. Je pense que c'est absolument vrai. Ce serait là que nous créons la vraie magie, si nous pouvons avoir l'innovation collaborative.

Romano Prodi

Né à Scandiano en 1939, Romano Prodi a été Premier Ministre de l'Italie. Il est citoyen d'honneur de la ville de Tianjin et est professeur associé à l'université de Nankai

Bienvenue à cette série de rencontres internationales autour du Congrès Mondial de l'Intelligence Artificielle - Tianjin: Romano Prodi

Romano Prodi, ancien Premier ministre italien (1996-1998, 2006-2008), ancien président de la Commission de l'Union européenne (1999-2004) et citoyen d'honneur de Tianjin, parle de la ville du nord de la Chine et du Congrès Mondial de l'Intelligence Artificielle 2020 de Tianjin.

David Gosset, fondateur du Forum Europe-Chine: Président, bienvenue à cette conversation globale autour Congrès Mondial de l'Intelligence Artificielle. C'est un grand honneur pour moi d'avoir cet échange. Cet événement a lieu à Tianjin. Tianjin est en train de se transformer en une « ville intelligente » alors que nous voyons l'intégration croissante entre Pékin, la province du Hebei et Tianjin. Vous connaissez très bien la Chine, mais vous connaissez particulièrement bien Tianjin. Avant de discuter de la technologie, pourriez-vous nous en dire plus sur votre relation avec Tianjin ?

Romano Prodi, ancien Premier ministre italien, ancien président de la Commission de l'Union européenne et citoyen d'honneur de Tianjin : Eh bien, vous savez, mes relations avec Tianjin remontent à des siècles en arrière ! Sérieusement, c'est une histoire très intéressante que je voudrais partager avec vous aujourd'hui.

J'ai été président d'une entreprise publique italienne, la plus grande entreprise publique, nommée à l'Institut italien de la Ricostruzione Industriale (IRI), l'Institut pour la reconstruction industrielle. Nous étions très actifs, en tête dans de nombreux domaines à l'échelle mondiale, comme les transports, l'énergie, la construction, l'industrie et autres.

L'URSS nous avait demandé de construire une usine de tuyaux en acier inoxydabledans une ville proche de Volgograd. Deux ans après la demande de Moscou, nous avons été invités par le gouvernement chinois à établir une usine jumelle à Tianjin. C'était dans les années 80, il y a 40 ans. Je suis allé à Tianjin et j'y ai trouvé une énergie vraiment extraordinaire. Nous avons d'abord terminé l'usine jumelle en Chine et nos jeunes collègues chinois nous ont aidés à terminer l'usine soviétique. J'ai alors compris que la Chine et le peuple chinois étaient différents !

DG : Quelle histoire incroyable !

Romano Prodi : Un autre point sur cette histoire, un souvenir vif. Je n'oublierai jamais l'inauguration colorée de l'usine avec des centaines d'enfants avec un drapeau, des drapeaux italiens et chinois, chantant, dansant, souriant. Il y a encore des photos de cette inauguration. Vous comprendrez qu'au fil des années, j'ai établi de très bonnes relations avec Tianjin. À un moment donné, on m'a proposé d'être conseiller économique de la municipalité, mais j'ai commencé à entrer en politique dans mon pays, l'Italie, donc je ne pouvais pas accepter l'offre fort aimable du gouvernement de Tianjin.

Mais, vous savez, dans un sens, jusqu'à ce jour, Tianjin reste ma ville.

DG : Magnifique ! Vous dites que Tianjin est votre ville, cela signifie que Tianjin signifie vraiment beaucoup pour vous. J'ajoute que vous êtes en fait un citoyen d'honneur de Tianjin. Vous êtes également professeur invité à la prestigieuse université de Nankai que vous avez visitée à plusieurs reprises. Vous êtes associé en tant qu'universitaire à l'École de gouvernement Zhou Enlai de Nankai. Monsieur le Président, le Congrès Mondial de l'Intelligence Artificielle est consacré à la technologie, et en particulier à l'intelligence artificielle. Pourquoi devons-nous accorder une attention particulière à la dynamique entourant l'IA ?

RP : S'il vous plaît, vous devez vous rappeler que je ne suis pas un expert dans ce domaine, ni un mathématicien capable de créer et développer des algorithmes. Je vais répondre à votre question en tant qu'économiste. Les conséquences économiques et sociales de l'IA sont, bien sûr, très importantes.

Disons que l'intelligence artificielle apporte un énorme changement dans le processus de production. Les usines ont été transformées à cause de l'intelligence artificielle, mais aussi du marketing qui est maintenant tellement lié aux données et à l'analyse.

N'oubliez pas que nous vivons dans un monde de méga-données (Big Data), et je dirais que les personnes qui gèrent les données sont en position dominante.

Dans ce domaine, nous vivons dans un monde dominé par les États-Unis d'Amérique et la Chine. Si vous regardez les 20 premières entreprises mondiales dans le domaine de l'IA, une seule entreprise est européenne. Je suis heureux pour les États-Unis et la Chine, mais cette situation soulève certains problèmes d'un point de vue européen.

DG : L'IA occupe une position centrale dans nos économies. Mais nous vivons dans un monde dans lequel nous observons une accélération des changements technologiques. Le changement et la vitesse du changement sont deux choses différentes. Avec votre expérience et votre expertise, pourriez-vous partager avec nous les changements les plus importants ? Serait-ce la 5G, la robotique, la biotechnologie, le cloud, les applications de la physique quantique ou un autre changement ?

RP : Il ne s'agit pas d'une histoire particulière, d'un développement isolé. Vous avez une série de changements simultanés dans différents domaines et ce qui fait la différence, c'est la connexion ou la synergie entre ces changements. Pensez au lien entre les données et la médecine, l'industrie et l'impression 3D.

Mais vous avez raison de mentionner la 5G car la 5G est à l'intersection de deux éléments majeurs : la connectivité et la vitesse. Compte tenu de l'importance de la 5G, il n'est pas surprenant qu'elle soit très souvent dans l'actualité.

DG : Merci d'avoir partagé ces idées sur la technologie à l'occasion du Congrès Mondial de l'Intelligence Artificielle. Et merci de partager avec nous ce qui rend votre relation avec Tianjin si spéciale. Nous savons que vous visiterez Tianjin encore à plusieurs reprises et que vous serez heureux de voir Tianjin évoluer vers une « ville intelligente » du 21e siècle.

Remerciements

Tout en remerciant les auteurs qui ont rédigé ces 25 essais, nous tenons également à remercier tous ceux qui ont soutenu la réalisation de *Tianjin en perspective(s)*.

De nombreuses personnalités du gouvernement municipal de Tianjin ont activement soutenu *Tianjin en perspective(s)* pendant sa création. Leur confiance a été un encouragement constant.

Ce fut un grand plaisir de travailler avec la maison des éditions du peuple de Tianjin. Sans le soutien de ses dirigeants et de ses experts, ce livre n'existerait pas dans sa forme actuelle.

Li Lu, qui a écrit le bel essai « Jeunesse de Tianjin, jeunesse du monde » a également coordonné une grande partie de la préparation menant à cette publication. Sa perspicacité combinée à son énergie et àsa précision ontété des facteurs déterminants dans la réussite de ce travail.

Adeline Fan, Li Defei, Iris Cao, Nathan Rockwood et Zhang Lili se sont assurés que chaque texte était traduit en trois langues: chinois, anglais et français. Lorsque cela a été nécessaire, nous avons tous bénéficié des compétences linguistiques et des conseils de Long Haiyan.

Une partie importante de la communication autour de *Tianjin en perspective(s)*dans les réseaux sociaux a été rendue possible grâce aux compétences de Deng Hang et d'Adeline Fan. Nous tenons également à remercier Zheng Dan pour ses talents dans le domaine du design.

Bruce Connolly, l'un des auteurs, a non seulement été généreux avec les mots mais aussi avec les images. Ses photos capturant la richesse urbaine et humaine de Tianjin ont constitué une part importante de la campagne mondiale *Tianjin en perspective(s)*sur les réseaux sociaux.

Les ressources intellectuelles presque illimitées de l'Université de Nankai ont toujoursété disponibles pour soutenir notre travail collectif. C'est pourquoi nous voudrions exprimer notre gratitude aux autorités, aux professeurs, au personnel et aux étudiants de Nankai. L'école de médecine de Nankai, le collège des langues étrangères de Nankai et le bureau des affaires internationales de Nankai ont très directement contribué à *Tianjin en perspective(s)*.

Enfin, les talents, le professionnalisme et le caractère de Lin Keyao ont été des éléments importants dans la réalisation de ce livre.

David Gosset, sinologue, fondateur du Forum Europe-Chine.